AVALIAÇÃO DE EMPRESAS

Um guia para fusões & aquisições e private equity

Roy
MARTELANC

Rodrigo
PASIN

Fernando
PEREIRA

AVALIAÇÃO DE EMPRESAS

Um guia para fusões & aquisições e private equity

Pearson

Diretor editorial: Roger Trimer
Gerente editorial: Sabrina Cairo
Supervisor de produção editorial: Marcelo Françozo
Editora: Thelma Babaoka
Preparação: Malu Favret
Revisão: Renata Siqueira Campos e Norma Gusukuma
Capa: Alexandre Mieda
Projeto gráfico e editoração eletrônica: Figurativa Arte Projeto Editorial Ltda.

Dados Internacionais de Catalogação na Publicação (CIP)
(Câmara Brasileira do Livro, SP, Brasil)

Martelanc, Roy

Avaliação de empresas : um guia para fusões & aquisições e private equity / Roy Martelanc, Rodrigo Pasin e Fernando Pereira . São Paulo : Pearson Prentice Hall, 2010.

ISBN 978-85-7605-371-2

1. Empresas - Aquisição 2. Empresas - Avaliação 3. Empresas - Fusão e incorporação 4. Valor econômico agregado I. Pasin, Rodrigo. II. Pereira, Fernando. III. Título.

09-07725 CDD-371.33

Índice para catálogo sistemático:

1. Avaliação de empresas : Administração 658.15
2. Empresas : Avaliação : Administração 658.15

Printed in Brazil by Reproset RPSA 230127

Direitos exclusivos cedidos à
Pearson Education do Brasil Ltda.,
uma empresa do grupo Pearson Education
Av. Francisco Matarazzo, 1400,
7° andar, Edifício Milano
CEP 05033-070 - São Paulo - SP - Brasil
Fone: 19 3743-2155
pearsonuniversidades@pearson.com

Distribuição
Grupo A Educação
www.grupoa.com.br
Fone: 0800 703 3444

MISTO
Papel | Apoiando o manejo florestal responsável
FSC® C103535

DEDICATÓRIA

A nossos amados familiares

Marcos Martelanc (*in memoriam*), Vanda Isabel Majcen de Martelanc, Antonia dos Santos Martelanc, Ivan dos Santos Martelanc e Tania dos Santos Martelanc.
Roy

Pedro de Paludeto Pasin, Elisa Maimone Pasin, Juliana Maimone Pasin, Luciana Maimone Pasin e Leonardo Jorge Pasin.
Rodrigo

Ana Bela de Almeida Pereira Pinto, Lucio Mário de Aldemundo Pereira, Mariana de Aldemundo Pereira, Vanessa Tanaka e Vicente Aldemundo Pereira.
Fernando

S U M Á R I O

Capítulo 3

Capítulo 4

Capítulo 5

Capítulo 6

A gestão do valor constitui-se em um dos fundamentos mais importantes do arcabouço do conhecimento da área de finanças. É o objeto da administração financeira e, por que não dizer, de toda a administração das organizações, sendo, em muitas delas, fator relevante na definição da remuneração do corpo gestor. Atualmente, a gestão de valor perpassa todas as áreas de conhecimento incluídas no âmbito da ciência da administração, constituindo-se, por isso, em tema relevante a que todos devemos estar atentos e atualizados. Damodaran e Copeland foram os primeiros a escrever livros mais detalhados sobre o tema, o que permitiu que a avaliação de empresas assumisse seu valor intrínseco. Esta lacuna persistia na literatura tradicional utilizada na academia, a qual se limitava a comentários genéricos sobre geração da riqueza como objetivo principal da administração financeira. Isto torna mais desafiadora a tarefa de produção de um livro na área.

Somente profissionais que reunissem grande experiência de mercado e sólida formação acadêmica poderiam assumir a empreitada de escrever um livro que abordasse o tema de forma ampla e que fosse aplicável à realidade brasileira, como fica evidente principalmente nos capítulos sobre fluxo de caixa descontado, inflação e câmbio, custo de capital, risco-país, valor de controle e múltiplos. O professor Roy Martelanc, amigo inseparável dos bancos de docência na FEA/USP, engenheiro naval de formação, encontrou-se e encontrou-me na área de finanças, na qual inúmeras discussões, que se prolongavam pelas madrugadas, acabaram por gerar artigos e permitiram aperfeiçoamentos nas aulas que ministrávamos. O Rodrigo Pasin, aluno da Fearp/USP, orientando e amigo, encontrou-se no veio acadêmico produzindo artigos sobre fusões e aquisições e avaliação de empresas, os quais foram publicados nos mais importantes congressos nacionais e internacionais, e no meio empresarial já assessorou dezenas de empresas em processos de fusões, aquisições e *joint ventures*. O Fernando Pereira, excelente profissional, apresenta em seu currículo dezenas de aquisições realizadas para os fundos de *private equity* em empresas em que trabalha ou trabalhou. Em síntese, um seleto trio que une o conhecimento à experiência na aplicação de conceitos de avaliação de empresas.

O Capítulo 1 do livro, discute a importância da avaliação de empresas, se o valor de seus ativos deve ser considerado à parte ou não, inclusive os intangíveis e a marca, e como devem ser vistas as perspectivas de crescimento das empresas. O Capítulo 2 apresenta uma discussão sobre o método do fluxo de caixa descontado, e nele os conceitos necessários são explicados de forma clara, apontando-se as ressalvas do método. Também aborda fator de ajuste de meio de ano e horizonte de projeção e valor terminal. O Capítulo 3 aborda um caso real de avaliação de uma empresa. O Capítulo 4 destaca a avaliação e a divisão das sinergias entre a empresa compradora e a vendedora, as fusões e aquisições e como criar valor com elas, tema de grande interesse para as empresas que estão pensando em um casamento de sucesso. O Capítulo 5 mostra os ajustes que precisam ser feitos nos métodos nominais e reais de fluxo de caixa descontado, em decorrência da inflação, e como considerar as desvalorizações cambiais no valor das empresas. O Capítulo 6 trata do custo de capital, e nele os autores fizeram um reforço ao entendimento do CAPM clássico e quais mudanças nesta metodologia devem ser realizadas para calcular o custo de capital no Brasil. O Capítulo 7 é sobre o risco Brasil, inédito na literatura de avaliação de empresas no país. Os Capítulos 8, 9 e 10 tratam, respectivamente, dos métodos patrimoniais de avaliação de empresas; da avaliação por múltiplos — pouco apresentada na literatura tradicional, mas de ampla utilização prática; e do valor do controle — pouco estudado na academia, porém de grande interesse para o público. O Capítulo 11 mostra as principais características da avaliação de empresas sob a ótica dos fundos de *private equity*, e esta constitui a grande contribuição do autor Fernando Pereira, com o suporte dos autores Roy Martelanc e Rodrigo Pasin. Também mostra as principais diferenças entre avaliar empresas para fins de venda em relação a quando se deseja obter um aporte de capital e as excelentes valorizações obtidas por alguns fundos que fizeram IPOS recentemente, além da importância da governança corporativa para facilitar as transações e valorizar os negócios, inclusive possibilitando transações de venda de participação minoritária. O Capítulo 12 apresenta um dos casos de maior sucesso da história brasileira moderna do setor de *private equity*: o caso Anhanguera. Este caso apresenta a entrada do fundo Pátria, seus medos, estratégias e desafios, o IPO da empresa investida, o crescimento vertiginoso via aquisições, e os excepcionais retornos obtidos pelos empreendedores e pelo investidor. O Capítulo 13 é o que trata da pirâmide de valor de uma empresa, ou seja, as partes que compõem seu valor, tangíveis e intangíveis, certas e incertas. E, por fim, na Conclusão é mostrada a importância de uma assessoria profissional nas transações de compra e venda de empresas dado que existem muitos fatores de negociação que são tão importantes quanto a definição do preço de uma empresa. Em síntese, uma ampla abordagem de conteúdos relacionados ao tema.

Aos autores, votos de sucesso editorial, acadêmico e profissional e, ao leitor, votos de uma agradável leitura e crescimento intelectual.

Prof. Dr. Alberto Borges Matias
Professor titular na FEARP/USP
Presidente do Instituto de Ensino e Pesquisa em Administração (INEPAD)

AGRADECIMENTOS

Escrever um livro é como gerar um filho! A diferença é que, no primeiro caso, somos os únicos responsáveis por eventuais erros e parcialmente responsáveis por seus acertos e diferenciais, pois, sem a ajuda de muitas pessoas, este projeto não teria sido concluído. Outra diferença é que não tínhamos a mínima ideia de quanto tempo demoraria sua gestação. Neste caso, foram dois anos de intermináveis e calorosas discussões sobre cada capítulo da obra.

Somos muito gratos pelas preciosas contribuições feitas pelos professores Tabajara Pimenta Júnior (FEA/RP/USP), Eliseu Martins (FEA/USP), João Carvalho das Neves (Iseg/Portugal), Ricardo José de Almeida (IBMEC) e Jorge Luís Faria Meirelles.

Agradecemos também aos senhores Dario Guarita, Ruy Simões, Márcio Ferrazoli, Ricardo Cotrim e Eduardo Ribas, por suas contribuições.

Um simples agradecimento para nossa quase coautora Sabrina Cairo, da Pearson, seria muito pouco, pois seu engajamento e amor pelo nosso livro só não foi maior do que o dos autores, por isso somos eternamente gratos a ela.

Aos colegas e ex-colegas de trabalho na V2Finance, Yves Jadoul, Leonardo Voss, Luis Alberto Martins, Matheus Riolfi, Fernando Cymrot, Sandra Rodrigues, Erica Freitas, somos gratos por nos terem ajudado no dia a dia nas transações que realizamos. Ao amigo e ex-estagiário da V2Finance, Rubens Nigoghossian, seremos sempre gratos também pela ajuda na atualização do livro, assim como ao mestrando Ricardo Serra, que nos auxiliou com a obtenção de diversas tabelas e dados para esta edição.

Somos gratos também aos amigos, clientes e parceiros de negócios que nos auxiliaram na realização deste livro, entre eles, Pieter Freriks, Aderbal Muller, Sérgio Miranda de Souza, Anibal de Oliveira, Avaldir de Oliveira, Waldir Barros Freire, Marcelo Bertoldi, Márcio Kaiser, Fernando Mitri, Guilherme Guilherme Mammana, Ricardo Serra, Luiz Muniz, Marcelo Mansur, Dinir Salvador, Carlos Motta, Carlos Melo, Ademar Couto, Pedro Lima, Tadeu Navarro, Júlio d'Oliveira Sampaio, Regina Nunes, Luís Felipe de Sá Moreira, Flávio Castanheiras Jr., Wagner Santos, Christiani Reinaldim, Carlos Alexandre de Sá, Luiz Leite, Roger Trimer, Luciene Soares, Cristiane Santos e a todos que nos enviaram comentários sobre o livro.

Agradecemos também à Thomson Financial, pela cessão de múltiplos de transações de fusões e aquisições de instituições financeiras no Brasil de 1996 a 2003 e à

GlobalInvest, pela cessão de estudos sobre risco-país. Somos gratos também às empresas Economática, Risktech, Bloomberg e Standard & Poor's pelas informações fornecidas pelos seus sistemas, e a todos os nossos clientes, pela oportunidade de implanta projetos de consultoria, avaliando empresas, fazendo fusões e aquisições, pois muitos dos conhecimentos aqui expostos foram adquiridos na prática, em decorrência de tais serviços.

A todos os membros da rede de fusões e aquisições a que somos afiliados, a Clairfield Partners, agradecemos por todas as oportunidades de negócios internacionais com as quais estamos trabalhando.

CAPÍTULO 1

AVALIAÇÃO DE EMPRESAS: UMA INTRODUÇÃO

A recente onda de fusões e aquisições (F&A) pela qual passaram — e continuarão a passar — praticamente todos os setores da economia em escala mundial, o número expressivo de aberturas de capital (IPOs — *initial public offering*) que ocorreram entre 2004 e 2007 no Brasil, a disseminação dos programas e das estratégias de gestão baseada em valor, que são caracterizadas pela busca da maximização dos lucros e da riqueza dos acionistas, e a necessidade de calcular o preço justo das ações e das empresas são as principais razões para avaliar uma empresa.

A determinação do valor das empresas é o fator-chave nas negociações de fusões e aquisições e tem como objetivo estimar uma faixa de referência que sirva como base nessas negociações. Muitas fusões e aquisições deixam de ser bem-sucedidas principalmente quando começam mal, ou seja, quando se paga caro demais pela aquisição — eis o pecado mortal de algumas transações que deve ser evitado e que será tratado neste livro. Por outro lado, compradores que não se mostram dispostos a pagar um preço adequado pelas empresas que pretendem adquirir podem não obter êxito em suas estratégias de crescimento por meio de aquisições.

É importante ressaltar que o valor de um negócio é definido pelo processo de negociação entre o comprador e o vendedor e que o 'valor justo' de uma empresa, estabelecido pelos processos de avaliação, representa o valor potencial de um negócio em função da expectativa de geração de resultados futuros. O preço pelo qual o vendedor e o comprador concordam em realizar uma operação de compra e venda não precisa necessariamente coincidir com o valor da empresa determinado por um método de avaliação, até porque cada acionista ou comprador pode calcular esse valor com base em suas próprias premissas e critérios. Entretanto, se existir apenas um comprador potencial para uma empresa, seu valor estará mais próximo do preço que ele estiver disposto a pagar, uma vez que não haverá concorrência no processo de aquisição, cabendo aos vendedores aceitar a proposta, tentar negociá-la ou continuar com a organização. Os métodos de avaliação servem para os avaliadores estimarem o valor da transação, ou seja, o preço de aquisição da empresa.

Vale observar que nenhum modelo fornece um valor preciso e único para uma empresa, mas sim uma estimativa de valor. Isso porque as decisões que afetam receitas, custos, despesas, capital de giro e investimentos, aliadas às mudanças ocorridas na conjuntura econômica local e global, influenciam nos resultados da empresa e alteram seu valor. Dependendo do modelo adotado, das premissas e dos cenários criados, dois avaliadores podem obter valores diferentes para a mesma empresa. Nesse sentido, a avaliação de empresas não precisa ter como objetivo a determinação de um valor exato pelo qual elas podem ser negociadas, mas sim o estabelecimento de uma faixa de valores. Para o comprador, o que interessa é determinar o valor máximo que pode ser pago por uma empresa, ao passo que, para o vendedor, o que interessa é determinar o valor mínimo aceitável para negociá-la. Essas duas cifras são as que se confrontam em uma negociação na qual se acerta o preço, que está geralmente em algum ponto intermediário entre elas.

Os modelos de avaliação são essencialmente quantitativos; entretanto, o processo de avaliação contempla muitos aspectos subjetivos, inseridos nas premissas de tais modelos. Essas premissas devem ser analisadas cuidadosamente, pois são fundamentais para a qualidade do modelo e para a confiabilidade dos resultados.

A determinação do valor das empresas também pode ser utilizada para fins internos, como instrumento de gestão, ou seja, para mensurar a criação de valor e a maximização da riqueza dos acionistas de um período para outro e, assim, analisar os resultados das estratégias corporativas e a eficiência dos executivos na consecução do objetivo principal das empresas: a maximização do valor. Diante disso, a avaliação de empresas é uma ferramenta para aperfeiçoar o processo decisório. Em outras palavras, uma de suas aplicações é avaliar o impacto das decisões estratégicas, financeiras e operacionais das empresas — eis a importância dos programas de gestão baseada em valor (GBV).

Além da importância do uso da avaliação de empresas para fins de fusões e aquisições e para a gestão baseada em valor, existem outras situações em que os processos de avaliação são de grande relevância:

- Compra e venda de ações e de participações minoritárias
- Aquisição de carteiras de clientes e linhas de negócios
- *Management buyout*[1] e *leveraged buyout*[2]
- Liquidação judicial
- Abertura (IPO) e fechamento de capital
- Processos de privatização, concessões e parcerias público-privadas (PPP)
- Formação de parcerias e *joint-ventures*
- Análise de oportunidades de novos negócios e da viabilidade de novas empresas
- Avaliação do desempenho econômico e financeiro de unidades de negócios, departamentos e produtos, entre outros, visando à criação de valor e servindo como feedback para gestores e proprietários
- Gestão de carteiras de investimento e de fundos de *private equity* e *venture capital*

MÉTODOS DE AVALIAÇÃO DE EMPRESAS

A partir da década de 1960, surgiram diversas abordagens de avaliação de empresas e muitas metodologias foram criadas, podendo ser utilizadas em conjunto ou separadamente. As metodologias mais utilizadas para avaliar empresas são: método contábil/patrimonial, método do fluxo de caixa descontado, método dos múltiplos, também conhecido como método de avaliação relativa, e método de EVA/MVA.[3]

Segundo uma pesquisa feita pela Associação dos Analistas e Profissionais de Investimento do Mercado de Capitais (Apimec) em 2001, 88% dos avaliadores usam o método do fluxo de caixa descontado em suas avaliações e 82% empregam o método dos múltiplos. De acordo com essa mesma pesquisa, apenas 23% dos avaliadores preferem utilizar uma única abordagem, ao passo que 60% preferem usar duas abordagens, e 18%, três.

Trizi e Pacheco (2006) comprovaram, em suas pesquisas, que grande parte dos avaliadores utiliza mais de um método e que os preferidos são o fluxo de caixa descontado e o método dos múltiplos (Tabela 1.1).

O fluxo de caixa descontado (FCD) é o método preferido pelos entrevistados, seguido pelo dos múltiplos. A Figura 1.1 mostra a preferência pelos métodos, apontada em uma

TABELA 1.1 NÚMERO DE MÉTODOS UTILIZADOS

Número de métodos	Respostas	
1 método	4	13,8%
2 métodos	17	58,6%
3 métodos	8	27,6%
Total	29	100,0%

FIGURA 1.1 FREQUÊNCIA DE UTILIZAÇÃO DE MÉTODOS DE AVALIAÇÃO DE EMPRESAS

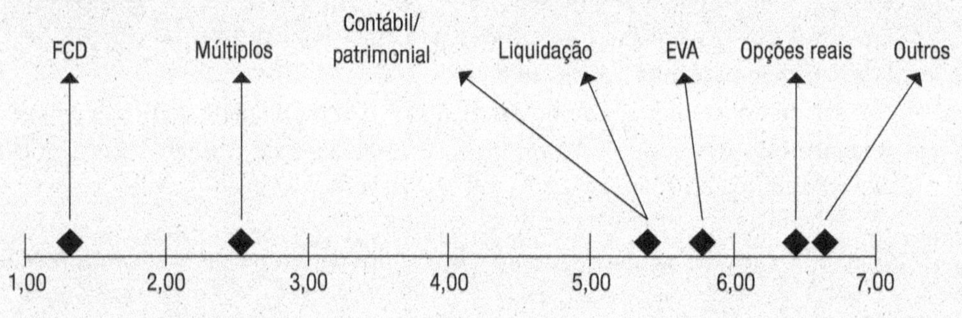

escala semântica de 1 para o método mais frequente e de 7 para o menos frequente. É interessante notar a distância que aparece na escala semântica entre esses dois métodos e os demais, indicando que a maioria das pessoas se baseará em comparativos de mercado para definir um preço relativo, ou projetar um fluxo de caixa, ignorando os demais métodos.

O método contábil/patrimonial é indicado apenas para casos específicos; por exemplo, para a liquidação de uma organização ou em situações em que os ativos possuem mais valor do que o valor presente dos rendimentos futuros da empresa.

Já o método do fluxo de caixa descontado (FCD) é o mais utilizado pelas empresas de consultoria e pelos bancos de investimento, sendo amplamente difundido no mercado financeiro. É também o mais indicado para a avaliação de empresas para fins de F&A.

O método dos múltiplos busca identificar como empresas semelhantes são negociadas e utilizar os parâmetros de tais negociações (múltiplo valor/faturamento, valor/lucro líquido, valor/Ebitda) para avaliar a empresa-alvo. Tanto o método do FCD quanto o de múltiplos são utilizados para calcular o preço justo das ações, determinando as sugestões de compra, venda e manutenção de uma ação.

A abordagem do EVA/MVA foi inspirada no conceito do lucro econômico ou residual[4] e desenvolvida a partir da metodologia do fluxo de caixa descontado. Essa abordagem é a mais indicada para empresas que adotam programas de gestão baseada em valor, para mensurar a criação de valor e o desempenho.

O mais novo método de avaliação é o de opções reais. Ele ainda está sendo desenvolvido pelos pesquisadores de finanças e testado pelo mercado financeiro.

Independentemente do método utilizado, as expectativas do avaliador, as premissas, os cenários considerados e o objetivo da avaliação influenciam no valor final obtido.

EXPECTATIVAS DE VALOR

As expectativas do valor de uma empresa para seu proprietário podem ser muito diferentes do valor contemplado por um investidor potencial ou por analistas e avaliadores de empresas. O empreendedor costuma ter pela empresa um apego emocional. Costuma também projetar sobre ela um alto crescimento, contínuo e sustentado, e acredita que o valor dos ativos intangíveis — como da marca, dos ativos fixos, do capital de giro, dos projetos de investimento e das melhorias futuras — deve ser considerado separadamente na avaliação. A sinergia de uma eventual fusão ou aquisição também deve ser contemplada no cálculo do valor das empresas, principalmente no da compradora. É por essas razões que, nesta seção, discutiremos esses assuntos.

VALOR DA EMPRESA PARA O FUNDADOR OU PROPRIETÁRIO

A empresa representa para seu proprietário, na grande maioria dos casos, sua principal fonte de riqueza e renda. Também é para ele o resultado dos esforços de toda uma vida. A ligação do empresário com a empresa pode ser quase uma relação familiar, com laços de apego muito fortes. Outro aspecto importante: o status de diversos empresários pode derivar da situação mercadológica de sua empresa; assim, a manutenção dela é fator crucial para muitos. Empresários e empreendedores tendem ainda a ser pessoas otimistas por natureza. Se fossem pessimistas, talvez a empresa nem existisse e eles não estariam onde se encontram. Além disso, a demonstração de grandes expectativas de crescimento e melhorias para terceiros tende a induzi-los a avaliar a empresa levando em conta tais perspectivas.

Por essas e outras razões, as expectativas de valor de muitos empresários costumam ser irrealistas, e normalmente eles atribuem a sua empresa um valor maior do que ela efetivamente vale. Por isso, uma avaliação independente, feita por consultores especializados, que por obrigação devem ser imparciais, costuma mostrar-se mais objetiva. Uma das principais qualidades desses profissionais é saber estabelecer premissas de crescimento e margens embasadas na realidade da empresa e em suas potencialidades. A ausência de envolvimento emocional com a organização é outro fator que torna sua avaliação mais confiável.

A independência dos consultores também ajuda a definir um 'valor justo' para a empresa em um processo de F&A. Se de um lado encontram-se empresários otimistas, do outro pode haver investidores conservadores. A função dos assessores dessas transações deve ser avaliar a empresa sem se mostrarem otimistas ou conservadores, mas apenas realistas. Quando todos os envolvidos são realistas, as disparidades nas expectativas de valor tornam-se muito menores e mais facilmente negociáveis. Não é preciso ser muito atento para perceber que os níveis de realismo variam entre as pessoas; por isso, muitas avaliações carregadas de otimismo são apresentadas como conservadoras, e vice-versa.

Um fator externo que causa impacto no valor das empresas é o número de organizações que estão à venda ou abertas à negociação no setor. Se em determinado setor de atuação existem muitas empresas à venda e poucos compradores potenciais, estes podem fazer uma análise minuciosa das diversas empresas antes de decidir qual se encaixa melhor em seus propósitos e objetivos e partir para a aquisição. Nesse caso, o valor da empresa escolhida tende a se aproximar daquele que o comprador está disposto a pagar, e não daquele que o vendedor deseja obter. Porém, se existem poucas empresas à venda em determinado setor e muitos interessados potenciais, estes não têm muito o que escolher: as possibilidades de compra recaem sobre uma ou duas empresas e o valor delas tende para o que os vendedores desejam obter. É a lei da oferta e da demanda influenciando o valor das empresas!

Valor dos intangíveis e da marca

No momento da apresentação do relatório de avaliação da empresa, muitos empresários nos perguntam se o valor dos ativos intangíveis (reputação da empresa, fidelidade dos clientes, qualidade do corpo gerencial e dos recursos humanos, *know-how* tecnológico e, principalmente, marca) não está incluso no valor mostrado e, sobretudo, se o valor da marca não deveria ser mensurado à parte e adicionado ao da empresa.

Em geral, a resposta é *não*, pois os ativos intangíveis e a marca contribuem para a geração de lucros e fluxos de caixa futuros. Além disso, quando se avaliam empresas por métodos que usam esses atributos (método do fluxo de caixa descontado e método dos múltiplos), o valor dos intangíveis e da marca já está contemplado e incluído.

A reputação da empresa e de seus dirigentes contribuirá para a sustentação do crescimento da organização e para a obtenção de novos clientes. A fidelidade dos clientes se traduzirá em receitas constantes e na consequente diminuição das oscilações de receitas e do risco do empreendimento.

O valor da marca está refletido no preço dos produtos e na preferência que os clientes dão aos bens de marcas que conhecem e valorizam, gerando vendas e diminuindo as oscilações de demanda. Por exemplo: uma garrafa de Coca-Cola custa para o consumidor R$ 2,50, ao passo que outro refrigerante tipo cola, semelhante a ela, pode custar R$ 1,00. O valor da marca Coca-Cola está refletido no preço mais alto e na preferência que os consumidores dão a esse produto, gerando vendas e receitas para a empresa. Certamente, a Coca-Cola valeria menos se sua marca não fosse tão conhecida. Além disso, seu valor de mercado seria muito mais baixo, pois suas receitas e seus fluxos de caixa seriam menores.

Valor do patrimônio líquido e dos ativos

Quando o relatório de avaliação é apresentado, muitos empresários também nos perguntam se o valor do patrimônio líquido, dos imóveis, dos estoques, das contas a receber e de outros bens e direitos está incluído no valor apresentado no relatório. Vamos examinar esses itens separadamente.

O valor do patrimônio líquido reflete o investimento feito pelos sócios durante toda a vida da empresa e o valor dos lucros passados que foram retidos. Quando se avalia uma empresa, o que interessa é a capacidade de geração de resultados futuros, e não o acúmulo de lucro e os investimentos passados. Por essa razão, não se deve acrescentar o patrimônio líquido ao valor dela.

Dependendo de sua relação com as operações da empresa, o valor dos imóveis está ou não incluído no do fluxo de caixa. Quando um imóvel é dedicado à operação, como uma grande fábrica ou um porto privado, não há como separá-lo e deve-se considerá-lo incluso. Quando o imóvel é de uso geral, como uma loja ou galpão industrial, torna-se separável do negócio principal. Nesse caso, o custo de mercado da locação desses imóveis deve ser incorporado à previsão de resultados, diminuindo os fluxos de caixa projetados. O valor do imóvel é obtido em uma avaliação imobiliária convencional. Se o imóvel também for vendido junto, seu valor será somado ao do negócio. Do contrário, poderá permanecer com seus atuais proprietários ou ser vendido a terceiros.

Os estoques, as contas a receber e os demais ativos e passivos operacionais, quando decorrentes das atividades normais da empresa, não precisam ser avaliados à parte. Seu valor também está contemplado, uma vez que as vendas futuras somente ocorrerão se esses ativos existirem. Entretanto, se os estoques e as contas a receber forem maiores do que os normalmente necessários para dar suporte às vendas, deverão ser avaliados à parte pelo valor da reposição.

Se a empresa não está gerando fluxos de caixa positivos em decorrência do pagamento de juros e amortizações, mas apresenta fluxos de caixa operacionais positivos, é necessário projetar esses fluxos, trazê-los ao valor presente e deduzir o valor da dívida. O resultado será o valor da empresa.

Valor dos projetos de investimento

Muitos empresários apresentam projetos de investimento que poderiam aumentar substancialmente as receitas e os resultados de suas empresas. Entretanto, se esses projetos não estiverem em processo de implementação, dificilmente os investidores os considerarão no cálculo do valor.

Tais projetos ainda não foram implementados por necessitarem de investimento. Se ocorrerem mais por consequência dos investimentos realizados e dos esforços do investidor do que pelas ações do empresário vendedor, os resultados decorrentes do investimento de terceiros na empresa e de melhorias por eles implementadas dificilmente serão considerados no cálculo do valor. Quando se trata de uma negociação entre um grupo de vendedores e um grupo coeso de compradores ou investidores que adquirirão uma parcela significativa das ações de determinada empresa, eles dificilmente considerarão o valor dos projetos de investimento. Entretanto, se a negociação for de venda de uma parcela de ações ou capitalização de uma empresa por meio de um processo de IPO, os investidores, que podem passar de dezenas de milhares, poderão avaliar a empresa considerando a realização dos projetos em seus cálculos. Nesse caso, nenhum investidor individualmente será importante na nova estrutura societária, e a empresa normalmente estará pedindo recursos para a implantação de seu plano de negócios descrito no prospecto de abertura de capital.

É claro que esses projetos têm valor. Entretanto, o risco de não serem bem-sucedidos em geral é alto, pois não possuem histórico. Eis a razão pela qual muitos investidores se negam a considerá-los no valor da empresa. Situação semelhante ocorre com o empresário empreendedor que possui uma ideia e precisa de capital. Sua ideia será avaliada à parte quando for de importância estratégica para o investidor e/ou vier a preencher uma lacuna de valor. O interesse dos envolvidos determinará se os projetos serão avaliados separadamente, se serão ignorados ou quanto será pago por eles.

Esse tipo de discussão é muito útil para empresários que estão negociando a venda de uma parte das cotas de sua empresa para investidores e para fundos de capital de risco (também conhecidos como fundos de *private equity* e *venture capital*).

Valor da sinergia[5]

O valor presente da sinergia calculado pela empresa compradora pode ser parcialmente transferido para a empresa vendedora (na negociação do valor da empresa) e, com isso, o interessado pode incentivar a aquisição desejada.

A existência de diversos interessados na aquisição de uma empresa pode fazer com que o comprador seja obrigado a pagar um ágio para concretizar a transação. Esse ágio pode advir da transferência de parte da sinergia a ser obtida para os acionistas da empresa vendedora. Nesse caso, para que a transação crie valor para a empresa compradora, o valor do ágio deve necessariamente ser menor do que o valor presente da sinergia gerada, pois, do contrário, a aquisição poderá não beneficiar o adquirente.

É natural que adquirentes relutem em transferir qualquer parte do valor da sinergia para a empresa vendedora, avaliando-a exatamente como ela é. Entretanto, quando a empresa vendedora está sendo negociada com diversos interessados, dificilmente quem se nega a transferir parte da sinergia a ser obtida fecha o negócio. Por recusar-se a transferir parte do valor da sinergia ao preço da transação, essa pessoa pode deixar de auferir a outra parte e atingir padrões superiores de resultados.

Estrutura do livro

Este livro possui uma abordagem bastante prática, o que pode ser comprovado nos capítulos 2, 3 e 4, que tratam do fluxo de caixa descontado. O Capítulo 2, "Avaliação pelo método do fluxo de caixa descontado", apresenta a metodologia do cálculo do valor de uma empresa efetuado por esse método, enquanto o Capítulo 3, "Um caso real", transfere essa metodologia para a prática a partir de uma avaliação real. Já o Capítulo 4, "Fusões & aquisições: sinergia e criação de valor", que também foi construído com base em uma transação de F&A real (de fato, ele dá continuidade ao caso apresentado no capítulo anterior), mostra como é possível criar valor com essas transações, quanto se pode pagar por uma empresa para incentivar a compra e como criar valor para o acionista adquirente.

O Capítulo 5, "Inflação, câmbio e valor", apresenta as diferenças entre projeções de fluxos de caixa em moeda nominal e em moeda real, mostrando que as projeções em moeda real precisam ser feitas com alguns ajustes que, se ignorados, podem resultar na sub ou supervalorização de empresas. Mostra ainda como considerar as variações cambiais no fluxo de caixa das empresas e seu impacto no valor. Nenhum livro de avaliação trata desse assunto de maneira tão profunda. O Capítulo 6, "Custo de capital e taxa de desconto", por sua vez, é baseado nas características das empresas no Brasil. Ele procura adaptar os modelos de cálculo do custo de capital às características da economia e das empresas brasileiras, dos países em desenvolvimento e daqueles com mercados acionários fracos.

Já o Capítulo 7, "O risco Brasil", é inédito na literatura de avaliação de empresas e mostra que nem todas as organizações estão expostas da mesma maneira aos riscos soberanos. O Capítulo 8, "O valor patrimonial das empresas", mostra como calcular esse valor, seja pelo método de liquidação ou pelo método do valor de mercado dos ativos, e aborda também a questão do *goodwill*.

O Capítulo 9, "Avaliação relativa ou por múltiplos", mostra claramente que as avaliações realizadas a partir dessa metodologia podem ser feitas com o intuito de justificar os valores pretendidos por seus usuários. Apresenta ainda os cuidados que devem ser tomados para não se utilizar essa abordagem de maneira inadequada e mostra como escolher empresas comparáveis e usar múltiplos de empresas de outros países. O Capítulo 10, "O valor do controle", também é inédito na literatura nacional de finanças e traz uma discussão bastante ampla sobre as circunstâncias nas quais esse valor é significativo.

O Capítulo 11, "Avaliação de empresas: a visão dos fundos de *private equity*", mostra como estruturar uma transação com fundos de *private equity* e *venture capital*, quais são as principais diferenças que precisam ser observadas quando se avalia uma empresa para fins de negociação com investidores financeiros, como estruturar uma avaliação quando parte do pagamento da transação é feita com base em cláusulas de performance (*earn-out*) ou financiada pelos próprios empreendedores vendedores (*sellers finance*), as taxas de retorno desejadas pelos fundos em seus investimentos, os casos recentes de fundos de *private equity* que fizeram os IPO´s de empresas investidas e quais valorizações obtiveram nesses processos até agosto de 2009. No final deste capítulo, os autores mostram a importância do pioneirismo da descoberta de boas oportunidades e setores para se investir, a diferença clara que existe entre capitalizar uma empresa por meio de fundos para gerar seu crescimento e vender um negócio e, por fim, a importância da governança corporativa para atrair investidores, mais ainda, para negociar participações minoritárias.

O Capítulo 12, "Estudo de caso — Anhanguera Educacional S.A.", apresenta a história do investimento do fundo Pátria na Anhanguera, detalhando a tese de investimentos do fundo, ou seja, quais os pilares que sustentavam à época do investimento, a tese de que a Anhanguera seria um caso bem-sucedido e que criaria uma empresa inovadora e geraria valor para seus acionistas, além de apresentar a transação de entrada do fundo nesta empresa, seu IPO, sua estratégia de crescimento e de aquisições e um intrigante desfecho mostrando o impasse que muitos empreendedores vivem quando estão negociando suas empresas, ou seja, a dúvida entre manter o controle acionário e o poder total ou a criação de valor via crescimento agressivo e compartilhamento de gestão.

O Capítulo 13, "A pirâmide do valor", mostra como é composto o valor de uma empresa: valor do caixa, valor de liquidação e de reposição, valor presente do fluxo de caixa atual e do crescimento natural, valor da normalização da estruturação financeira, valor dos projetos de investimento, valor da flexibilidade e valor das oportunidades incertas. Mostra ainda o valor da melhora gerencial e da sinergia que um comprador poderá desfrutar. E, para finalizar, mostra que a determinação do valor de uma empresa e uma etapa de uma transação de fusão e aquisição e que a assessoria de profissionais qualificados tanto para a avaliação quanto para a negociação pode trazer resultados compensadores, pois aumenta a probabilidade de sucesso de um negócio, assim como o valor de uma transação.

Diante de todos os temas abordados, fica claro que o livro foi desenvolvido para atender a diversos públicos. É destinado a empresários, executivos, diretores, gerentes, consultores, analistas de bancos de investimento, administradores financeiros e também a estudantes de graduação e pós-graduação em cursos de especialização, MBA, mestrados e doutorados em administração, economia, contabilidade e direito. Foi desenvolvido com base nas consultorias que prestamos e nas avaliações que fizemos ao longo de nossas carreiras e na experiência prática na negociação de fusões e aquisições e *joint-ventures*. É destinado a todos aqueles que se interessam pela geração de valor nas empresas, por suas formas de mensuração e por fusões e aquisições.

NOTAS

1 Aquisição de uma empresa por seus diretores ou gerentes.

2 Aquisição de empresas financiada por empréstimos bancários. Na maioria dos casos, os ativos da empresa-alvo servem como garantia. Os fluxos de caixa da empresa-alvo são utilizados para amortização dos empréstimos. Essa operação foi muito utilizada nos Estados Unidos na década de 1980.

3 Tanto o EVA quanto o MVA são marcas registradas da Stern & Stewart.

4 É o lucro após a dedução dos juros sobre o capital próprio, que leva em consideração o conceito de custo de oportunidade. Marshall, em *Principles of economics* (Nova York: MacMillan, 1890), escreveu sobre esse assunto: "O que resta de seus lucros [do proprietário ou do administrador] após a dedução dos juros sobre seu capital à taxa em vigor pode ser considerado sua remuneração pela realização da administração".

5 Sinergia é a capacidade que uma combinação de empresas tem de ser mais lucrativa do que a soma dos lucros das empresas consideradas individualmente.

CAPÍTULO 2

AVALIAÇÃO PELO MÉTODO DO FLUXO DE CAIXA DESCONTADO

O fluxo de caixa descontado (FCD) é a principal metodologia empregada para avaliar empresas. Sua abordagem é amplamente utilizada por bancos de investimento, consultorias e empresários quando querem calcular o valor de uma organização, seja para fins internos, de análise de investimento, seja para fusões e aquisições.

Por essa abordagem, o valor da empresa é determinado pelo fluxo de caixa projetado, descontado a uma taxa que reflita o risco associado ao investimento. O valor pelo FCD é obtido a partir dos seguintes elementos relevantes, que serão abordados ao longo deste e dos próximos capítulos:

- Projeção do fluxo de caixa
- Determinação da taxa de desconto
- Estimativa do valor terminal
- Cálculo do valor da empresa

Este capítulo mostra como o fluxo de caixa livre para a empresa, o fluxo de caixa livre para o acionista e os principais ajustes a serem feitos para valorar empresas são calculados pelo método do fluxo de caixa descontado.

A projeção dos fluxos de caixa começa com a projeção da receita e de todos os itens da demonstração de resultados (DRE) da empresa avaliada, que serão analisados ao longo deste capítulo e do próximo.

MÉTODO DO FLUXO DE CAIXA DESCONTADO

As empresas não são entes acumuladores de bens ou ativos imobilizados, tampouco máquinas registradoras de lucros contábeis. Na verdade, são máquinas de gerar dinheiro. Somente a capacidade de gerar fluxo de caixa no futuro lhes confere valor.

A empresa deve ser vista como um negócio contínuo, que deve ter seu valor e as decisões dos administradores estabelecidos à luz do futuro, bem como à do presente.

O método do fluxo de caixa descontado está fundamentado na ideia de que o valor de uma empresa está diretamente relacionado aos montantes e às épocas em que os fluxos de caixa operacionais estarão disponíveis para distribuição. Portanto, o valor da empresa é medido pelo montante de recursos financeiros que será gerado no futuro pelo negócio, o qual é trazido a seu valor presente para refletir o tempo e o risco associados à distribuição.

A metodologia do FCD é a mais utilizada para determinar o valor de uma empresa para fins de F&A, cisões, *joint-ventures*, compra e venda de participações, abertura e fechamento de capital, análise de novos investimentos e determinação do 'preço justo' de uma ação.

No cálculo do FCD, as entradas e saídas são confrontadas em um momento zero, no qual se deseja conhecer o valor da empresa. Para tanto, todos os valores do fluxo são trazidos a valor presente por uma taxa de desconto. Um investimento será bom se o valor presente do fluxo de entradas superar o do fluxo de saídas. É intuitivo: se entra mais dinheiro do que sai, certamente o negócio gera recursos para seus investidores. Portanto, projetos com FCDs positivos tornarão os acionistas mais ricos, ao passo que aqueles com FCDs negativos os deixarão mais pobres.

VALOR PRESENTE DO FLUXO DE CAIXA FUTURO: UMA RÁPIDA REVISÃO[1]

Para expor de maneira simples o conceito de valor presente de um recebimento que ocorrerá no futuro, basta considerar quanto deve ser depositado hoje para, com o rendimento dos juros, ter-se o mesmo montante a receber na mesma data futura. Por exemplo, o valor presente (VP) de um montante de $ 1.000 daqui a três anos, aplicado a uma taxa de 25% a.a., fornece os $ 1.000 no prazo estipulado. Em razão da reaplicação dos juros recebidos, após um ano o montante será de VP × (1 + 25%), depois de dois anos será de VP × (1 + 25%) × (1 + 25%) e, dentro de três anos, será de VP × (1 + 25%) × (1 + 25%) × (1 + 25%), que são os $ 1.000 iniciais. Para obter o valor presente, basta inverter a relação, como no exemplo mostrado no Quadro 2.1.

Caso esse título faça jus não a um recebimento, mas a uma série de cinco recebimentos de $ 1.000 cada um e que vencerão um por ano, até o quinto ano, o valor presente desse novo título, dessa série uniforme, será calculado como apresentado na Tabela 2.1.

Se a empresa não for compreendida como um conjunto de máquinas, pessoas e clientes, mas sim apenas como um fluxo de caixa futuro, como no caso do título exemplificado, seu valor será de $ 2.689,28. Para que isso ocorra, basta que seja considerado que ela dará $ 1.000 livres no final de cada ano e que se extinguirá no final do quinto ano, após pagar a última parcela de $ 1.000. Outro requisito é que a taxa escolhida de

QUADRO 2.1

EXEMPLO DE CÁLCULO DE VALOR PRESENTE

$$VP = \frac{1.000}{(1 + 25\%)(1 + 25\%)(1 + 25\%)} = 512$$

TABELA 2.1 EXEMPLO DE CÁLCULO DE VALOR PRESENTE DE UMA SÉRIE UNIFORME

Recebimentos	Valor do recebimento	Prazo do recebimento	Cálculo do valor presente	Valor presente
1º	$ 1.000	Final do 1º ano	$\frac{\$\ 1.000}{(1 + 25\%)}$	$ 800,00
2º	$ 1.000	Final do 2º ano	$\frac{\$\ 1.000}{(1 + 25\%) \cdot (1 + 25\%)}$	$ 640,00
3º	$ 1.000	Final do 3º ano	$\frac{\$\ 1.000}{(1 + 25\%) \cdot (1 + 25\%) \cdot (1 + 25\%)}$	$ 512,00
4º	$ 1.000	Final do 4º ano	$\frac{\$\ 1.000}{(1 + 25\%) \cdot (1 + 25\%) \cdot (1 + 25\%) \cdot (1 + 25\%)}$	$ 409,00
5º	$ 1.000	Final do 5º ano	$\frac{\$\ 1.000}{(1 + 25\%) \cdot (1 + 25\%) \cdot (1 + 25\%) \cdot (1 + 25\%) \cdot (1 + 25\%)}$	$ 327,00
Total dos cinco recebimentos anuais				$ 2.689,28

25% a.a. seja uma expressão justa do retorno que pode ser obtido em um título ou em outro investimento que ofereça condições semelhantes de risco.

Mas as empresas em geral não esperam se extinguir após cinco anos. Elas podem viver 20, 50, cem anos ou mais. Na verdade, na ausência de informação que o desminta, é até desnecessário levar em conta que um dia poderá vir a ocorrer a extinção, sendo lícito considerar que, pelo menos em objetivo e expectativa, a empresa tenha vida de duração indeterminada.

Isso é possível graças à tendência de estabilização do valor presente de uma série de recebimentos iguais que, a partir de certo ponto, deixam de mudar significativamente com o aumento da duração da série. Com o título apresentado no exemplo e uma série de cinco anos, o valor presente foi de $ 2.689,28. Se a mesma série tivesse dez anos, seu valor presente seria de $ 3.570,50 e, se tivesse 15 anos, seria de $ 3.859,26. A Figura 2.1 mostra a evolução do valor presente em função do número de recebimentos anuais da série.

Percebe-se que, já a partir do vigésimo ano, o valor presente do título não sofre mais elevações relevantes. Isso se deve ao fato de que o recebimento de $ 1.000 no vigésimo ano, que com certeza será relevante nesse ano, deve ser dividido por $(1 + 25\%)^{20} = 86{,}7$, o que dá um valor presente de apenas $ 11,53. Se comparados com os $ 3.953,88 do valor presente total, os $ 11,53 representam um pequeno efeito de 0,3%. Dessa maneira, os recebimentos a partir desse ano, independentemente de serem considerados ou ignorados, causarão pouco efeito sobre o valor atual da empresa, ou mesmo nenhum. É evidente que a importância dos fluxos de caixa após dez ou 15 anos é maior quando as taxas de desconto são menores.

FIGURA 2.1 LIMITE DO VALOR PRESENTE PARA O HORIZONTE TENDENDO AO INFINITO

Anos	Valor presente
5	2.689,28
10	3.570,50
15	3.859,26
20	3.953,88
25	3.984,89
30	3.995,05
50	3.999,94
60	4.000,00
100	4.000,00
1.000	4.000,00

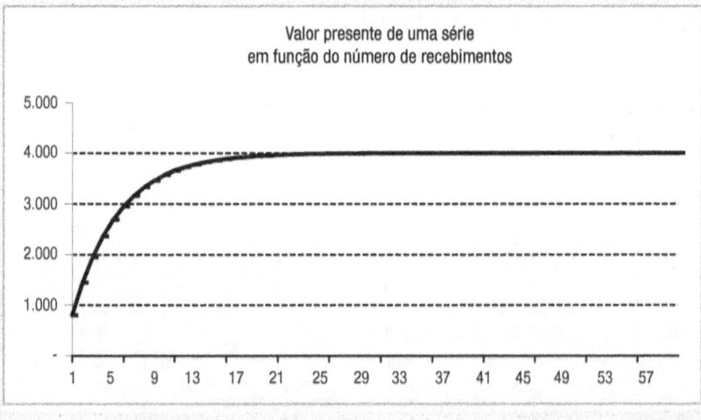

O mesmo fenômeno pode ser entendido como uma sequência de aplicações de um ano no valor de \$ 4.000 que geram \$ 1.000 [= 0,25 × 4.000] de juros no final do ano. No vencimento, o principal de \$ 4.000 é aplicado novamente, o que se repete no ano seguinte, e assim indefinidamente. O resultado é um fluxo de caixa de valores iguais a \$ 1.000, por prazo indeterminado, resultante da aplicação de \$ 4.000 a 25% a.a. Não por acaso, o gráfico apresentado na Figura 2.1 tendeu para esse valor de \$ 4.000.

Em um título de prazo indefinido ou em uma empresa, o valor presente de uma série de recebimentos iguais sem prazo para terminar — o valor presente de um fluxo de caixa — pode ser calculado simplesmente dividindo-se o valor do recebimento constante pela taxa, como mostra a equação do Quadro 2.2.

Nessa abordagem, o valor decorre apenas dos fluxos de caixa futuros, entendidos como a diferença entre os recebimentos e os pagamentos operacionais da empresa e considerados constantes. Dessa maneira, considera-se a empresa uma 'caixa-preta' sobre a qual nada é necessário saber a não ser as datas em que poderá fazer pagamentos aos investidores ou exigirá aportes de recursos, além do risco. A empresa equipara-se a qualquer ativo financeiro, cujo valor nada mais é do que o valor presente desses fluxos de caixa.

PRINCIPAIS DIFERENÇAS ENTRE O LUCRO LÍQUIDO E O FLUXO DE CAIXA

Empresas que possuem políticas de imobilização mais agressivas e grande necessidade de investimento operacional em giro podem apresentar bons lucros e péssimos fluxos de caixa (até negativos) para os acionistas. Como alguns modelos antigos de avaliação de empresas utilizavam o lucro líquido, em vez do fluxo de caixa, é importante salientar as principais diferenças entre ambos:

- Ativos diferidos
- Depreciação e itens monetários e não financeiros

QUADRO 2.2

VALOR PRESENTE DE UM FLUXO DE CAIXA CONSTANTE

$$VP = \frac{\text{Fluxo de caixa constante}}{\text{Taxa}}$$

- Diferenças temporais entre a venda e o recebimento, o custo e o pagamento
- Receitas e despesas financeiras — podem ser reconhecidas, não recebidas ou pagas
- Emissão ou recompra de ações
- Fundos de pensão
- Investimento em controladas e coligadas e participações minoritárias
- Investimento em intangíveis e outros ativos
- Imposto de renda diferido
- Necessidade de investimentos em giro e em imobilizados
- Operações de *leasing*
- Pagamento de juros e variações nas dívidas financeiras
- Provisões para devedores duvidosos e outras
- Receitas e despesas não operacionais
- Reversão de provisões

Em termos gerais, há boas razões para os investidores preferirem analisar projeções de fluxos de caixa a fluxos de lucros, e algumas delas são apresentadas a seguir. Todavia, fluxos de caixa e de lucros se 'encontram' ao longo do tempo. Nenhum projeto no médio e no longo prazo será excelente sob a perspectiva do caixa e muito ruim do ponto de vista do lucro, ou vice-versa.

- Em tese, o fluxo de caixa sistematicamente positivo, considerando inclusive o pagamento do serviço da dívida, poderá ser pago para o acionista na forma de dividendos.
- Na verdade, não importa se o caixa do projeto será pago ou não para o acionista na forma de dividendos. O importante é que fique à disposição da empresa, ou seja, que ela tenha poder para decidir o que fazer com o dinheiro — no caso, distribuí-lo ou aplicá-lo em projetos que teoricamente renderão mais para os sócios do que se eles aplicarem seus recursos em outras opções.
- Um fluxo de lucros projetados poderia esconder um déficit de caixa provocado pela necessidade de um reinvestimento e de um investimento em capital de giro.
- Fluxos de caixa positivos indicam recursos disponibilizados para a empresa e para os acionistas. Já os fluxos negativos apontam a necessidade de aporte de novos capitais.
- O lucro não pode ser trazido a valor presente, pois é formado de receitas e despesas que podem ter origens financeiras muito anteriores ou posteriores a seu lançamento contábil. Somente o caixa pode ser aplicado a juros; portanto, somente seu fluxo pode ser trazido a valor presente.

FLUXO DE CAIXA LIVRE PARA A EMPRESA E FLUXO DE CAIXA LIVRE PARA OS SÓCIOS

Há essencialmente dois caminhos para avaliar uma empresa pelo método do FCD: um consiste em avaliar a participação do acionista no negócio (*equity valuation*) e o outro implica avaliar a empresa como um todo (*firm valuation*), o que inclui, além da participação acionária (capital próprio), a dos demais detentores de direitos financeiros da organização (capital de terceiros). Embora as duas abordagens descontem fluxos de caixa esperados, os fluxos de caixa e as taxas de desconto são diferentes.

No primeiro caso, o valor da empresa é obtido descontando-se os fluxos de caixa dos sócios (*cashflow to equity*), ou seja, os fluxos de caixa residuais das dívidas após dedução de todas as despesas e pagamentos de juros e do principal, descontados pela taxa exigida pelos investidores sobre o capital próprio.

No segundo caso, o valor da empresa é obtido descontando-se fluxos de caixa esperados para ela (*cashflow to firm*), ou seja, os fluxos de caixa residuais após a realização de todas as despesas operacionais e impostos, mas antes do pagamento das dívidas, pelo custo médio ponderado de capital. Considerando que essa segunda forma é a mais utilizada pelo mercado financeiro, este capítulo enfoca a descrição e a análise do fluxo de caixa livre para a empresa.

O valor presente do fluxo de caixa livre para a empresa é obtido com base na série de recebimentos ($FCLE_t$) que compõe o fluxo e no custo médio ponderado de capital (CMPC), segundo as equações do Quadro 2.3.

O exemplo é o de uma empresa capaz de gerar um fluxo de caixa livre anual de \$ 9 milhões, homogêneo e perpétuo. Esse fluxo é calculado antes de quaisquer efeitos de empréstimos ou financiamentos, como se a empresa fosse financiada exclusivamente por capital próprio.

QUADRO 2.3

VALOR PRESENTE DO FLUXO DE CAIXA LIVRE PARA A EMPRESA

$$VP(FCLE) = \sum_{t=1}^{n} \frac{FCLE}{(1 + CMPC)^t}, \text{ no caso geral, e}$$

$$VP(FCLE) = \frac{FCLE}{CMPC}, \text{ para } n \rightarrow \infty \text{ e } FCLE_t = FCLE \; \forall t$$

Entretanto, no exemplo, o capital é fornecido tanto pelos acionistas como pelos credores, em proporções iguais. Se os acionistas demandarem uma remuneração de 20% a.a. e os credores receberem juros de 10% a.a., após os tributos, a média do custo do capital de ambas as fontes será de 15% a.a. [= 0,10 × ½ + 0,20 × ½].

O FCLE separa o fluxo de caixa das operações do fluxo de caixa da dívida financeira. Esse isolamento proporciona aos credores uma estimativa do fluxo de caixa disponível para remunerá-los. Como ambos são fonte de financiamento para a empresa, nada mais justo do que o valor da entidade ser determinado pelo FCLE descontado por uma taxa ponderada entre os retornos exigidos pelos acionistas e pelos credores — o custo médio ponderado de capital. Oferecendo um fluxo de caixa de $ 9 milhões anuais para uma cesta de investidores que exige, em média, uma remuneração de 15% a.a., a empresa vale $ 60 milhões [= 9.000.000/0,15].

Por meio da abordagem do FCLE, o que se determina é a capacidade de geração de caixa proveniente das operações normais da empresa, ou seja, seu potencial de gerar riqueza em decorrência de suas características operacionais, independentemente de suas fontes de financiamento. Para determinar o valor do negócio para o acionista, deve-se deduzir a dívida existente na data-base da avaliação pelo VP do FCLE. Como no exemplo metade desse valor é devido aos credores, resta apenas a outra metade para os acionistas, ou seja, $ 30 milhões [= 60.000.000 × ½].

O valor da empresa para os sócios também pode ser calculado diretamente, sem necessidade de conhecer primeiro o da empresa. Para tanto, calcula-se o valor presente do fluxo de caixa livre para os sócios ($FCLS_t$) utilizando o custo de capital próprio (CCP), como apresentado no Quadro 2.4.

No mesmo exemplo, a empresa possui uma dívida de $ 30 milhões e paga juros após tributos de 10% a.a.; portanto, sua dívida é de $ 3 milhões anuais. Como o fluxo de caixa livre da empresa é de $ 9 milhões, resta aos sócios um fluxo de caixa esperado de $ 6 milhões anuais [= 9.000.000 – 3.000.000].

QUADRO 2.4

VALOR PRESENTE DO FLUXO DE CAIXA LIVRE PARA OS SÓCIOS

$$VP(FCLS) = \sum_{t=1}^{n} \frac{FCLS}{(1 + CCP)^t}, \text{ no caso geral, e}$$

$$VP(FCLS) = \frac{FCLS}{CCP}, \text{ para } n \to \infty \text{ e } FCLS_t = FCLS \ \forall t$$

Como os sócios esperam receber uma remuneração de 20% a.a., sua participação no capital da empresa será de $ 30 milhões [= 6.000.000/0,20]. É o mesmo resultado!

O uso do FCLE tem algumas vantagens notáveis sobre o do FCLS:

- É mais fácil o FCLS se mostrar negativo do que o FCLE, principalmente quando as despesas financeiras são altas. Mesmo assim, a empresa pode ter valor. As empresas muito endividadas podem ter FCLS negativo em virtude da elevada taxa de juros. Nesse caso, a solução é a recapitalização da empresa, a qual pode ser feita pelo novo sócio. O valor dela pode ser suficiente para pagar a dívida e ainda pode sobrar uma boa quantia para os sócios atuais.
- O FCLE oferece um melhor entendimento do desempenho operacional da empresa e de cada unidade de negócio em separado. Isso é importante para a venda ou a compra de partes da empresa, como produtos e regionais, que têm valor *per si*, independentemente de como a organização como um todo é financiada.
- O custo de capital relevante para o cálculo do valor é o médio do mercado, e não o específico da empresa. Portanto, quando esta contempla mudar sua estrutura de capital, os dispêndios atuais com os juros projetados não influenciam a determinação do valor pelo método do FCLE.
- A previsão a médio prazo de dispêndio com juros e amortizações de dívidas e a projeção de novos empréstimos podem ser difíceis de efetuar, tornando-se mais fácil o cálculo do valor pelo FCLE.

SEPARAÇÃO ENTRE AS OPERAÇÕES E O FINANCIAMENTO

Uma vez que a separação entre o que é operacional e o que é financeiro na empresa é importante, torna-se necessário oferecer alguma conceituação. Nesta seção, são apresentadas três visões distintas do lucro operacional. Além disso, é mostrada uma visão do fluxo de caixa da empresa após o efeito dos tributos.

A Tabela 2.2 mostra uma visão do conceito de lucro operacional segundo a legislação societária. É importante observar que, no conceito da legislação societária brasileira, os juros pagos pela empresa são descontados quando do cálculo do lucro operacional, ou seja, são considerados de natureza operacional. Dessa maneira, perde-se a distinção entre os componentes operacionais e financeiros do resultado da empresa.

Por que tal procedimento é mantido? Uma explicação pode estar na origem histórica da classificação da conta de correção monetária, pois ela contém componentes tanto operacionais, associados à erosão das contas monetárias do capital de giro operacional, quanto financeiros, provenientes da redução dos juros nominais sobre aplicações e empréstimos financeiros.

TABELA 2.2 LUCRO OPERACIONAL SEGUNDO A LEGISLAÇÃO BRASILEIRA

Conta	Valor
Receitas	**1.000**
Custos	(500)
Depreciação	(50)
Despesas operacionais	(250)
Juros	(100)
Lucro operacional (Lair)	**100**
Imposto de renda (30%)	(30)
Lucro líquido	**70**

Como, pelos métodos mais simples, é difícil separar esses componentes, foi lícito manter a conta de correção monetária entre as operacionais. Por coerência, e para evitar induzir à sua superavaliação, torna-se defensável inserir, entre as contas operacionais, a despesa com juros.

Já na prática norte-americana, mostrada na Tabela 2.3, o lucro operacional é calculado antes do efeito dos juros. Com isso, tenta-se obter uma separação entre efeitos operacionais, do investimento realizado, e efeitos financeiros, da escolha de financiamento da empresa. Essa segregação é coerente com o pensamento predominante na teoria de estrutura de capital, que preconiza a separação das decisões de investimento e financiamento da empresa.

TABELA 2.3 LUCRO OPERACIONAL SEGUNDO A PRÁTICA NORTE-AMERICANA

Conta	Valor
Receitas	**1.000**
Custos	(500)
Depreciação	(50)
Despesas operacionais	(250)
Lucro operacional (Lajir)	**200**
Juros	(100)
Lucro antes de IR (Lair)	**100**
Imposto de renda (%)	(30)
Lucro líquido	**70**

Entretanto, essa segregação de resultados operacionais e financeiros não é completa, pois ignora a natureza dupla do imposto de renda. Uma visão do lucro operacional que reflete a segregação de operações e financiamento e leva em conta o imposto de renda é apresentada na Tabela 2.4.

Caso a empresa não tivesse nenhuma dívida, o imposto de renda recairia sobre a diferença entre as receitas e os gastos operacionais, nesse caso especialmente os custos, a depreciação e as despesas operacionais. O valor dessa diferença seria o imposto de renda sobre as operações ajustado para uma empresa sem dívidas.

Sendo despesas, os juros reduzem o imposto de renda a pagar, em um efeito de benefício fiscal. Esse benefício reduz o custo dos juros para os sócios da empresa. Deve-se notar que o imposto de renda sobre as operações, descontado do benefício fiscal dos juros, é aquele calculado nas duas versões anteriores.

Uma visão complementar é a do fluxo de caixa livre para a empresa (FCLE), exemplificado na Tabela 2.5. O conceito por trás dos cálculos é o do fluxo de caixa que a empresa fornece a seus investidores, independentemente dos efeitos financeiros ou antes deles. Para tal, toma-se como ponto de partida o lucro operacional, com segregação completa entre operações e financiamento, adicionando e deduzindo a depreciação e os efeitos operacionais de caixa não incorporados no cálculo do lucro, como novos investimentos e acréscimos/reduções no capital de giro operacional da empresa.

Essa é a versão que incorpora os conceitos de lucro operacional e de fluxo de caixa operacional que serão utilizados ao longo deste livro. É importante observar que tanto um quanto o outro já vêm descontados dos efeitos tributários decorrentes das operações.

TABELA 2.4 LUCRO OPERACIONAL COM SEGREGAÇÃO COMPLETA ENTRE OPERAÇÕES E FINANCIAMENTO

Conta	Valor
Receitas	**1.000**
Custos	(500)
Depreciação	(50)
Despesas operacionais	(250)
IR s/ operações	(60)
Lucro operacional após IR (Noplat)[2]	**140**
Juros	(100)
IR s/ juros (benefício fiscal)	30
Lucro líquido	**70**

TABELA 2.5 FLUXO DE CAIXA LIVRE PARA A EMPRESA E PARA OS SÓCIOS

Conta	Valor
Receitas	**1.000**
Custos	(500)
Depreciação	(50)
Despesas operacionais	(250)
IR s/ operações	(60)
Lucro operacional após IR (Nopat)	**140**
Depreciação	50
Imobilizações	(40)
Aumento do capital de giro	(20)
Fluxo de caixa livre para a empresa	**130**
Juros	(100)
IR s/ juros (benefício fiscal)	30
Fluxo de caixa livre para os sócios	**60**

Outros fluxos de caixa associados a movimentações de capital não devem ser considerados, por refletirem simples usos ou fontes de capital. Ao gerar fluxos de caixa livres, a empresa deverá escolher entre transformá-los em pagamento de dividendos, amortização de empréstimos ou retenção no caixa. Da mesma forma, aportes de capital e novos empréstimos não devem ser considerados.

ESTIMATIVA DO FLUXO DE CAIXA LIVRE PARA A EMPRESA

O fluxo de caixa livre para a empresa (FCLE) é o montante de recursos que pode ser extraído dela sem que seu valor seja reduzido. Ou seja, é o rendimento mensal ou anual que a empresa pode fornecer continuada e naturalmente aos provedores de seu capital.

O FCLE é um conceito semelhante ao do lucro, só que em regime de caixa, e não de competência. A diferença mais importante é que, para cálculo do fluxo de caixa, não é considerada a depreciação (a não ser para a apuração dos impostos sobre o lucro real), mas, em contrapartida, é necessário levar em conta os investimentos reais a serem efetuados na substituição e na modernização dos imobilizados que vão ficando obsoletos, desgastados ou fora de moda e os investimentos a serem feitos no capital de giro operacional da empresa.

O processo de estimativa do FCLE consiste em projetar inicialmente o lucro operacional da empresa e, a partir dele, mediante uma série de ajustes, estimar o fluxo de caixa. Esse lucro é aquele que a empresa teria se não possuísse nenhuma dívida, exceto talvez empréstimos de curto prazo e de pequeno valor, utilizados para cobrir desajustes de caixa provenientes da sazonalidade do negócio.

Os principais passos para estimar o FCLE são detalhados a seguir. Os primeiros 13 passos sao aqueles que costumam ser seguidos para fazer a projeção do lucro operacional.

1. **Receita bruta.** Esta é a variável mais difícil de projetar; portanto, é a mais polêmica de uma avaliação. A dificuldade vem da relativa imprevisibilidade do comportamento dos clientes e dos mercados, que pode afetar a segurança com que são estimados volumes, preços e margens. Algumas dúvidas metodológicas são: até que ponto detalhar o estudo do mercado, como projetar sazonalidade e tendência, qual a sensibilidade a fatores macroeconômicos e setoriais, quais novos eventos podem gerar impactos de natureza qualitativa e até descontinuidades no comportamento dos clientes.

2. **Tributos sobre a receita.** Os principais tributos sobre a receita bruta no Brasil são: Cofins, PIS, ISS, IPI e ICMS. A maior parte das pequenas empresas pode optar pela tributação pelo lucro presumido ou pelo simples, casos em que os tributos sobre a renda são simplificados para uma porcentagem da receita, e a contabilidade, por partidas dobradas para simples registro de caixa.

3. **Custos diretos.** Os itens mais importantes são: mercadorias (no comércio), materiais, serviços, energia e mão de obra direta (na manufatura e nos serviços). Os custos diretos podem ser estimados pela multiplicação de quantidades e preços ou como uma porcentagem da receita. As margens costumam diferir por categoria de produtos e de clientes, em função do valor efetivamente agregado a eles e da existência de alternativas.

4. **Custos indiretos.** Incluem atividades que não são diretamente alocáveis aos produtos ou aos serviços vendidos, como supervisão, engenharia de processo, manutenção, controle de qualidade, serviços de infraestrutura e aluguel/depreciação de unidades produtivas. Os custos indiretos são comumente rateados ou alocados, às vezes em mais de um estágio, aos produtos e serviços da empresa.

5. **Despesas comerciais.** São definidas no plano de marketing e intimamente interdependentes do volume de vendas e da margem bruta projetados. As duas despesas comerciais mais importantes são: despesas com promoção, como a propaganda e os custos variáveis da equipe, e comissões de vendedores e representantes. Também podem ser incluídas aqui despesas fixas com a equipe de vendas

e de marketing, pesquisas de mercado, viagens comerciais e outras relacionadas a atividades de venda.

6. **Despesas gerais, operacionais e administrativas.** Incluem as despesas com pessoal, escritório, diretoria, controladoria, tesouraria, recursos humanos e informática, além de todas as outras despesas relacionadas à administração da empresa. Envolvem ainda o aluguel e a depreciação.

   É comum as despesas e os custos diretos serem considerados variáveis, e os indiretos, fixos. Mas nem sempre é assim. Há custos diretamente alocáveis a produtos que independem do volume de vendas, como o aluguel de uma loja (que é direto para a loja como unidade de custeio) e a manutenção de uma máquina (que é direta para o produto a que é dedicada).

   Da mesma maneira, os custos e as despesas indiretos podem ser variáveis, como no caso das viagens comerciais (que são limitadas em tempos de baixa de vendas) e do esforço para o desenvolvimento de novos produtos (geralmente arrefecido em tempos difíceis).

   Para pequenas oscilações de volume, o custo fixo pode ser considerado efetivamente constante. Mas, se for projetado um aumento ou uma redução substancial no volume de operações, o próprio custo fixo poderá sofrer aumento ou redução. A expressão mais precisa é 'custo semifixo', pois este cresce em patamares.

7. **Lucro antes dos juros, imposto de renda, depreciação e amortizações (Ebitda/Lajida).**[3] É a receita menos os custos e as despesas, sem levar em consideração ainda a depreciação ou a amortização. Reflete a capacidade de geração de caixa operacional por parte da empresa, para o caso de expansão ou substituição de ativos depreciados. É fortemente correlacionado com o fluxo de caixa livre da organização.

8. **Depreciação.** É o reconhecimento do gasto do qual a empresa abre mão quando investe, só que distribuído ao longo de uma série de anos. É despesa, e não saída de caixa. Nos balanços publicados, normalmente é apresentada como parte do custo e/ou das despesas gerais. Pode ser visualizada no Doar (demonstrativo de origens e aplicação de recursos) ou no demonstrativo de fluxo de caixa.

9. **Exaustão.** Refere-se ao consumo de reservas extrativas como minas, poços de petróleo, florestas e pesqueiros. Como a depreciação, é despesa, e não saída de caixa.

10. **Amortização de ativos diferidos.** Tem interpretação análoga à da depreciação e da exaustão. É preciso tomar cuidado para não confundi-la com a amortização de dívidas, que não são consideradas na projeção do fluxo de caixa livre da empresa.

11. **Lucro antes dos juros e do imposto de renda (Ebit/Lajir).**[4] É o Ebitda menos a depreciação e a amortização de intangíveis.

12. **Tributos sobre a renda ajustados.** Incluem o imposto de renda (IR) e a contribuição social (CS), calculados sobre o lucro antes dos juros e do imposto de renda (Lajir). Nessa fase, os tributos sobre a renda desconsideram quaisquer efeitos das dívidas, sobretudo os juros pagos aos credores. Assim, o lucro operacional é exclusivamente aquele decorrente das operações, e os tributos sobre a renda são chamados de ajustados.

    No momento em que este livro foi escrito, a alíquota do IR era de 15% para lucros de até R$ 240 mil anuais e de 25% para lucros acima desse valor, e a contribuição social era de 9%. Esse patamar de R$ 240 mil é nominal. Ele não é atualizado desde 1994 e, provavelmente, não o será tão cedo.

    A projeção do IR e da CS deve contemplar a eventual existência de prejuízos fiscais anteriores a serem abatidos da base de cálculo do imposto de renda. Esses prejuízos reduzem até 30% do lucro tributável de cada exercício, ficando o restante, sem correção, para ser aproveitado nos próximos exercícios. O aproveitamento dos prejuízos fiscais tem sido um dos motivos de muitas fusões e aquisições de empresas e bancos no Brasil e no exterior.

    Os tributos sobre a renda, o aproveitamento de prejuízos anteriores e o benefício fiscal dos juros sobre o capital próprio são calculados como se não houvesse dívidas. Posteriormente, o conjunto das alterações tributárias trazidas pelos juros é calculado e apropriado como benefício fiscal da dívida.

13. **Lucro operacional após IR (Nopat).** É o Lajir menos os tributos ajustados sobre a renda; portanto, o lucro líquido que a empresa teria sem as dívidas financeiras.

O ponto de partida para a elaboração do fluxo de caixa é seu lucro operacional após IR, conforme apurado anteriormente. Nos itens a seguir, são apresentados alguns ajustes necessários para transformar esse lucro no FCLE.

14. **Somar a depreciação, a exaustão e as amortizações de ativos diferidos.** Como não são saídas de caixa, a depreciação, a exaustão e as amortizações de ativos diferidos não deveriam ter sido subtraídas na projeção do fluxo de caixa. Por isso, são trazidas de volta. O efeito líquido da depreciação, da exaustão e das amortizações de intangíveis é apenas a redução dos tributos sobre a renda. Todos os itens que impactam apenas no resultado econômico e não geram entradas ou saídas de caixa são ajustes que devem ser feitos para obter o FCLE.

15. **Descontar o investimento em ativos permanentes.** A principal conta é a de imobilizados, que inclui, entre outras coisas, imóveis, veículos, máquinas e

equipamentos e instalações. Esses investimentos devem ser considerados na medida em que são necessários para a capacidade de geração do caixa operacional projetado. Eles não devem ser superestimados, nem subavaliados.

16. **Descontar o investimento em capital de giro.** O suprimento das necessidades iniciais de estoques e contas a receber também é um investimento. Ele é parcial e espontaneamente financiado pelas contas a pagar de natureza operacional (fornecedores, salários, tributos). À medida que a empresa cresce, novos investimentos podem ser necessários para ampliar seu capital de giro.

17. **Fluxo de caixa livre para a empresa (FCLE).** É obtido a partir do lucro operacional líquido do imposto de renda (Noplat ou Nopat), mais depreciação e amortizações, menos investimentos em ativos permanentes e em capital de giro.

Como é comum uma empresa ser formada por vários negócios, que poderiam ter vida autônoma, cada um é avaliado isoladamente, mesmo porque podem vir a ser vendidos para compradores diferentes. Mais tarde, se necessário, o valor das partes pode de novo ser somado para formar o todo.

Quando a empresa possui ativos não operacionais, como terrenos parados, por exemplo, estes devem ser avaliados por seu valor de mercado, e todas as despesas e receitas não operacionais devem ser desconsideradas. Uma solução em casos de fusões e aquisições é não incluir tais ativos na aquisição da empresa ou, então, considerá-los e vendê-los por seu valor de mercado. Da mesma maneira, devem ser desconsiderados ativos financeiros não operacionais, bem como todos os seus efeitos. Esses ativos incluem juros recebidos de aplicações financeiras mantidas acima do requerido pelas operações da empresa.

Outros fatos que gerem ou possam vir a gerar obrigações ou direitos para a empresa e/ou seus sócios também devem ser considerados. Para não deixar de fora nenhum fato importante, há uma técnica que consiste em pensar em todas as características atuais da empresa que possam ser utilizadas em uma negociação para aumentar ou diminuir seu valor. As obrigações ou os direitos em geral não são contabilizados, o que dificulta sua identificação, sendo praticamente impossível fazer uma relação completa deles. Os exemplos mais comuns de problemas relacionados a obrigações ou direitos são: riscos trabalhistas, ambientais e fiscais ligados a incorreções do passado e não reconhecidos pela empresa, mas que um dia poderão vir à tona.

De qualquer modo, em processos de fusões e aquisições, é imprescindível uma auditoria antes da transferência da empresa ou do pagamento final para localizar esses e outros passivos ocultos. Essa auditoria é chamada de *due diligence* e tem como objetivo identificar inconsistências nos relatórios da empresa e contingências. Quando estas não são identificadas e quantificadas ou há dúvidas se resultarão em desembolsos futuros para o adquirente, um procedimento muito utilizado é deixar parte do valor da empresa depositada em uma conta corrente. Essa conta é conhecida como *escrow account* e serve para fazer frente a tais contingências.

Exemplo:

Para consolidar o entendimento, serão determinados o FCLE e o FCLS de uma empresa com base nas demonstrações financeiras apresentadas, sem nenhum tipo de informação adicional. Os demonstrativos são mostrados no Quadro 2.5.

Com esses demonstrativos, é possível calcular o fluxo de caixa livre nas duas versões: na da empresa e na dos sócios. O resultado é apresentado no Quadro 2.6. Para tanto, algumas considerações devem ser feitas:

QUADRO 2.5

DEMONSTRATIVOS PARA PROJEÇÃO DO FLUXO DE CAIXA LIVRE

BALANÇO PATRIMONIAL

ATIVO	Ano 1	Ano 2	PASSIVO	Ano 1	Ano 2
Caixa	5.000	14.260	Fornecedores	5.000	6.000
Clientes	10.000	12.000	Impostos a pagar	1.500	1.800
Estoque	8.000	9.600	Salários a pagar	1.000	1.200
Ativo circulante	**23.000**	**35.860**	**Passivo circulante**	**7.500**	**9.000**
Imobilizado bruto	100.000	105.000	**Empréstimos e financiamento**	**60.000**	**57.000**
(Depreciação acumulada)	(30.000)	(35.500)	**Patrimônio líquido**	**25.500**	**39.360**
Imobilizado líquido	**70.000**	**69.500**			
Ativo total	**93.000**	**105.360**	**Passivo total**	**93.000**	**105.360**

DEMONSTRATIVO DE RESULTADOS	Ano 2
Receitas brutas	**120.000**
(–) Impostos sobre as receitas	(18.000)
(–) Custos	(48.000)
(–) Despesas	(24.000)
(–) Despesas financeiras	(9.000)
(=) Lucro antes do IR e da CS	**21.000**
(–) IR e CS (34%)	(7.140)
(=) Lucro líquido	**13.860**

QUADRO 2.6

DETERMINAÇÃO DO FCLE E DO FCLS

FLUXO DE CAIXA	Ano 2
Receita bruta	**120.000**
(–) Impostos sem a receita	(18.000)
(–) Custos	(48.000)
(–) Despesas	(24.000)
Ebit	**30.000**
(–) IR/CS sobre o Ebit (34%)	(10.200)
(=) Lucro operacional (Nopat)	**19.800**
(+) Depreciação	5.500
(–) Investimentos	(5.000)
(–) Variação do capital de giro	(2.100)
(=) FCLE	**18.200**
(–) Juros	(9.000)
(+) IR/CS sobre os juros	3.060
(–) Amortizações de dívidas	(3.000)
(=) FCLS	**9.260**

- A depreciação de $ 5.500 é estimada pela diferença entre a depreciação acumulada de $ 35.500 menos $ 30.000.
- O investimento no capital de giro operacional de $ 2.100 é obtido pela diferença entre o capital de giro do último ano, de $ 12.600 [= 12.000 + 9.600 – 9.000], e o do ano anterior, de $ 10.500 [= 10.000 + 8.000 – 7.500].
- O investimento líquido de $ 5.000 é estimado pela diferença entre o imobilizado de $ 105.000 menos $ 100.000.
- Não há dividendos, pois a variação do patrimônio líquido é igual ao lucro.

Note que o balanço fecha com ativos totais iguais aos passivos totais, que a variação do caixa corresponde ao fluxo de caixa e que a variação do patrimônio líquido corresponde ao lucro.

TRATAMENTO DA REMUNERAÇÃO DO TRABALHO DOS DIRIGENTES

Em empresas em que o trabalho dos dirigentes tem especial importância, notadamente nas pequenas, não é fácil separar sua remuneração do lucro. Caso ela não seja definida e considerada como despesa, a empresa estará sendo superavaliada.

O mais adequado, quando se avaliam empresas cujos sócios fazem retiradas irregulares e/ou apresentam pró-labores altos ou baixos demais, é considerar um valor de mercado para a remuneração do trabalho, independentemente dos valores retirados ou contabilizados. Com isso, ocorre uma separação apropriada entre remuneração do trabalho e do investimento na empresa.

Para calcular o FCLE, devem ser considerados todos os custos e as despesas necessários para sua operação, o que inclui o trabalho dos dirigentes. São utilizados vários padrões de remuneração dos dirigentes:

- Alguns dirigentes fazem retiradas condizentes com seu custo de oportunidade pessoal, ou seja, retiram o que poderiam auferir, ou auferiam até recentemente, como funcionários de outra empresa. Essa relação mostra-se equilibrada do ponto de vista da pessoa física, mas não da jurídica. Nada garante que um futuro comprador terá um custo de oportunidade tão alto ou tão baixo.
- Há dirigentes que possuem um fixo baixo, que cobre minimamente as despesas familiares, e podem fazer retiradas periódicas ou eventuais de boa parte das sobras de caixa. Essa postura é conservadora, por restringir as retiradas àquilo que a empresa mostrou concretamente poder suportar, entretanto não favorece a separação entre a remuneração do trabalho e a do investimento.
- Já alguns dirigentes tiram da empresa todo o fluxo de caixa que ela pode dar, chegando a endividá-la. Esse padrão, além de perigoso, não ajuda na separação entre trabalho e lucro.
- Muitos dirigentes fazem retiradas até modestas, mas mantêm parentes trabalhando na empresa. Alguns são realmente competentes e merecedores, outros recebem remunerações inferiores a sua contribuição ou a suas possibilidades e outros, ainda, são pouco produtivos e, portanto, caros. Esses gastos devem ser substituídos por salários de funcionários que exerçam as mesmas funções, em número suficiente para a tarefa, não devendo ser feita a contratação de um funcionário para cada parente eliminado. Se o custo final permanecer igual, nada haverá a fazer, mas isso não é usual.
- Diversos dirigentes fazem uma retirada módica em espécie, mas carregam na empresa seus gastos pessoais e familiares. Em uma avaliação, esses gastos devem ser desconsiderados ou contados como parte da remuneração do dirigente. Não sendo despesas legítimas da operação, acabam classificados como parte da destinação que foi dada ao lucro ou ao fluxo de caixa.
- A melhor forma de separar trabalho de lucro é a remuneração predefinida para os proprietários que têm participação ativa na administração da empresa, por vezes diferenciada em razão de sua contribuição efetiva. O caixa gerado após essa remuneração do trabalho pode ser distribuído segundo a proporção de cotas da empresa; portanto, quem não trabalha recebe dividendos, mas não pró-labores. Essa forma de

remuneração assemelha-se a um salário pago pelo exercício da função de direção e pode ser fixada tomando-se como base o salário de um gerente contratado para a mesma função. Esse salário é ajustado para cima ou para baixo em razão de um sócio-gerente fatalmente ter maior alçada e, portanto, mais responsabilidade que um contratado, que em geral tem uma carga de dedicação menor.

- Não deve ser esquecido o fato de que um gerente contratado pode ter parte de sua remuneração vinculada ao sucesso da empresa, o que deve ser replicado.

EFEITO DA DEPRECIAÇÃO SOBRE O FCLE E SOBRE O LUCRO

A depreciação é uma despesa da empresa que não gera desembolsos de caixa, por isso tem um tratamento todo especial quando se apura o fluxo de caixa de um investimento. Ela tem as três interpretações a seguir, bastante coerentes entre si.

Poupança para compra de um novo bem de capital. Uma primeira visão é a da empresa que separa todo ano uma parcela do valor do bem, imaginando comprar um novo bem quando chegar a hora de substituí-lo. É uma forma pouco precisa de entender depreciação, pois não há garantias de que o bem substituto terá valor semelhante ao do substituído. A rigor, diante do vertiginoso avanço tecnológico, nem a necessidade, nem as principais características físicas do bem de capital podem ser adequadamente previstas dez anos antes.

Perda do valor de um bem de capital. Os bens de capital perdem valor com o tempo. A gradual perda do valor do investimento é uma despesa da empresa e é reconhecida sob a forma de depreciação. Terrenos não se depreciam, pois, em princípio, não sofrem perda de valor com o tempo.

Um motivo de depreciação é o desgaste de um equipamento consumido no processo produtivo. Em geral, esse tipo de depreciação é proporcional ao volume produzido pelo equipamento e, portanto, pode ser considerado variável. O desgaste pode ainda ser proporcional à passagem do tempo, como ocorre com itens sujeitos à corrosão. Às vezes, o uso do bem é de difícil verificação ou auditoria, caso em que os agentes de mercado tendem a depreciá-lo pela passagem do tempo, como acontece com automóveis e caminhões.

A depreciação também pode advir da obsolescência, seja ela tecnológica, seja de estilo. Nesse caso, é proporcional à passagem do tempo. Entretanto, em épocas de 'vacas magras', os fornecedores de bens de capital geralmente reduzem seu ritmo de substituição de tecnologia e até de estilo, por perceberem que seus clientes não os estão acompanhando e que seus custos de desenvolvimento não estão sendo compensados.

Diluição do custo de um bem de capital. Normalmente, a empresa adquire um bem para utilizá-lo por vários anos. Em vez de considerar todo o valor do investimento como despesa no primeiro ano, é mais correto diluí-lo nos anos em que o bem será efetivamente utilizado. Assim, ela evita reduzir artificialmente o lucro do ano em que fez a compra e, o que seria mais perigoso, imaginar que teve lucro superior ao real nos anos seguintes.

Outros tipos de bens sofrem diminuições similares de valor, como os ativos diferidos, que sofrem amortização, e as reservas extrativas, que são exauridas. Para o cálculo do fluxo de caixa livre, a amortização e a exaustão comportam-se da mesma maneira que a depreciação.

A depreciação e seus congêneres, como quaisquer outras despesas da empresa, reduzem o lucro antes do imposto de renda. Quanto maior a depreciação, menor o imposto de renda que a empresa terá de pagar. Na verdade, como a soma da depreciação de todos os anos não pode superar o valor total do bem, trata-se apenas de antecipar ou postergar o benefício fiscal caracterizado pela antecipação ou postergação da despesa.

Em uma avaliação, o efeito da depreciação é meramente fiscal, fato que leva à utilização de um critério que maximize a antecipação da depreciação. Com isso, o conceito de depreciação cede lugar aos limites da regra fiscal.

No Brasil, o método mais aceito para apuração do imposto de renda, e adotado por quase todas as empresas, é o da depreciação linear. Com esse método, o investimento é dividido em um número de parcelas iguais e cada qual é lançada em um período a título de depreciação. Um exemplo é o de um caminhão de $ 40.000, depreciado em cinco parcelas anuais iguais de $ 8.000 (= $ 40.000/5 anos). A Tabela 2.6, mostrada a seguir, apresenta alguns exemplos de prazos de depreciação.

A taxa fiscal de depreciação dos bens móveis pode ser aumentada em 50%, se a empresa operar em dois turnos de oito horas, e em 100% se operar em três turnos também de oito horas.

TABELA 2.6 PRAZOS DE DEPRECIAÇÃO

Classificação	Anos	Taxa anual	Meses	Taxa mensal
Edifícios	25	4%	300	0,333%
Máquinas e equipamentos	10	10%	120	0,833%
Instalações	10	10%	120	0,833%
Móveis e utensílios	10	10%	120	0,833%
Veículos	5	20%	60	1,667%
Sistemas de processamento de dados	5	20%	60	1,667%

Troca da depreciação pelos investimentos

A depreciação é despesa, pois representa o desembolso feito, no passado, com o imobilizado. A saída de caixa efetivamente ocorreu, mas não nos períodos em que a depreciação foi lançada. Por isso, para calcular o fluxo de caixa, a depreciação não pode ser considerada, pois já o foi no momento do investimento.

Como foi considerada com sinal negativo para o cálculo do lucro líquido, ela deve ser somada de novo. Por ser subtraída e depois novamente somada, seu efeito sobre o fluxo de caixa livre desaparece. A não ser pelo seu efeito fiscal, é como se ela não tivesse existido. O mesmo ocorre com a amortização de ativos diferidos, com a exaustão de reservas e com qualquer outra despesa que não reflita um efetivo pagamento no período em que foi registrada.

Entretanto, o imobilizado que deu origem à depreciação foi, em algum momento, pago. Essa saída de caixa efetivamente existe e não pode ser ignorada. Como os investimentos não são contabilizados como despesas para apuração do lucro contábil, eles devem ser descontados para o cálculo do fluxo de caixa livre.

Vamos tomar como exemplo uma empresa que tem anualmente, por cinco anos, receitas de $ 1.000 e despesas de $ 700. Após o quinto ano, suas operações cessam e ela se extingue. Inicialmente, é necessário comprar uma máquina de $ 1.200, que gerará depreciações de $ 240 por cinco anos. A alíquota de imposto de renda é de 30%.

Para o cálculo do lucro líquido, basta, ano a ano, subtrair da receita de $ 1.000 as despesas de $ 700 e a depreciação de $ 240. O lucro antes do imposto de renda é de $ 60 [= $ 1.000 – $ 700 – $ 240], o imposto de renda é de $ 18 [= $ 60 × 30%] e o lucro líquido é de $ 42 anuais [= $ 60 – $ 18].

O fluxo de caixa livre é obtido somando-se, ao lucro anual de $ 42, a depreciação anual de $ 240, o que resulta em $ 282 [= $ 42 + $ 240]. No instante inicial, é necessário também considerar o desembolso efetuado com a máquina, de $ 1.200. A Tabela 2.7 exemplifica o cálculo do fluxo de caixa livre pelo método indireto, ou seja, a partir de ajustes do lucro líquido.

O mesmo fluxo de caixa pode ser diretamente obtido pela adição das entradas de caixa (receita anual de $ 1.000) e pela subtração das saídas (despesa anual de $ 700, IR de $ 18 e investimento de $ 1.200). Nessa abordagem do método direto, apresentada na Tabela 2.8, a depreciação nem é considerada, a não ser para o cálculo do imposto de renda.

Como se vê, o único efeito da depreciação sobre o fluxo de caixa livre é tributário, pois ela é utilizada para apuração do imposto de renda.

Outra questão recorrente é a do tratamento do investimento em imóveis. Quando estes são parte inextrincável do negócio, com construções específicas, contam como

TABELA 2.7 CÁLCULO DO FLUXO DE CAIXA PELO MÉTODO INDIRETO

FCLE indireto	Ano 0	Ano 1	Ano 2	Ano 3	Ano 4	Ano 5
Receita		**1.000**	**1.000**	**1.000**	**1.000**	**1.000**
Despesas		700	700	700	700	700
Depreciação		240	240	240	240	240
Lair		60	60	60	60	60
IR (30%)		18	18	18	18	18
Lucro líquido	**0**	**42**	**42**	**42**	**42**	**42**
Depreciação		240	240	240	240	240
Investimento	1.200					
FCLE	(1.200)	**282**	**282**	**282**	**282**	**282**

TABELA 2.8 CÁLCULO DO FLUXO DE CAIXA PELO MÉTODO DIRETO

FCLE direto	Ano 0	Ano 1	Ano 2	Ano 3	Ano 4	Ano 5
Receita		**1.000**	**1.000**	**1.000**	**1.000**	**1.000**
Despesas		700	700	700	700	700
IR (30%)		18	18	18	18	18
Investimento	1.200					
FCLE	(1.200)	**282**	**282**	**282**	**282**	**282**

mais um ativo e recebem tratamento como todos os demais. Bons exemplos são usinas elétricas, petroquímicas e parques temáticos. O mesmo ocorre quando o valor do terreno é relativamente baixo perto do custo de mudança, o que leva à compra desse terreno, como acontece com algumas grandes fábricas.

Por outro lado, muitos negócios de menor porte alugam seus imóveis. Quando isto é possível, faz-se uma avaliação do imóvel em separado. É como se a empresa estivesse alugando o próprio imóvel. Desse modo, avalia-se a real geração de caixa da operação do negócio, que é pelo que o comprador pagará.

O aluguel a ser considerado é aquele que pode ser conseguido no mercado pelo imóvel de que a empresa necessita para operar. É importante observar que não se trata do aluguel dos imóveis que a empresa possui efetivamente, mas sim dos imóveis realmente necessários para o negócio, sejam menores ou maiores que os reais.

Em geral, essa forma de proceder aumenta o valor da empresa, uma vez que os aluguéis apresentam-se significativamente inferiores ao custo de capital dela.

OUTRAS CONTAS ECONÔMICAS QUE NÃO GERAM EFEITO DIRETO SOBRE O CAIXA

Além da depreciação, da amortização e da exaustão, os itens que seguem são considerados despesas que não geram saídas de caixa e que, portanto, devem ser somados ao lucro ou ao prejuízo:

- O prejuízo na venda de imobilizados, calculado como a diferença entre o valor contábil após a depreciação e o valor efetivamente recebido pelo bem alienado. Se a venda de um imobilizado gerar lucro, ele também deverá ser expurgado quando da apuração do fluxo de caixa. Por outro lado, o total recebido pelo imobilizado é considerado no cálculo do fluxo de caixa.
- O prejuízo de equivalência patrimonial, pois é mero reconhecimento de perda patrimonial com uma subsidiária. Da mesma maneira, os lucros de equivalência patrimonial somente se materializam diante do pagamento de dividendos ou da venda da subsidiária, que será analisada em separado e somada.
- O prejuízo ou o lucro na venda de investimento em outra empresa, que equivale ao obtido com a venda de um imobilizado. Todo o valor auferido com a venda, seja com lucro ou prejuízo, deve ser considerado. Contar ambos seria contar o lucro duas vezes.

Os ajustes que são feitos no lucro líquido ou no prejuízo representam, em última análise, estornos de lançamentos que foram feitos contabilmente e que reduziram ou aumentaram os resultados do balanço, mas não causaram impacto na formação do caixa que estamos querendo determinar.

PROJEÇÃO DOS INVESTIMENTOS EM ATIVOS IMOBILIZADOS

Os investimentos em ativos imobilizados englobam itens como aquisição de novas máquinas, equipamentos e veículos, implantação de novos sistemas de informática e *call centers* e investimentos em expansão de fábricas, instalações e escritórios. Esses investimentos devem ser suficientes para manter a empresa atualizada tecnologicamente e em bom estado de funcionamento.

Uma análise dos investimentos de capital passados e a comparação destes com os valores da depreciação são de suma importância, porém mais importante do que isso é que tais investimentos sejam suficientes para suportar o crescimento das receitas projetadas. É válido lembrar que esses novos investimentos também devem ser considerados na projeção da depreciação.

O critério é ser coerente com o restante das projeções. Se forem projetados receita e custos estáveis, então o investimento será apenas para repor o imobilizado desgastado ou obsoleto. Se houver projeção de redução de custos, talvez sejam necessários investimentos que a viabilizem. Se a receita crescer vegetativamente, o imobilizado poderá ser insuficiente e deverá ser ampliado. Se houver novos produtos, além de uma modernização ou de uma expansão significativa das vendas, os investimentos deverão ocorrer coerentemente.

É prudente que os investimentos para expansão ou modernização das atividades operacionais já estejam aprovados e com suas fontes de financiamento definidas. Ou seja, a decisão de investimento já deve ter sido tomada.

No médio e no longo prazo (na maioria dos casos, após sete ou dez anos), é comum considerar que os novos investimentos serão apenas os de manutenção das instalações, máquinas, equipamentos e veículos — ou seja, serão iguais à depreciação. Isso porque, nesse momento, a empresa já passou da fase de crescimento acelerado e entrou na de lucros estáveis, não investindo mais em expansão e modernização, pois tais investimentos não geram lucros maiores do que o custo de capital.[5]

PROJEÇÃO DE INVESTIMENTO EM CAPITAL DE GIRO

O capital de giro (*working capital*) às vezes é chamado de ativo circulante, mas o conceito aqui utilizado:

- É mais amplo, pois considera tanto as contas ativas como as passivas. O que importa é o investimento líquido que a empresa deverá fazer em seu capital de giro, ou seja, quanto capital deverá empregar para financiá-lo. Se os estoques e as contas a receber puderem ser integral ou parcialmente financiados pelos fornecedores, melhor. Nesse sentido, o conceito de capital de giro assemelha-se ao de capital circulante líquido.
- É mais estrito, pois considera apenas as contas de natureza operacional, como contas a receber de clientes, estoques, fornecedores e outras contas a pagar, não levando em consideração contas de origem não operacional, como as decorrentes de empréstimos concedidos ou recebidos pela empresa. Se ela precisa de recursos de terceiros, é porque os sócios não têm capital suficiente; não se trata de uma necessidade da empresa em si.

Em certos casos, esse conceito pode ser expandido para incluir contas operacionais do ativo realizável e do exigível de longo prazo. Formalmente, o curto prazo engloba as contas que vencerão no próximo exercício, em geral em um ano. No caso de contas a receber ou a pagar no longo prazo, se forem decorrentes das operações, o tratamento será análogo ao do investimento em capital de giro. Por uma questão de coerência contábil, podem ser consideradas em separado, mas nunca ignoradas. Também por questão de simplicidade, haverá quem as inclua como parte do capital de giro.

Dimensionamento de estoques

O componente do capital de giro de compreensão mais intuitiva, por ser físico, é o estoque. A seguir são descritas algumas de suas formas.

Estoque de matérias-primas. É o material que, em uma indústria, sofrerá transformação para compor o produto acabado. Em uma metalúrgica, são as chapas e os tarugos de aço que entram na produção; em uma fornecedora de comida congelada, são os alimentos *in natura*, que serão transformados em pratos. As embalagens podem ser incluídas aqui ou compor outro item separado. Esse estoque tende a ser maior quando o fornecimento é demorado ou incerto. Seu dimensionamento é feito a partir das necessidades da produção.

Estoque de produtos em elaboração. Refere-se a uma parcela da matéria-prima que já entrou em produção, mas ainda não foi totalmente transformada em produto acabado. Em geral, é mais importante quando o ciclo de produção é longo, como na construção (civil, naval, de aeronaves), em processos em que o tempo conta como fator de produção (envelhecimento de bebidas, secagem de madeira) ou quando há estoques expressivos de subcomponentes aguardando montagem final.

Estoque de produtos acabados. Inclui os produtos que já estão prontos, apenas aguardando a venda. Na metalúrgica, são as peças já fabricadas e, na fornecedora de comida congelada, os pratos prontos. Ele é maior quando o volume comprado pelos clientes oscila muito e quando os lotes de produção devem ser elevados para diluir os custos fixos.

Estoque de mercadorias. Em uma empresa comercial, só há estoque de material comprado pronto para a venda, que é denominado mercadoria. As condições apresentadas tanto para a matéria-prima quanto para os produtos acabados aumentam o estoque de mercadorias.

Estoque de material de apoio. Inclui itens utilizados para apoiar a operação, seja industrial, seja comercial ou de serviços. Exemplos desses itens são peças de manutenção, material de controle de qualidade e material de escritório. Em geral, esse estoque é fixo e pouco expressivo.

Seja qual for a forma do estoque, seu dimensionamento demanda uma expressão como a mostrada no Quadro 2.7. Os fluxos de caixa correspondentes a cada forma de estoque são apresentados na Tabela 2.9.

Com frequência, o período de estocagem é dado em uma unidade (dias) e o fluxo, em outra (mensal, trimestral ou anual). Para homogeneizar as variáveis usadas, pode haver necessidade de dividir o produto da equação mostrada no Quadro 2.7 por uma constante (30, 90 ou 360 dias, respectivamente).

O período de estocagem é obtido a partir da política de programação de produção ou de compras. Também é possível pensar em um estoque com dois componentes: um fixo (independente do volume de vendas) e um variável (alguns dias de vendas). Isso reproduz os ganhos de produtividade que podem ser conseguidos com o aumento da escala de produção. Com uma produção mais volumosa, o poder de negociação com consumidores e clientes aumenta, e compensa dedicar mais atenção à programação da produção. Esses fatos, somados à diluição da incerteza, traduzem-se em estoques menores.

É importante notar que os estoques são calculados pelo preço de compra, e não de venda. Portanto, as saídas devem ser pelo preço de compra, ou seja, são custos. Para que os estoques possam ser dimensionados com base nas vendas, é necessário eliminar o efeito da margem bruta, o que pode ser feito como mostra o Quadro 2.8.

QUADRO 2.7

EXPRESSÃO DA DIMENSÃO DO ESTOQUE NECESSÁRIO

Estoque = (Fluxo) · (Período de estocagem)

TABELA 2.9 FLUXOS DE CAIXA UTILIZADOS NO DIMENSIONAMENTO DO ESTOQUE

Estoque	Fluxo
Matéria-prima	Uso do material na produção. Pode ser a porcentagem do custo dos produtos vendidos (CPV) atribuída ao material utilizado.
Produtos em elaboração	De acordo com a programação de produção.
Produtos acabados	CPV — custo dos produtos vendidos.
Mercadorias	CMV — custo das mercadorias vendidas.
Material de apoio	Uso do material, mas, em geral, o estoque é considerado fixo.

QUADRO 2.8

VALOR CONTÁBIL DOS ESTOQUES

Custo = (Receita líquida) · (1 – Margem bruta)

Dimensionamento de outras contas do capital de giro

As demais contas importantes do capital de giro são descritas a seguir.

Caixa operacional. É um caixa mínimo, mantido para que a empresa tenha liquidez diante das flutuações de caixa que ocorrem naturalmente ao longo de um mês típico. Costuma ser dimensionado como algo entre dois e dez dias de receita bruta. Outra forma de dimensionamento é pela mediana do caixa das empresas da mesma indústria, considerando que mais da metade delas não mantenha excedente de caixa.

Clientes. Trata-se do investimento feito no prazo concedido aos clientes da empresa. Essa conta pode ser compreendida como um empréstimo que lhes é concedido. As vendas são feitas pelo preço bruto, que inclui todos os impostos. Portanto, a conta dos clientes deve ser dimensionada com base na receita bruta. As contas a receber deles são dimensionadas pela multiplicação do prazo médio de recebimento pela receita bruta.

Fornecedores. Corresponde ao financiamento espontâneo recebido dos fornecedores. Como as compras são feitas a preço de custo, essa dívida deve ser comparada com o custo de material, seja de matérias-primas, seja de mercadorias. Ela é dimensionada pela multiplicação das compras pelo prazo médio de pagamento. Como as compras nem sempre estão explicitadas, frequentemente são aproximadas pelo CMV, no caso de atividades comerciais, ou por uma porcentagem do CPV, nas atividades industriais.

Outras contas a pagar. São as contas a pagar que não têm a ver com os fornecedores. Seu dimensionamento se dá pela multiplicação do prazo médio de pagamento pelo volume de outros itens de custos e despesas (exceto fornecedores) que as geraram. Geralmente, envolvem gastos com pessoal e tributos a pagar.

Nessas contas, como no caso dos estoques, pode haver necessidade de homogeneizar a unidade de tempo do prazo (de recebimento ou pagamento) com a do fluxo (receitas ou custos).

Investimento em capital de giro

Uma vez dimensionadas as contas do capital de giro, é necessário calcular o investimento a ser feito nelas. Para facilitar, utilizaremos o exemplo de uma loja de autopeças. A Tabela 2.10 mostra o cálculo da necessidade de capital de giro (NCG) em uma projeção.

Vamos tomar como primeiro exemplo o caso do estoque. No início do ano 0, ele é de \$ 150.000 [= \$ 900.000/360 × 60]. No ano 1, as vendas aumentam e o estoque passa a ser de \$ 180.000 [= \$ 1.080.000/360 × 60]. O investimento nesse ano é de \$ 30.000 [= \$ 180.000 – \$ 150.000], pois apenas essa quantia é necessária para aumentar o nível do estoque. É importante observar que a empresa vende (a preço de custo) \$ 1.080.000 nesse mesmo ano.

No ano 3, o prazo do estoque é reduzido, pois a empresa aprendeu a trabalhar com mais eficiência. O novo volume de estoque passa a ser de \$ 120.000 [= \$ 1.080.000/360 × 40], o que permite um desinvestimento de \$ 60.000 [= \$ 120.000 – \$ 180.000]. Trata-se de um dinheiro que pode ser retirado da empresa e utilizado em qualquer outra atividade, uma vez que não é mais necessário para a produção de riqueza da organização.

TABELA 2.10 PROJEÇÃO DA NECESSIDADE DE CAPITAL DE GIRO

	Ano 0	Ano 1	Ano 2	Ano 3	Ano 4
Receita bruta		1.200.000	1.440.000	1.440.000	1.440.000
Custo (= compras)		900.000	1.080.000	1.080.000	1.080.000
Custo operacional					
Dias de receita	10 dias	10 dias	10 dias	10 dias	10 dias
Saldo de caixa operacional	33.333	40.000	40.000	40.000	40.000
Investimento em caixa operacional	(33.333)	(6.667)	0	0	0
Contas a receber					
Dias de receita	30 dias	30 dias	30 dias	30 dias	30 dias
Saldo de contas a receber	100.000	120.000	120.000	120.000	120.000
Investimento em contas a receber	(100.000)	(20.000)	0	0	0
Estoque					
Dias de custo	60 dias	60 dias	60 dias	40 dias	40 dias
Saldo de estoque	150.000	180.000	180.000	120.000	120.000
Investimento em estoque	(150.000)	(30.000)	0	60.000	0
Contas a pagar (passivo)					
Dias de custo	0 dias	0 dias	28 dias	28 dias	28 dias
Saldo de contas a pagar (passivo)	0	0	(84.000)	(84.000)	(84.000)
Financiamento por contas a pagar (passivo)	0	0	84.000	0	0
Total					
Capital de giro total	283.333	340.000	256.000	196.000	196.000
Investimento em capital de giro	(283.333)	(56.667)	84.000	60.000	0

Caso semelhante é o das contas a receber de clientes. Seu saldo é proporcional à receita bruta. No ano 0, é de $ 100.000 [= $ 1.200.000/12], que funcionam como um empréstimo a eles concedido.

No ano 1, as vendas aumentam e, com elas, as contas a receber, que vão para $ 120.000 [= $ 1.440.000/12]. São investidos mais $ 20.000. Nos anos seguintes, não há alteração das vendas, portanto não há necessidade de investir no financiamento para os clientes.

É normal decorrer um tempo considerável entre a avaliação e a entrega propriamente dita da empresa. Como esta continua operando por meses após concluída a avaliação, é natural que alguns ativos e passivos estejam diferentes do considerado normal na época. Como entregarão a empresa, os sócios vendedores podem ser tentados a limpar seu capital de giro antes.

Por exemplo, a avaliação pode ter considerado um estoque de 30 dias, mas, no dia da entrega, ele ser somente para dez dias. Ao assumir a empresa, os novos sócios deverão, de pronto, fazer um desembolso para recompor o estoque a seu nível normal. Esse gasto deveria ser dos vendedores. O inverso também pode ocorrer, nesse caso em benefício dos compradores. Duas abordagens, que alcançam o mesmo resultado, são utilizadas para corrigir esse problema:

- É feito um ajuste entre os valores reais existentes no ato da entrega e os tidos como normais para a empresa ou considerados na data da proposta ou mesmo na data-base da avaliação. Essa diferença é calculada no dia da entrega e aumenta ou reduz o valor da empresa.
- O valor da empresa é calculado sem capital de giro, como se o vendedor a entregasse sem estoques, contas a receber e contas a pagar. O capital de giro é contado no dia da entrega e pago em separado ou deduzido do valor, se negativo.

FATOR DE AJUSTE DE MEIO DE ANO

Normalmente, os fluxos de caixa utilizados nas avaliações de empresas são projetados com periodicidade anual. O fluxo de caixa de um dado ano refere-se à diferença entre a entrada e a saída de caixa que ocorrerá entre o primeiro e o último dia desse ano que estejam mais próximos do meio do período do que do final.

A abordagem tradicional considera que os fluxos de caixa gerados no transcorrer do período se tornam livres somente no final do ano, quando a empresa toma a decisão de distribuí-los ou não. Muitos avaliadores julgam essa distorção pouco significativa e a ignoram, justificando que não é (muito) incorreto considerar o fluxo de caixa no final do ano. Na versão completa, são estimados juros de aplicação financeira entre os meses em que o fluxo de caixa é gerado e o final do ano.

Com maior precisão e virtualmente nenhum acréscimo de complexidade do modelo, o fluxo de caixa pode ser considerado no meio do ano, como mostrado na Figura 2.2 a seguir. Afinal de contas, o caixa é gerado em todos os meses do ano, e não somente no final.

Para obter o valor da empresa, considerando que os fluxos de caixa são gerados no meio, e não no final do período, basta multiplicar o valor presente do fluxo de caixa livre pelo fator de meio de ano. Esse fator pode ser obtido pela expressão:

$$\text{Fator} = (1 + r)^{1/2}$$

onde r é a taxa de desconto anual. Essa forma de cálculo nada mais é do que reconhecer que os fluxos de caixa são antecipados em meio ano. Trizi e Pacheco (2006) verificaram que mais da metade dos avaliadores de empresas brasileiros trazem seus fluxos a valor presente considerando o ajuste de meio de ano.

Em geral, os fluxos de caixa são distribuídos de forma relativamente homogênea ao longo do ano, o que permite o uso de ½ no expoente. Entretanto, em algumas empresas, o fluxo de caixa está submetido a uma forte sazonalidade, como acontece com as do setor de agronegócios ou de setores com forte influência das vendas de Natal. Nesses casos, o fluxo de caixa não é homogeneamente distribuído ao longo do ano, e o expoente deve ser modificado para refletir o ponto médio do ano.

FIGURA 2.2 ESQUEMA DE FLUXO DE CAIXA

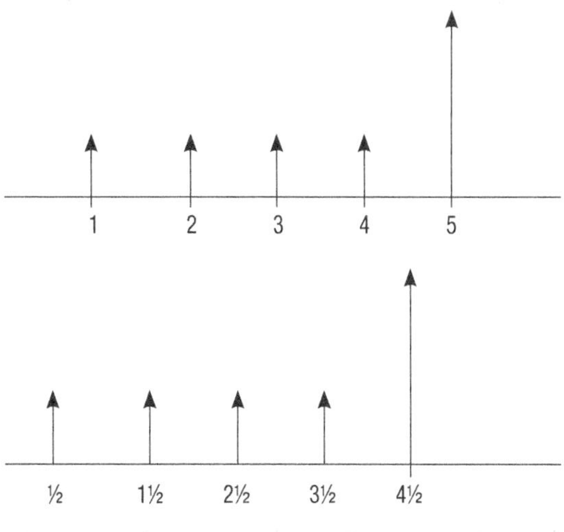

HORIZONTE DE PROJEÇÃO E VALOR TERMINAL

A definição do horizonte de projeção dos fluxos de caixa não influencia o valor de uma empresa. No entanto, se esse horizonte for menor do que o período de crescimento acelerado da organização e se o valor terminal for calculado antes da estabilização de seus lucros e de seu fluxo de caixa, ela estará sendo subavaliada.

HORIZONTE DE PROJEÇÃO

A escolha do horizonte de projeção dos fluxos de caixa não tem uma regra definida. Depende do julgamento do analista, do setor da empresa e do crescimento projetado. Números usuais são sete, dez ou 12 anos, mas há casos de dois ou três anos, para pequenas empresas. Também há situações em que o horizonte de projeção é fixado em 25 anos ou mais. Horizontes largos assim são mais comuns para empreendimentos grandes, intensivos em capital, que operam em ambientes relativamente estáveis, como é o caso de uma siderúrgica.

Uma forma de reduzir a arbitrariedade na escolha do horizonte de projeção é considerá-lo pelo menos superior ao período em que o projeto ainda não se encontra estabilizado.

De maneira geral, é possível delinear o horizonte de um projeto em função das seguintes variáveis:

- **Risco do empreendimento.** Quanto maior esse risco, menor o horizonte do projeto, mais difícil projetar os fluxos de caixa em um futuro distante e maior o retorno mínimo que o projeto deverá gerar. Em decorrência, menos relevantes serão os fluxos de caixa mais distantes.
- **Período transiente.** Quanto maior o período de instabilidade dos fluxos de caixa, maior o horizonte de projeção. Por exemplo: ele será maior em uma empresa que está há anos em uma fase de investimentos e reformulações, ao passo que será menor em uma organização com FCs já estabilizados.
- **Vida útil limitada.** Quando o ciclo de vida da empresa é finito e definido. Por exemplo: o prazo de concessão de uma rodovia normalmente é de 25 anos. Se no quinto ano seu controle acionário for alienado, o valor da empresa dependerá da capacidade de geração de caixa para os próximos 20 anos remanescentes da concessão.

VALOR TERMINAL

Na avaliação de empresas que não têm vida útil determinada, que são a grande maioria, considera-se que elas existirão para sempre. Entretanto, por razões óbvias, não é simples projetar fluxos de caixa para cem anos, por exemplo — período suficientemente longo, que reflete a eternidade de uma empresa. Por isso, normalmente, as avaliações projetam fluxos de caixa por sete, dez ou 15 anos; após esse período é calculado o valor terminal, também chamado de valor residual, embora esse termo tenha a conotação de resíduo de valor de uma empresa, como se fosse o resto da depreciação de uma máquina. O exemplo é da Pfizer, que tem capacidade para se reinventar permanentemente, dados as exigências impostas por seu negócio e o elevado nível de sua gestão. Portanto, a avaliação da Pfizer deve considerar um fluxo de caixa estimado para um período indeterminado, modelado como infinito.

A decisão sobre o horizonte de projeção poderia ser evitada simplesmente considerando-se um fluxo de caixa longo o bastante para poder ser tido como infinito. A medida mais usada — mais realista — consiste em restringir o horizonte a um número razoável de anos. Resta saber o que fazer com o fluxo de caixa que venha a surgir após o horizonte de projeção.

O valor terminal é quanto se imagina hoje que o empreendimento valerá ao final do horizonte de projeção. Em princípio, é o valor presente dos fluxos de caixa após o horizonte de projeção, pelo método da perpetuidade. Se for essa a forma escolhida para seu cálculo, o valor presente líquido (VPL) do empreendimento será igual ao que seria se o horizonte fosse considerado infinito. O valor da empresa será a soma dos valores presentes de seu fluxo de caixa e de seu valor terminal, o valor presente de seu fluxo de caixa pode tanto significar o valor presente do fluxo de caixa livre para o acionista quanto o fluxo de caixa livre para os sócios, dependendo do modelo adotado.

Há três formas básicas de abordar a questão do valor terminal: por fluxo de caixa descontado, por patrimônio e por múltiplos. A forma que deriva diretamente da definição do valor terminal é a primeira.

Abordagem do valor perpétuo para a determinação do valor terminal

O cálculo do valor de uma empresa pelo método do FCD se divide em dois: valor presente dos fluxos de caixa do período projetado (também conhecido como valor presente do período de crescimento ou valor presente do período de projeção explícita) e valor presente do valor terminal.

Há três abordagens mais utilizadas para a fórmula de cálculo do valor terminal pelo método da perpetuidade, apresentadas no Quadro 2.9.

A primeira equação reflete o valor presente de um fluxo de caixa perpétuo e uniforme. É aplicável a empresas que atingiram sua capacidade máxima de produção e não podem nem pretendem expandi-la e a empresas que ocuparam toda a participação de mercado que pretendem, em mercados sem crescimento. É também a expressão mais conservadora do valor terminal de uma empresa, pois desconsidera qualquer evolução futura do fluxo de caixa.

A segunda equação reconhece que, mesmo após o final da fase de projeção explícita, o fluxo de caixa livre tende a continuar crescendo. A taxa de crescimento g é a válida após o término do horizonte de projeção e em geral equivale à taxa de crescimento da economia. Há empresas que têm uma taxa de crescimento muito elevada, até maior do que o custo de capital. Entretanto, esse crescimento excepcional não pode ser mantido de modo indefinido, sob pena de a empresa se tornar maior que o PIB do mundo, o que, evidentemente, não é realista. O modelo do valor presente da perpetuidade com crescimento constante exige que o crescimento seja perpétuo, portanto, modesto.

Se a empresa vier a experimentar um crescimento elevado durante um período prolongado, é o caso de ampliar o horizonte de projeção até o fim dessa fase de crescimento excepcional e, mais importante, de analisar com cuidado o mercado, para verificar se essa premissa é efetivamente realista. Por outro lado, há setores que têm crescimento histórico inferior ao da economia, que estão totalmente estagnados, casos em que g é zero, e mesmo alguns em final de ciclo de vida, para os quais é possível utilizar uma taxa g negativa.

A estimativa de uma taxa de crescimento g no cálculo do valor terminal não é pacífica pois, mesmo que se usem modelos presumivelmente precisos, a estimativa do fator de crescimento g acaba tendo um forte componente arbitrário. Mesmo sendo utilizada apenas para estimar o valor terminal, a taxa g tem impacto considerável sobre o valor da empresa.

A terceira equação é a mais completa, apesar de raramente ser utilizada. O fluxo de caixa livre para a empresa é substituído pelo Nopat (*net operating profit after taxes*). Como este inclui a depreciação, considerada equivalente aos gastos de capital necessários à reposição do imobilizado depreciado, ele é o fluxo de caixa gerado pela empresa que

QUADRO 2.9

Valor presente da perpetuidade uniforme	$V = \frac{FC_1}{k}$	**Variáveis** FC_1 = fluxo de caixa do próximo ano k = custo de capital g = crescimento do fluxo de caixa (ou do Nopat) $Nopat_1$ = Nopat do próximo ano r = rentabilidade dos investimentos futuros
Valor presente da perpetuidade, com crescimento constante	$V = \frac{FC_1}{k-g}$	
Valor presente da perpetuidade, com crescimento e rentabilidade constantes	$V = \frac{Nopat_1}{k-g} \; 1-(g/r)$	

não cresce, mas não entra em decadência pela depreciação de seus ativos. A expansão da empresa passa a ser definida por duas variáveis: a taxa *g* de crescimento do Nopat e a rentabilidade *r* dos investimentos necessários para que *g* possa existir.

Vale a pena analisar o comportamento desse modelo de valor presente de perpetuidade em algumas situações notáveis:

Quando *g* é zero. Coerentemente, a equação se resume à do valor presente da perpetuidade uniforme, ou seja, sem crescimento.

Quando $r = k$. Substituindo *r* por *k*, o valor presente da perpetuidade também se reduz ao da uniforme. Crescimento com retorno igual ao custo de capital equivale a crescimento com VPL nulo, portanto incapaz de agregar valor à empresa.

Quando *r* é infinito. Essa situação ocorre no caso das empresas de prestação de serviços pessoais, como de profissionais liberais, mas também de trabalhadores braçais, em que o investimento necessário para o crescimento é virtualmente inexistente. Nesse caso, a equação é simplificada para se tornar igual à do valor presente da perpetuidade com crescimento constante (a segunda equação do Quadro 2.9).

Em suma, o valor presente da perpetuidade está entre o obtido com crescimento nulo ($g = 0$) ou irrelevante ($r = k$) e o obtido quando o fluxo de caixa cresce espontaneamente, sem necessidade de investimento (*r* infinito), como mostrado no Quadro 2.10.

Abordagem patrimonial para a determinação do valor terminal

Uma segunda abordagem para o problema do valor da empresa é a patrimonial. Essa abordagem deve ser preferida no caso de descontinuidade da operação ou de ser especificada em contrato, como nas concessões.

- A primeira forma de fazer a avaliação patrimonial do valor terminal é o valor de liquidação dos bens, ou seja, por quanto eles poderão ser vendidos quando o pro-

QUADRO 2.10

$$\frac{Nopat_1}{k} \leq \frac{Nopat_1}{k-g}\, 1-(g/r) \leq \frac{Nopat_1}{k-g}$$

Variáveis

$Nopat_1$ = Nopat do próximo ano	g = crescimento do Nopat
k = custo de capital	r = rentabilidade dos investimentos futuros

jeto terminar. O pressuposto é que o empreendimento valerá mais pelos bens que ficaram, como imóveis e capital de giro, do que por sua capacidade de continuar gerando caixa. Essa é uma situação rara, em que o negócio será descontinuado.

- Uma segunda forma é pelo custo de reposição dos bens tangíveis e intangíveis do empreendimento. Por custo de reposição entende-se tudo o que precisa ser gasto para se ter uma empresa capaz de gerar o mesmo fluxo de caixa livre com o mesmo risco. Em geral, a base é o custo do patrimônio, no estado em que se encontra. Assim, máquinas e equipamentos antigos são repostos a um custo mais baixo do que se fossem comprados novos. A dificuldade surge quando ao ativo tangível deve ser somado o intangível, como a marca ou a participação de mercado. Para ter valores como esses, podem ser necessários anos de investimento, o que torna o cálculo do verdadeiro custo de reposição trabalhoso e, em geral, pouco preciso. Por isso, em geral, o custo de reposição calculado é apenas o do ativo tangível.
- Uma forma simples de aproximar o valor de reposição é pelo valor contábil do patrimônio. Essa é a maneira mais frágil, pois são utilizados dados históricos, por vezes antigos, que foram manipulados segundo critérios contábeis conservadores. A não ser que tenha sido feita uma reavaliação recente, provavelmente os valores dos ativos estarão desatualizados. O valor contábil também não considera gastos para desenvolver ou liquidar a empresa. Na verdade, ele é apenas uma aproximação do valor de reposição ou de liquidação da organização, sendo tolerado em avaliações rápidas, em que a precisão não é tão importante.

Abordagem dos múltiplos para a determinação do valor terminal

Os múltiplos refletem quanto está sendo pago por empresas semelhantes à avaliada. São três os múltiplos mais utilizados para esse fim: o de receita, o de Ebitda e o de lucros.

O primeiro passo consiste em identificar um conjunto de empresas semelhantes que possuam um mercado ativo. Alguns gêneros de pequenas empresas têm esse tipo de mercado, como padarias e postos de gasolina. Grandes empresas, como as dos setores elétrico e bancário, negociadas em bolsas de valores, também o têm. O segundo passo implica obter uma estimativa confiável do múltiplo. Em seguida, os múltiplos são aplicados aos dados do projeto ou da empresa.

O ponto forte do uso dos múltiplos reside no fato de incluírem todos os efeitos das oportunidades e das ameaças do setor, pelo menos daquelas que o mercado tenha percebido. Isso torna essa abordagem a mais abrangente e, provavelmente, a mais precisa. Entretanto, os múltiplos mudam com o tempo, o que os torna difíceis de estimar ao final do horizonte de projeção.

A Tabela 2.11 mostra o resultado da pesquisa de Trizi e Pacheco (2006) sobre como o valor terminal é utilizado no Brasil.

TABELA 2.11 ESTIMAÇÃO DO VALOR TERMINAL

Método	Respostas		
Perpetuidade com crescimento	27	57,4%	84,4%
Perpetuidade sem crescimento	5	10,6%	15,6%
Valor presente da perpetuidade		**68,1%**	**100,0%**
Múltiplo	12	25,5%	
Valor de liquidação	2	4,3%	
Outros	1	2,1%	
Outras abordagens		**31,9%**	
Total (mais de uma resposta por respondente)	**47**	**100,0%**	

Pelas respostas, percebe-se que 68,1% dos participantes da pesquisa afirmam calcular o valor terminal pelo método do valor presente da perpetuidade. Destes, 84,4% incluem no cálculo o crescimento esperado do fluxo de caixa após o horizonte de projeção. O uso da perpetuidade com crescimento reflete a recomendação da maioria dos livros-texto, mas contém uma armadilha: o crescimento baseado em expansões com VPL nulo não pode ter valor.

Também deve ser dado destaque ao uso de múltiplos: 25,5% dos respondentes disseram utilizar esse método para calcular o valor terminal de uma empresa. Nesse caso, deve ser lembrado que, após cinco a dez anos, o múltiplo possivelmente não será mais o mesmo da atualidade, devendo refletir as condições do mercado da época, em especial o crescimento da receita e a margem operacional. Se a projeção do fluxo de caixa foi feita de modo adequado, os fluxos dos últimos anos refletirão mais essa realidade do que os múltiplos atualmente em vigor.

NOTAS

1 Ver Roy Martelanc, "Passos para avaliação de uma empresa de pequeno porte pelo método do valor presente do fluxo de caixa livre constante", *IOB/Temática Contábil e Balanços*, n. 46, nov. 1996.
2 Pode ser Noplat (*net operational profit less adjusted taxes*) ou Nopat (*net operational profit after taxes*). Ambos os termos designam a mesma coisa: o lucro operacional após imposto de renda.
3 Ebitda vem do inglês *earnings before interest, taxes, depreciation, and amortization*. Em português, é o Lajida, lucro antes de juros, impostos, depreciação e amortização.
4 Ebit vem do inglês *earnings before interest and taxes*. Em português, é o Lajir, lucro antes de juros e impostos.
5 Alfred Rappaport. *Gerando valor para o acionista*. São Paulo: Atlas, 2001.

CAPÍTULO 3

UM CASO REAL

O capítulo anterior destacou a teoria do método do fluxo de caixa descontado (FCD), mostrando como projetar cada item de uma demonstração de resultados e como obter o fluxo de caixa para a empresa ou para os sócios. Este capítulo tem como objetivo mostrar como se faz uma avaliação pelo método do FCD na prática; por isso, foi desenvolvido com base em uma avaliação real, efetuada por um dos autores deste livro. A subjetividade desse método, como veremos, é um de seus principais pontos fracos. Na verdade, o valor de uma empresa depende das premissas adotadas pelo avaliador. Também veremos que o valor de uma empresa pode ser diferente para cada comprador potencial, em função das mudanças que ele fará após a aquisição. Veremos ainda que a criação de cenários com diferentes índices de crescimento, receitas, custos e despesas é vital para medir a sensibilidade do valor de uma empresa em relação às premissas da avaliação.

AVALIAÇÃO DA MATRIX

A Matrix (nome fictício, criado para preservar o anonimato da empresa) é uma S/A de capital fechado que atua no setor de alimentos. Ela produz três famílias de produtos, que serão chamados de A, B e C. Esses produtos apresentam grande potencial de crescimento. Para financiar tal crescimento, os acionistas controladores da Matrix contrataram consultores especializados em fusões e aquisições de empresas para avaliar a organização e identificar possíveis investidores interessados em adquirir uma participação societária nela e capitalizá-la, garantindo, assim, os investimentos necessários para a expansão dos negócios.

Para isso, foi feita uma avaliação da empresa em seu estado atual, ou seja, não foi considerado nenhum investimento adicional nela. Consideramos que todas as contas futuras variarão em função do crescimento normal da Matrix, que é inferior ao do mercado. Entretanto, se houver um aporte de capital, a empresa poderá crescer muito mais.

Foi considerado também que as contas de custos e despesas não apresentarão nenhuma redução, isto é, o valor obtido será o valor da empresa para seus acionistas, levando em conta sua situação atual. Novamente, se houver um aporte de capital, a organização poderá reduzir suas despesas administrativas.

As projeções financeiras da Matrix foram apresentadas em moeda de poder aquisitivo constante, utilizando-se como moeda básica o real do ano 0. O modelo adotado foi o do fluxo de caixa livre para a empresa (FCLE).

A seguir, no Quadro 3.1, são apresentados o balanço patrimonial e a demonstração de resultados do exercício (DRE) da Matrix no ano 0.

Premissas da avaliação e projeção detalhada da demonstração de resultados

A seguir são apresentadas as premissas adotadas para a projeção do fluxo de caixa. Para calcular o fluxo de caixa futuro livre para a empresa, sua demonstração de resultados foi projetada até o ano 10.

As premissas foram estipuladas com base na análise do comportamento histórico e das perspectivas de crescimento das variáveis que afetam o resultado das empresas. Tais perspectivas refletem as expectativas dos avaliadores independentes para os principais indicadores econômico-financeiros da Matrix, que foram formados com base nas informações econômicas do país no momento da avaliação, nas perspectivas setoriais da empresa e, principalmente, em seu histórico. Elas foram divididas seguindo-se a sequência lógica da demonstração de resultados da empresa e serão descritas resumidamente a seguir.

QUADRO 3.1

BALANÇO PATRIMONIAL DA MATRIX — ANO 0 — R$ MIL

Ativo circulante	30.000	Passivo circulante	22.000
Caixa	2.592	Fornecedores	13.000
Aplicações financeiras disponíveis	2.408	Impostos a recolher	2.000
Realizável a curto prazo	**25.000**	Contribuições a recolher	1.000
Duplicatas a receber	17.000	Salários a pagar	1.000
Provisões para devedores duvidosos	(1.000)	PLR empregados a pagar	500
Despesas de exercícios futuros	1.000	Outras obrigações	2.000
Estoques	8.000	Provisões	1.500
Permanente	**20.000**	Financiamentos	1.000
Total do ativo	**50.000**	**Exigível a longo prazo**	**1.000**
		Finames	500
		Leasings	500
		Patrimônio líquido	**27.000**
		Total do passivo	**50.000**

DRE DA MATRIX — ANO 0 — R$ MIL

Receita operacional líquida	95.000
(–) Custos dos produtos vendidos — Variáveis	(35.000)
(–) Custos dos produtos vendidos — Fixos	(15.000)
Resultado bruto	**45.000**
Despesas operacionais	**(25.000)**
Despesas administrativas	(15.000)
Despesas comerciais	(8.000)
Despesas tributárias	(500)
Despesas operacionais	(2.000)
Receitas operacionais	500
Despesas/receitas financeiras	**(130)**
Despesas financeiras	(1.130)
Receitas financeiras	1.000
Resultado operacional	**19.870**
Provisão para IR e CS	**(6.558)**
Lucro líquido	**13.312**

Premissas de receitas

Na Tabela 3.1, encontramos o histórico de vendas por produto da Matrix no ano 0.

A seguir, no Quadro 3.2, são apresentados o crescimento real e a receita líquida projetados para os próximos dez anos.

Crescimento real e receita líquida

O crescimento real da receita dos três produtos foi estimado em função das perspectivas econômicas, das perspectivas setoriais e, principalmente, do crescimento histórico da empresa (tais itens não serão apresentados para não prolongar muito o estudo de caso) e houve uma discussão com a diretoria.

O crescimento projetado para a empresa, visualizado no Quadro 3.2, foi considerado pelos avaliadores independentes coerente com seu planejamento estratégico, que contempla um crescimento diferenciado por tipo de produto, levando em conta os crescimentos históricos de suas linhas.

TABELA 3.1 COMPOSIÇÃO DA RECEITA LÍQUIDA DO ANO 0

Total	95.000
Produto A	50.000
Produto B	35.000
Produto C	10.000

QUADRO 3.2

RECEITA LÍQUIDA E CRESCIMENTO REAL PROJETADO

Crescimento	Ano 0	Ano 1	Ano 2	Ano 3	Ano 4	Ano 5	Ano 6	Ano 7	Ano 8	Ano 9	Ano 10
Receita líquida	**95.000**	**19,7%**	**16,0%**	**12,2%**	**9,6%**	**7,5%**	**6,5%**	**5,6%**	**4,7%**	**4,1%**	**3,5%**
Produto A	50.000	25,0%	20,0%	15,0%	12,0%	9,0%	8,0%	7,0%	6,0%	5,0%	4,0%
Produto B	35.000	15,0%	12,0%	9,0%	6,7%	5,7%	4,7%	3,7%	2,7%	2,7%	2,7%
Produto C	10.000	10,0%	8,0%	6,5%	4,2%	3,2%	2,2%	2,2%	2,2%	2,2%	2,2%

Receitas	Ano 0	Ano 1	Ano 2	Ano 3	Ano 4	Ano 5	Ano 6	Ano 7	Ano 8	Ano 9	Ano 10
Receita líquida	**95.000**	**113.750**	**131.960**	**148.039**	**162.213**	**174.317**	**185.645**	**196.058**	**205.296**	**213.733**	**221.190**
Produto A	50.000	62.500	75.000	86.250	96.600	105.294	113.718	121.678	128.978	135.427	140.844
Produto B	35.000	40.250	45.080	49.137	52.429	55.418	58.023	60.169	61.794	63.462	65.176
Produto C	10.000	11.000	11.880	12.652	13.184	13.605	13.905	14.211	14.523	14.843	15.169

Considerando que os impostos sobre as vendas da empresa são percentuais que incidem sobre a receita bruta e que não foram levados em conta aumentos ou diminuições nas respectivas alíquotas e nas bases de cálculo, para simplificar, foram projetadas as receitas líquidas desses impostos (PIS, Cofins, ISS, IPI e ICMS). Para maior precisão, tal projeção poderia começar a partir da receita bruta.

Custos de produção

Nessa categoria foram classificados os custos diretamente relacionados com a produção. É possível observar na DRE do ano 0 da Matrix que 70% desses custos (35.000/50.000) variam de acordo com o aumento do volume produzido/receitas. Na avaliação, foi considerado que eles variarão no mesmo percentual que as receitas.

Também é possível notar que os 30% restantes são os custos fixos de produção. Na avaliação, considerou-se que esses custos variarão 20% da evolução das receitas a partir do ano 1, pois não se pode supor que serão fixos para sempre, em razão do aumento da produção e das vendas, levado em conta. Essa variação está de acordo com a evolução dos custos fixos em função das receitas nos últimos anos.

Na Tabela 3.2, mostramos a evolução desses custos no horizonte projetado.

Despesas administrativas

Na Tabela 3.3, encontra-se a abertura das despesas administrativas da Matrix no ano 0.

A depreciação administrativa foi projetada constante, por ser fixa, assim como as outras despesas. Considerou-se que as demais despesas variarão um terço do crescimento projetado, ou seja, se as vendas crescerem 10%, tais despesas crescerão 3,33%. Essa variação está de acordo com a evolução dessas contas em função das receitas nos últimos anos.

Os valores projetados das despesas administrativas são demonstrados na Tabela 3.4.

TABELA 3.2 — PROJEÇÃO DOS CUSTOS DOS PRODUTOS VENDIDOS (CPV) — R$ MIL

CPV	Ano 0	Ano 1	Ano 2	Ano 3	Ano 4	Ano 5	Ano 6	Ano 7	Ano 8	Ano 9	Ano 10
Custos	**50.000**	**57.500**	**64.708**	**71.024**	**76.562**	**81.272**	**85.667**	**89.697**	**93.265**	**96.518**	**99.390**
Custos variáveis	35.000	41.908	48.617	54.541	59.763	64.222	68.395	72.232	75.635	78.744	81.491
Custos fixos	15.000	15.592	16.091	16.483	16.799	17.050	17.271	17.465	17.630	17.775	17.899
% sobre receita líquida	53%	51%	49%	48%	47%	47%	46%	46%	45%	45%	45%

TABELA 3.3 ABERTURA DAS DESPESAS ADMINISTRATIVAS

R$ mil	
Total	**15.000**
Salários e encargos	7.000
Serviços de terceiros	1.000
Despesas com manutenção	6.000
Depreciação	800
Outras	200

TABELA 3.4 DESPESAS ADMINISTRATIVAS PROJETADAS

Despesas administrativas	Ano 1	Ano 2	Ano 3	Ano 4	Ano 5	Ano 6	Ano 7	Ano 8	Ano 9	Ano 10
Salários e encargos	7.461	7.859	8.178	8.439	8.649	8.836	9.001	9.143	9.268	9.376
Serviços de terceiros	1.083	1.141	1.187	1.225	1.256	1.283	1.307	1.328	1.346	1.361
Despesas com manutenção	6.300	6.636	6.906	7.126	7.303	7.462	7.601	7.720	7.826	7.917
Depreciação	800	800	800	800	800	800	800	800	800	800
Outros	200	200	200	200	200	200	200	200	200	200
Total	**15.844**	**16.636**	**17.271**	**17.790**	**18.208**	**18.581**	**18.909**	**19.191**	**19.440**	**19.654**
% sobre receita líquida	13,9%	12,6%	11,7%	11,0%	10,4%	10,0%	9,6%	9,3%	9,1%	8,9%

Despesas comerciais

Na Tabela 3.5 encontra-se a abertura das despesas comerciais da Matrix no ano 0.

A depreciação novamente foi projetada constante.

As comissões foram calculadas com base no mesmo percentual de comissões sobre receitas líquidas do ano 0, pois são despesas totalmente variáveis.

Considerou-se que as demais despesas variarão um terço do crescimento projetado, ou seja, se as vendas crescerem 10%, tais despesas crescerão 3,33%. Essa variação está de acordo com a evolução dessas contas em função das receitas nos últimos anos.

Os valores projetados das despesas comerciais são demonstrados na Tabela 3.6.

Despesas tributárias

A principal despesa tributária é o IPTU. Tais despesas foram projetadas no mesmo montante do ano 0, conforme apresentado na DRE, por isso não serão apresentadas novamente.

TABELA 3.5 ABERTURA DAS DESPESAS COMERCIAIS

R$ mil	
Total	**8.000**
Salários e encargos	3.500
Comissão	2.000
Despesas com viagens	1.000
Propaganda e publicidade	500
Serviços de terceiros	500
Depreciação	100
Outras	400

TABELA 3.6 DESPESAS COMERCIAIS PROJETADAS

Despesas comerciais	Ano 1	Ano 2	Ano 3	Ano 4	Ano 5	Ano 6	Ano 7	Ano 8	Ano 9	Ano 10
Salários e encargos	3.730	3.929	4.089	4.219	4.324	4.418	4.501	4.571	4.634	4.688
Comissão	2.395	2.778	3.117	3.415	3.670	3.908	4.128	4.322	4.500	4.657
Despesas com viagens	1.066	1.123	1.168	1.206	1.236	1.262	1.286	1.306	1.324	1.339
Propaganda e publicidade	533	561	584	603	618	631	643	653	662	670
Serviços de terceiros	533	561	584	603	618	631	643	653	662	670
Depreciação	100	100	100	100	100	100	100	100	100	100
Outras despesas	426	449	467	482	494	505	514	522	530	536
Total	**8.783**	**9.502**	**10.109**	**10.628**	**11.059**	**11.456**	**11.814**	**12.128**	**12.411**	**12.659**
% sobre receita líquida	7,7%	7,2%	6,8%	6,6%	6,3%	6,2%	6,0%	5,9%	5,8%	5,7%

Outras despesas e receitas operacionais

As outras receitas operacionais referem-se basicamente à recuperação de tributos e à receita de venda de subprodutos, e ambas foram projetadas em função da variação da receita líquida.

As outras despesas operacionais referem-se principalmente ao PLR (plano de participação nos lucros e resultados) da empresa. Esse plano foi projetado de acordo com a evolução das despesas com salários e encargos.

Despesas financeiras

Na Tabela 3.7, encontra-se a abertura das despesas financeiras da Matrix no ano 0.

Na avaliação, considerou-se que as despesas bancárias permanecerão fixas. Os juros sobre capital próprio, por não causarem impacto na saída de caixa, não foram considerados despesas financeiras, mas redutores da base de cálculo do IR/CS, como veremos adiante mais detalhadamente.

Os contratos de Finame e de *leasing* foram projetados em função dos valores a serem pagos nos anos seguintes. Eles englobam amortizações e pagamento de juros, conforme detalhamento oferecido pela empresa. Esses contratos somam R$ 1 milhão, que serão pagos nos próximos cinco anos, totalizando R$ 200 mil por ano. Se esses valores fossem representativos dentro da empresa, deveriam ser considerados dentro da estrutura de capital dela. Como não o são, não são levados em conta na projeção, subtraindo-se seu valor presente (R$ 1 milhão) do valor presente do fluxo de caixa descontado da empresa.

Os valores projetados são apresentados, na Tabela 3.8.

Receitas financeiras

Para fins de projeção, consideramos as receitas financeiras futuras iguais a 0.

Resultado não operacional

Foi considerada a exclusão da totalidade do valor observado no balancete da Matrix na data-base da avaliação e não foram projetadas tais receitas ou despesas.

TABELA 3.7 Abertura das despesas financeiras

Despesas financeiras	Ano 0
Juros sobre capital próprio	900
Despesas bancárias	50
Pagamento de juros	180
Total	1.130

TABELA 3.8 Despesas financeiras projetadas

Despesas financeiras	Ano 1	Ano 2	Ano 3	Ano 4	Ano 5	Ano 6	Ano 7	Ano 8	Ano 9	Ano 10
Juros sobre capital próprio	0	0	0	0	0	0	0	0	0	0
Despesas bancárias	50	50	50	50	50	50	50	50	50	50
Pagamento de juros	216	250	280	307	330	352	371	389	405	419
Total	**266**	**300**	**330**	**357**	**380**	**402**	**421**	**439**	**455**	**469**

Imposto de renda e contribuição social

Foram utilizadas as alíquotas de imposto de renda e contribuição social vigentes no ano 0 e no ano 1. A alíquota de imposto de renda é de 15% para lucros de até R$ 240 mil. Lucros acima desse valor têm uma alíquota adicional de 10%, totalizando 25%. A alíquota de contribuição social é de 9%.

As bases de cálculo do IR/CS foram projetadas com a exclusão dos juros sobre capital próprio, os quais foram calculados da seguinte maneira: TJLP[1] projetada × PL sem reserva de reavaliação do ano anterior.

No ano 0, a TJLP média foi de 6,25%, e a empresa teve reservas de reavaliação de ativos no total de R$ 18,8 milhões e patrimônio líquido de R$ 8,2 milhões, o que lhe permitiu deduzir juros sobre o capital próprio da base de cálculo de IR e CS, no montante de R$ 513 mil (6,25% × R$ 8,2 milhões). Nesse mesmo ano, a base de cálculo dos impostos da Matrix foi de R$ 19,4 milhões, ou seja, R$ 19,9 milhões (lucro antes dos impostos) menos R$ 513 mil de juros sobre capital próprio. A TJLP foi projetada em 6,25% para todo o período.

Para fins de avaliação de empresas, considera-se que todo o lucro líquido é distribuído no final do ano. Assim, as variações no patrimônio líquido são causadas pelo aumento dos investimentos. A empresa não possuía prejuízos fiscais acumulados, mas, se os tivesse, deveriam ser considerados na avaliação dela, caso se projetassem lucros.

A determinação da base de cálculo do IR e da CS é detalhada na Tabela 3.9.

Demonstração de resultados projetada

Apresentamos no Quadro 3.3 a DRE projetada da Matrix para os próximos dez anos, conforme as premissas adotadas.

PROJEÇÃO DO FLUXO DE CAIXA LIVRE

Alguns ajustes são necessários para calcular o fluxo de caixa livre para a empresa a partir do lucro líquido. Os que se aplicaram à Matrix foram: depreciação, investimentos de capital e investimentos em capital de giro, que serão detalhados a seguir.

TABELA 3.9 BASE DE CÁLCULO DO IR E DA CS

Base de cálculo IR/CS	Ano 1	Ano 2	Ano 3	Ano 4	Ano 5	Ano 6	Ano 7	Ano 8	Ano 9	Ano 10
Lucro antes de impostos	29.325	38.763	47.247	54.819	61.344	67.492	73.176	78.241	82.885	87.003
Capital social projetado	8.200	8.200	8.200	8.200	8.200	8.200	8.200	8.200	8.200	8.200
TJLP	6,25%	6,25%	6,25%	6,25%	6,25%	6,25%	6,25%	6,25%	6,25%	6,25%
Juros sobre capital próprio	513	513	513	513	513	513	513	513	513	513
Base de cálculo IR/CS	28.812	38.251	46.734	54.306	60.832	66.980	72.663	77.729	82.373	86.491

QUADRO 3.3

DRE PROJETADA DA MATRIX PARA OS PRÓXIMOS DEZ ANOS

DRE	Ano 1	Ano 2	Ano 3	Ano 4	Ano 5	Ano 6	Ano 7	Ano 8	Ano 9	Ano 10
RECEITA LÍQUIDA	**113.750**	**131.960**	**148.039**	**162.213**	**174.317**	**185.645**	**196.058**	**205.296**	**213.733**	**221.190**
Produto A	62.500	75.000	86.250	96.600	105.294	113.718	121.678	128.978	135.427	140.844
Produto B	40.250	45.080	49.137	52.429	55.418	58.023	60.169	61.794	63.462	65.176
Produto C	11.000	11.880	12.652	13.184	13.605	13.905	14.211	14.523	14.843	15.169
CPV	**57.500**	**64.708**	**71.024**	**76.562**	**81.272**	**85.667**	**89.697**	**93.265**	**96.518**	**99.390**
Custos variáveis	41.908	48.617	54.541	59.763	64.222	68.395	72.232	75.635	78.744	81.491
Custos fixos	15.592	16.091	16.483	16.799	17.050	17.271	17.465	17.630	17.775	17.899
Despesas operacionais	**25.127**	**26.638**	**27.880**	**28.918**	**29.767**	**30.536**	**31.224**	**31.819**	**32.351**	**32.813**
Despesas administrativas	15.844	16.636	17.271	17.790	18.208	18.581	18.909	19.191	1 9.440	19.654
Despesas comerciais	8.783	9.502	10.109	10.628	11.059	11.456	11.814	12.128	12.411	12.659
Despesas tributárias	500	500	500	500	500	500	500	500	500	500
Outras receitas operacionais	599	695	779	854	917	977	1.032	1.081	1.125	1.164
Outras despesas operacionais	2.132	2.245	2.337	2.411	2.471	2.525	2.572	2.612	2.648	2.679
Despesas financeiras	266	300	330	357	380	402	421	439	455	469
Receitas financeiras	0	0	0	0	0	0	0	0	0	0
Resultado antes de IR/CS	**29.325**	**38.763**	**47.247**	**54.819**	**61.344**	**67.492**	**73.176**	**78.241**	**82.885**	**87.003**
Provisão contribuição social	2.593	3.443	4.206	4.888	5.475	6.028	6.540	6.996	7.414	7.784
Provisão imposto de renda — 25%	7.179	9.539	11.660	13.553	15.184	16.721	18.142	19.408	20.569	21.599
Impostos sobre o lucro	**9.772**	**12.981**	**15.866**	**18.440**	**20.659**	**22.749**	**24.682**	**26.404**	**27.983**	**29.383**
LUCRO OPERACIONAL LÍQUIDO APÓS IR	**19.553**	**25.782**	**31.381**	**36.378**	**40.685**	**44.743**	**48.494**	**51.838**	**54.903**	**57.620**

Despesas de depreciação

As despesas totais de depreciação foram projetadas com base na depreciação estimada pela administração da Matrix para os ativos existentes em 31 de dezembro do ano 0. Para projeção da depreciação, considerou-se uma ociosidade de 50% na fábrica, sendo, portanto, desnecessários investimentos em novas plantas. Portanto, os valores de depreciação foram projetados constantes.

As despesas de depreciação estão contabilizadas em custos, despesas administrativas e comerciais. Assim sendo, já foram contempladas anteriormente e estão causando impacto na projeção dos lucros, mas precisam ser desconsideradas para projeção de fluxo de caixa. Os valores da depreciação do ano 0 foram extraídos do Doar (demonstrativo de origens e aplicação de recursos).

Novos investimentos

O valor dos novos investimentos necessários para apoiar o crescimento projetado nesse estudo de avaliação econômico-financeira foi determinado com base nos investimentos previstos pela administração e suporta o crescimento histórico da empresa. Como existe capacidade ociosa nela, foi considerado qual seria o investimento necessário para que a empresa continue funcionando com a capacidade já instalada, ou seja, qual seria o investimento de sua manutenção.

O valor dos investimentos previstos para o ano 1 é de R$ 3,5 milhões, e para os anos seguintes considerou-se que esse valor se manterá constante. Os investimentos maiores do que a depreciação, durante parte do período de projeção, estão ligados a dois fatos: o crescimento projetado da empresa é maior que o da economia; os investimentos nos últimos anos superaram a depreciação — tais investimentos garantirão o crescimento projetado da empresa ao longo dos anos. No médio prazo, os valores da depreciação e dos novos investimentos se igualarão, ou seja, a empresa não investirá mais do que a depreciação.

Capital de giro

Para a projeção das contas de capital de giro, foram levados em conta os saldos do ano 0, com a identificação dos principais itens que apresentaram variações de acordo com a evolução da operação da empresa.

A evolução das contas de clientes e de impostos a recolher foi projetada de acordo com a da receita líquida. Já a evolução dos saldos de fornecedores e de estoques foi projetada com base na dos custos totais de produção. A evolução do saldo da conta despesas de exercícios futuros foi projetada a partir da evolução dos custos fixos de produção, por constituírem gastos fixos, de acordo com a administração da Matrix. Os outros passivos operacionais foram projetados com base na evolução do custo de pessoal da empresa.

A diferença entre o passivo circulante e o ativo circulante é a necessidade de capital de giro da empresa (NCG), que precisa ser financiada por recursos próprios e/ou de terceiros. A evolução da NCG é um item muito importante na avaliação de empresas — uma NCG maior implica mais investimento no capital de giro para suportar o aumento das operações da empresa, ao passo que uma NCG menor implica menor necessidade de investimento nas operações. A NCG da Matrix, no ano 0, foi de R$ 4 milhões (– Clientes – Estoques – Despesas futuras + Fornecedores + Impostos a recolher + Contribuições a recolher + Outras obrigações operacionais).

A projeção da necessidade de capital de giro é apresentada na Tabela 3.10 a seguir.

TABELA 3.10 PROJEÇÃO DA NECESSIDADE DE CAPITAL DE GIRO

NCG	Ano 1	Ano 2	Ano 3	Ano 4	Ano 5	Ano 6	Ano 7	Ano 8	Ano 9	Ano 10
Clientes	19.158	22.225	24.933	27.320	29.359	31.266	33.020	34.576	35.997	37.253
Estoques	9.200	10.353	11.364	12.250	13.004	13.707	14.352	14.922	15.443	15.902
Despesas de exercícios futuros	1.039	1.073	1.099	1.120	1.137	1.151	1.164	1.175	1.185	1.193
Ativo circulante	**29.397**	**33.651**	**37.396**	**40.690**	**43.499**	**46.125**	**48.536**	**50.674**	**52.625**	**54.349**
Fornecedores	14.950	16.824	18.466	19.906	21.131	22.273	23.321	24.249	25.095	25.841
Impostos a recolher	2.395	2.778	3.117	3.415	3.670	3.908	4.128	4.322	4.500	4.657
Contribuições a recolher	1.066	1.123	1.168	1.206	1.236	1.262	1.286	1.306	1.324	1.339
Outras despesas operacionais	5.329	5.613	5.841	6.028	6.178	6.311	6.429	6.530	6.620	6.697
Financiamentos operacionais	1.197	1.389	1.558	1.708	1.835	1.954	2.064	2.161	2.250	2.328
Passivo circulante	**24.937**	**27.727**	**30.151**	**32.262**	**34.049**	**35.710**	**37.228**	**38.568**	**39.788**	**40.862**
Necessidade de CG	(4.461)	(5.924)	(7.245)	(8.428)	(9.450)	(10.415)	(11.308)	(12.105)	(12.837)	(13.486)
Evolução da NCG	**(1.461)**	**(1.463)**	**(1.321)**	**(1.183)**	**(1.022)**	**(965)**	**(893)**	**(797)**	**(732)**	**(649)**

CÁLCULO DO VALOR DA MATRIX PELO MÉTODO DO FLUXO DE CAIXA DESCONTADO

Após a projeção dos fluxos de caixa, a etapa seguinte — e final — consiste em calcular o valor da empresa.

Na avaliação da Matrix, o custo do capital próprio da empresa (que é 100% da estrutura de capital) foi calculado pelo método do CAPM. Por não ser conveniente, não detalharemos esse cálculo aqui. Informamos apenas que o custo de capital próprio ou a taxa de desconto de tais fluxos é de 19%.

A seguir, no Quadro 3.4, são apresentados os cálculos do fluxo de caixa livre para a empresa (FCLE) e seu valor terminal, os quais, somados ao valor das disponibilidades em excesso, resultam no valor da empresa.

Conforme demonstram os cálculos apresentados, o valor presente dos dez anos de fluxo de caixa projetados é de R$ 146.606.000, e o valor presente do valor terminal da empresa é de R$ 52.654.000, os quais, somados ao valor do caixa disponível em excesso, e excluído o passivo não operacional, resultam no valor da empresa na data-base da avaliação. Como visto, a Matrix vale R$ 200.668.000.

CRIAÇÃO DE CENÁRIOS PARA AVALIAR EMPRESAS

O valor da Matrix foi calculado de acordo com as premissas descritas anteriormente, gerando o valor da empresa para esse cenário, que chamaremos de **cenário-base**.

QUADRO 3.4

CÁLCULOS ENCONTRADOS PELO MÉTODO DO VALOR PRESENTE DA PERPETUIDADE DO FLUXO DE CAIXA

	Ano 1	Ano 2	Ano 3	Ano 4	Ano 5	Ano 6	Ano 7	Ano 8	Ano 9	Ano 10
lucro oper. líquido após IR	**19.553**	**25.782**	**31.381**	**36.378**	**40.685**	**44.743**	**48.494**	**51.838**	**54.903**	**57.620**
(+) Depreciação	2.500	2.850	3.500	3.500	3.500	3.500	3.500	3.500	3.500	3.500
(–) Investimentos	(3.500)	(3.500)	(3.500)	(3.500)	(3.500)	(3.500)	(3.500)	(3.500)	(3.500)	(3.500)
(–) Variação da NCG	(1.461)	(1.463)	(1.321)	(1.183)	(1.022)	(965)	(893)	(797)	(732)	(649)
(=) Fluxo de caixa para a empresa	**17.092**	**23.669**	**30.060**	**35.195**	**39.663**	**43.778**	**47.601**	**51.040**	**54.171**	**56.971**
Valor terminal	**0**	**0**	**0**	**0**	**0**	**0**	**0**	**0**	**0**	**299.848**

Cenário-base	
Taxa de desconto	**19,00%**
VP do fluxo de caixa	146.606
VP da perpetuidade	52.654
Valor da empresa	199.260
(+) Disponível em excesso	2.408
(–) Passivo não operacional	(1.000)
Valor para o acionista	**200.668**

Entretanto, as premissas dependem do bom senso, das opiniões e do grau de conservadorismo do avaliador. Embora os modelos de avaliação apresentem fórmulas matemáticas, o processo de avaliação contempla muitos aspectos subjetivos, inseridos nos dados de entrada dos modelos.

Nenhum modelo fornece um valor único para uma empresa, mas sim uma 'estimativa de valor', pois as decisões que afetam seus resultados, aliadas a suas mudanças econômicas, setoriais e específicas, alteram seu valor. Em tese, pode-se obter grande quantidade de valores para a mesma empresa, dependendo das premissas utilizadas e dos cenários alternativos criados.

A quantidade e a qualidade das informações são essenciais, ou seja, faz-se necessária uma abertura completa dos demonstrativos financeiros analíticos e sintéticos para que o valor da empresa avaliada aproxime-se o mais possível da realidade e contemple suas potencialidades.

Definição das premissas

A projeção do valor de uma empresa na situação em que ela se encontra no momento (*as it is*) deve ser o cenário-base para qualquer avaliação. No entanto, podem ser criados cenários que projetem o valor potencial de uma empresa integrada a outra e levem em conta ganhos de sinergia, crescimento maior após um aporte de capital, complementaridade do mix dos produtos das organizações ou mesmo melhores perspectivas econômicas e setoriais. Os cenários criados podem contemplar projeções diferentes dos diversos itens que fazem parte de uma avaliação (receitas, custos, despesas etc., que podem ser otimistas, pessimistas ou conservadores) e, nesse caso, apontarão valores também diferentes, que podem ser ponderados de acordo com sua probabilidade de ocorrência.

Quando se projeta o fluxo de caixa de uma empresa, é necessário considerar qual será sua contribuição para a empresa compradora. Evidentemente, os valores dessa avaliação serão diferentes daqueles gerados pela valoração da empresa isolada, pois podem contemplar sinergia e utilização de benefício fiscal.

De maneira geral, os **cenários alternativos** para a avaliação de empresas contemplam diferentes premissas para receitas, custos e despesas, novos investimentos e taxa de desconto — os principais *value drivers* de uma empresa que devem ser projetados pelo método do FCD e que veremos detalhadamente a seguir.

Receitas. A projeção do crescimento é um dos principais formadores do valor de uma empresa. A criação de cenários pode contemplar vendas maiores ou menores para determinadas linhas de produtos/mercados, aumentos ou reduções reais de preços, lançamentos de produtos etc. A projeção das receitas por si só pode criar vários cenários que resultarão em diversos valores para a mesma empresa. Os dois principais cenários são:

1. *Crescimento histórico da empresa como principal direcionador das vendas futuras.* Esse foi o cenário-base da avaliação da Matrix.
2. *Crescimento do setor projetado por especialistas.* É importante ressaltar que, enquanto muitas empresas estão perdendo mercado, outras estão ganhando. Projetar para a empresa o mesmo crescimento esperado do setor significa assumir que a organização não está perdendo nem ganhando mercado, o que não é válido em muitos casos. O fato de a Matrix estar crescendo menos do que o mercado pode significar, entre uma série de coisas, que seus produtos não são tão competitivos e que ela não possui capacidade de expansão para crescer às mesmas taxas do mercado. Portanto, se projetarmos para a Matrix o mesmo crescimento esperado do setor, estaremos superavaliando a empresa. O avaliador independente deve identificar as causas do crescimento maior ou menor da empresa em relação ao mercado. E, se existirem razões suficientemente convincentes para acreditar em

uma mudança da empresa, esta poderá ser considerada com a criação de um cenário de crescimento setorial, por exemplo.

Uma questão bastante importante, e esquecida por muitos avaliadores, é que na avaliação de empresas não se deve jogar o conservadorismo fora. A análise do crescimento real da empresa, já descontada a inflação, é fundamental para fazer projeções em moeda real. Em nossa experiência profissional, deparamos com muitas avaliações em que se diz estarem projetadas todas as contas em moeda de poder aquisitivo constante. No entanto, quando essas avaliações são mostradas, constatamos que as premissas de crescimento das receitas dizem: "o crescimento das receitas foi projetado levando em consideração o crescimento histórico da empresa", só que nominal. Essa falha pode decorrer do desconhecimento dos modelos de avaliação ou do fato de o vendedor ou *advisor* (também chamado de assessor, consultor ou *appraiser*) estar com o interesse deliberado de justificar valores mais altos para a empresa, mesmo que baseados em argumentos frágeis.

Custos e despesas. Diversas premissas podem nortear a projeção dos custos e das despesas, tais como preço das matérias-primas, quantidades produzidas, eficiência da produção, maquinários utilizados, custo da mão de obra, energia e serviços prestados etc. De maneira geral, pode-se afirmar que os custos fixos não são fixos para sempre, nem mesmo de um ano para outro, e que seu crescimento deve ser previsto em função do histórico de sua evolução em relação às receitas.

Uma regra interessante para determinar o grau de detalhamento das projeções das principais contas de uma demonstração de resultados foi seguida na projeção das despesas da Matrix. Nesse caso, foram projetadas as despesas administrativas, comerciais e operacionais abertas para os itens que representavam pelo menos 90% de tais despesas; as demais foram projetadas como outros custos e despesas, sem detalhamento. É evidente que o grau de precisão será diretamente proporcional à quantidade da abertura dos custos e despesas, porém algo em torno de 80% a 90% do total é bastante razoável.

Novos investimentos. Quando a avaliação está sendo feita para a empresa vendedora, é preciso analisar os montantes e os investimentos realizados no passado, o impacto que tiveram em receitas, custos e despesas, e contemplar os investimentos que precisam ser realizados e que podem ou não ter sido programados pela empresa. A projeção dos investimentos deve estar de acordo com as necessidades de expansão e modernização da organização, e tais montantes devem ser suficientes para garantir as vendas projetadas.

Um argumento utilizado por muitos empresários quando estão negociando suas empresas é que, após a realização de um aporte de capital que dará recursos para a organização se modernizar e investir na expansão de sua capacidade, ela poderá crescer muito mais do que as taxas atuais e reduzirá de modo substancial suas despesas administrativas e seus custos unitários de produção. Para esses empresários, essa fonte de valor deve ser considerada na íntegra na avaliação. O argumento é realmente interessante, mas em geral não se sustenta.

Algumas perguntas simples ajudam a desmontar esse argumento: "Por que tais investimentos não foram feitos antes?", "Quais os resultados dos investimentos anteriores?" e a principal delas, que não precisa ser feita desta maneira: "Por que o valor de sua empresa depende daquilo que o comprador fará dela, se o que ele vier a fazer (no caso, o investimento) será, certamente, mérito dele?".

Quando há muitos vendedores e poucos interessados, os fluxos de caixa decorrentes de possíveis futuros investimentos provavelmente serão desdenhados. Já quando há muitos compradores, a competição entre eles tende a fazer com que alguns passem a valorar essa parte intangível do valor. Não raro a competição faz o maior lance chegar a ser superior àquele que o restante dos investidores considera adequado. As ações das empresas adquirentes chegam a cair por causa do preço pago. É a 'maldição do vencedor'. Em casos de disputa pela aquisição de uma empresa ou quando os acionistas da empresa compradora estão interessados em incentivar a transação, uma parte desse valor pode ser incorporada ao valor da empresa vendedora, sendo então considerada um **ágio**.

Taxa de desconto. A definição do custo de capital de uma organização, sobretudo das empresas fechadas e de médio e pequeno porte, é um dos aspectos mais subjetivos da avaliação de empresas. Por isso, é comum a utilização de três taxas de desconto para calcular uma faixa de valores para a empresa, assumindo que seu valor real se encontre entre os pontos extremos, ou seja, entre a menor e a maior taxa de desconto — e o valor do cenário-base é o obtido com a aplicação da taxa mediana.

É importante ressaltar que, pela principal metodologia de determinação do custo de capital das empresas, o CAPM, há uma ampla faixa de taxas de desconto que podem ser obtidas; por isso, pode-se afirmar que essas taxas são um dos fatores mais tendenciosos na determinação de valor das empresas. Sendo assim, é natural que um analista ou *advisor* de fusões e aquisições que esteja assessorando o lado vendedor use as menores taxas de desconto que o bom senso julgar adequadas e, quando estiver assessorando o lado comprador ou for a própria empresa compradora, utilize taxas maiores.

Quando as duas partes têm consciência dessa subjetividade, quando se almeja avaliar uma empresa de maneira independente e quando as taxas de desconto são discutidas, a tendência é que a faixa de discussão dessas taxas se estreite, reduzindo as diferenças nos valores esperados para a empresa.

Para facilitar o entendimento, voltaremos ao exemplo da avaliação da Matrix. O cenário-base teve taxa de desconto de 19% e resultou em um valor de R$ 200.668.000

para a empresa. Faremos, então, uma análise de sensibilidade do valor dela a duas novas taxas de desconto e chamaremos essas avaliações de cenários otimista e pessimista.

1) **Cenário otimista:** taxa de desconto de 18%.

2) **Cenário pessimista:** taxa de desconto de 20%.

No Quadro 3.5 são apresentados os cenários propostos e os valores da Matrix para eles.

Esses valores obtidos seriam os valores máximo e mínimo que a empresa valeria caso seus avaliadores e/ou possíveis compradores utilizassem taxas entre 18% e 20%. Essa análise de sensibilidade do valor à taxa de desconto, assim como a de outros itens, é de grande importância, pois a empresa vendedora (empresa-alvo) desconhece as premissas que serão utilizadas pelos eventuais compradores, devendo possuir uma faixa de valores tida como aceitável para negociar a empresa.

Na prática, poderíamos criar diversos cenários otimistas e pessimistas (ou com qualquer outro nome) para receitas, custos, investimentos etc., porém, apresentamos

QUADRO 3.5

O VALOR DA MATRIX:
CENÁRIO OTIMISTA E CENÁRIO PESSIMISTA

Cenário otimista	
Taxa de desconto	18,00%
VP do fluxo de caixa	153.106
VP da perpetuidade	60.473
Valor da empresa	**213.580**
(+) Disponível em excesso	2.408
(–) Dívida não operacional	(1.000)
Valor para o acionista	**214.988**

Cenário-base	
Taxa de desconto	20,00%
VP do fluxo de caixa	140.505
VP da perpetuidade	46.006
Valor da empresa	**186.511**
(+) Disponível em excesso	2.408
(–) Dívida não operacional	(1.000)
Valor para o acionista	**187.919**

apenas os valores da empresa para taxas de desconto diferentes a fim de facilitar o entendimento do exemplo.

No nosso exemplo, o valor-base da Matrix é de R$ 200.668.000, e seu *advisor* trabalhou para justificar valores maiores que esse para seu cliente. Porém, os acionistas têm como valor mínimo aceitável um patamar ainda menor, de R$ 187.919.000, e não esperam receber mais de R$ 214.988.000 (considerando que não receberão nenhum ágio).

O desfecho desse negócio se encontra no capítulo seguinte.

NOTA

1 TJLP é a taxa de juros de longo prazo; PL é o patrimônio líquido.

CAPÍTULO 4

Fusões & aquisições: sinergia e criação de valor

A sinergia é extremamente importante em processos de fusões e aquisições. Ela deve ser mensurada pelas organizações adquirentes na análise de uma transação e justifica os ágios e/ou acelera e incentiva uma aquisição.

Mas como avaliar a sinergia pelo método do fluxo de caixa descontado? Para responder a essa pergunta voltaremos ao caso da Matrix, a empresa que serviu como base para nosso estudo sobre avaliação pelo método de FCD no capítulo anterior.

Aqui, utilizaremos o exemplo da avaliação da Matrix feita por dois de seus compradores potenciais. Mostraremos que há diferenças entre os valores da empresa, em virtude do fato de os benefícios da aquisição serem diferentes para cada comprador.

Mostraremos também que a aquisição de uma empresa pode demandar o pagamento de um 'ágio', ou seja, de um valor maior do que o de mercado. Alguns empresários relutam em pagar ágio pelas empresas que pretendem adquirir, mas, com essas aquisições, tornam-se capazes de atingir resultados muito melhores do que alcançariam de maneira isolada.

Transações com ágios muito elevados, contudo, podem reduzir o valor de empresas compradoras, mesmo que sejam sólidas e bem-sucedidas. Este capítulo também abordará os cuidados a serem tomados para não se pagar caro demais pelas aquisições, além das justificativas para a existência dos ágios e os impactos deles no valor das empresas.

Para finalizar, são apresentados os motivos e as vantagens das fusões e aquisições, assim como os tipos de sinergia que podem gerar.

PROJEÇÃO DO VALOR DE UMA EMPRESA PARA SEUS POSSÍVEIS COMPRADORES

O valor de uma empresa para seus novos donos é função do seu valor para os antigos proprietários mais o valor da sinergia gerada.

A sinergia é a capacidade que uma combinação de empresas tem de ser mais lucrativa do que a soma dos lucros das empresas consideradas individualmente. É o chamado efeito 2 + 2 = 5. Assim, no que se refere a fusões e aquisições, é benéfico realizar uma aquisição quando o valor da sinergia é superior aos custos da aquisição, que são compostos pelo prêmio pago pela empresa-alvo e pelos custos de transação.

No capítulo anterior, foi calculado o valor da Matrix no cenário-base — R$ 200.668.000. Agora, o que se deseja estimar é o valor da empresa para seus novos possíveis acionistas.

Na verdade, após a aprovação do valor da Matrix pela sua diretoria, foram contatados quatro possíveis interessados na aquisição de uma parcela significativa das cotas da empresa: dois concorrentes diretos de maior porte, um fundo de *private equity* e um importante cliente interessado em diversificar suas atividades. Todos se interessaram em analisar a empresa, assinaram acordo de confidencialidade, colheram informações financeiras, visitaram suas instalações e fizeram suas próprias avaliações.

O fundo de *private equity*, entretanto, utilizou uma taxa de desconto muito alta, de 23% em termos reais, e a Matrix decidiu interromper as negociações com esse interessado, uma vez que ele sinalizou que faria uma oferta muito baixa, em torno de R$ 160 milhões, inferior ao mínimo aceitável para negociação, conforme avaliação feita pelos assessores da empresa vendedora (como foi apresentado no capítulo anterior).

Os concorrentes diretos não mostraram interesse em se tornar sócios da Matrix, e sim em controlar 100% de suas ações, ao passo que o cliente se interessou em adquirir 70% delas. Mesmo pretendendo alienar uma 'participação significativa', algo entre 51% e 80%, a direção da Matrix decidiu manter negociações com esses interessados, porém frisou que um prêmio pela venda da totalidade das ações deveria ser contemplado na proposta futura deles. Novas visitas se sucederam, e uma abertura completa das receitas, custos e despesas foi fornecida. Todos os interessados e seus consultores informaram ao assessor da Matrix que apresentariam uma proposta pela empresa.

Criou-se assim o ambiente de concorrência pela empresa. Todos estavam cientes de que existiam outros interessados analisando o negócio, porém não sabiam quem eram. O *advisor* informou que não leiloaria a empresa, mas disse também que propostas com valor inferior a R$ 225 milhões não seriam 'bem vistas' pela Matrix, pois a sinergia que seria gerada justificaria tal valor. Além disso, garantiu que o primeiro que fizesse uma proposta 'razoável' teria um período de exclusividade nas negociações.

Na verdade, o *advisor* não esperava vender a empresa por menos de R$ 210 milhões, uma vez que existiam diversos interessados e que uma pequena sinergia que fosse transferida para a empresa vendedora resultaria em um valor superior a R$ 230 milhões. Além disso, ele defendeu com sucesso a ideia de que a taxa de desconto de um negócio desse porte sólido, lucrativo, em crescimento — não poderia ser superior a 19%.

Para simplificar, vamos supor que todos os interessados fizeram suas avaliações da Matrix e chegaram ao mesmo valor do cenário-base apresentado pelo *advisor* à diretoria da empresa vendedora. Ou seja, chegaram ao mesmo fluxo de caixa e utilizaram a mesma taxa de desconto: 19%.

Em seguida, os possíveis compradores fizeram a avaliação da Matrix integrada a suas empresas, ou seja, tentaram determinar o valor que seria gerado em decorrência da sinergia da transação para suas empresas. É necessária uma análise minuciosa das estruturas das empresas, além de medidas que integrem essas estruturas, sem diminuir a qualidade das tarefas e sem criar ambiguidades entre elas.

Após uma análise minuciosa dos dados, os concorrentes diretos, as empresas Dinamix S/A e Organix S/A (nomes fictícios, criados para preservar o anonimato), projetaram que reduziriam as despesas administrativas da Matrix em 5% no primeiro ano, 25% no segundo, 40% no terceiro e 50% nos anos seguintes. Projetaram ainda que diminuiriam as despesas comerciais em 10% no primeiro ano, 20% no segundo e 35% nos outros. A Dinamix também projetou uma redução dos custos fixos de 10% a partir do segundo ano.

O cliente interessado, por sua vez, não possuía muita sinergia e se mostrou disposto a fazer uma oferta de R$ 203 milhões, praticamente R$ 2 milhões a mais do que o valor da empresa no cenário-base.

CÁLCULO DA SINERGIA PELO MÉTODO DO FLUXO DE CAIXA DESCONTADO

Os quadros 4.1 e 4.2, apresentados a seguir, mostram o cálculo do valor da Matrix feito pelos concorrentes, considerando a sinergia descrita anteriormente.

QUADRO 4.1

MATRIX — AVALIAÇÃO COM SINERGIAS — PARA A ORGANIX (R$ 000)

DRE	Ano 0	Ano 1	Ano 2	Ano 3	Ano 4	Ano 5	Ano 6	Ano 7	Ano 8	Ano 9	Ano 10
Receita líquida	**95.000**	**113.750**	**131.960**	**148.039**	**162.213**	**174.317**	**185.645**	**196.058**	**205.296**	**213.733**	**221.190**
Produto A	50.000	62.500	75.000	86.250	96.600	105.294	113.718	121.678	128.978	135.427	140.844
Produto B	35.000	40.250	45.080	49.137	52.429	55.418	58.023	60.169	61.794	63.462	65.176
Produto C	10.000	11.000	11.880	12.652	13.184	13.605	13.905	14.211	14.523	14.843	15.169
CPV	**50.000**	**57.500**	**64.708**	**71.024**	**76.562**	**81.272**	**85.667**	**89.697**	**93.265**	**96.518**	**99.390**
Custos variáveis	35.000	41.908	48.617	54.541	59.763	64.222	68.395	72.232	75.635	78.744	81.491
Custos fixos	15.000	15.592	16.091	16.483	16.799	17.050	17.271	17.465	17.630	17.775	17.899
Despesas operacionais	**23.500**	**23.456**	**20.526**	**17.355**	**16.208**	**16.678**	**17.102**	**17.477**	**17.798**	**18.089**	**18.346**
Despesas administrativas	15.000	15.052	12.425	10.284	8.800	8.989	9.155	9.298	9.415	9.522	9.618
Despesas comerciais	8.000	7.905	7.601	6.571	6.908	7.189	7.446	7.679	7.883	8.067	8.228
Despesas tributárias	500	500	500	500	500	500	500	500	500	500	500
Outras receitas operacionais	500	599	695	779	854	917	977	1.032	1.081	1.125	1.164
Outras despesas operacionais	2.000	2.132	2.245	2.337	2.411	2.471	2.525	2.572	2.612	2.648	2.679
Despesas financeiras	1.130	266	300	330	357	380	402	421	439	455	469
Receitas financeiras	1.000	0	0	0	0	0	0	0	0	0	0
Resultado antes de IR/CS	**19.870**	**30.995**	**44.875**	**57.772**	**67.529**	**74.433**	**80.927**	**86.922**	**92.262**	**97.147**	**101.470**
Provisão contribuição social	312	2.743	3.993	5.153	6.031	6.653	7.237	7.777	8.257	8.697	9.086

(CONTINUA)

QUADRO 4.1 (CONTINUAÇÃO)

DRE	Ano 0	Ano 1	Ano 2	Ano 3	Ano 4	Ano 5	Ano 6	Ano 7	Ano 8	Ano 9	Ano 10
Receita líquida	**95.000**	**113.750**	**131.960**	**148.039**	**162.213**	**174.317**	**185.645**	**196.058**	**205.296**	**213.733**	**221.190**
Provisão imposto de renda	810	7.607	11.067	14.201	16.730	18.466	20.080	21.570	22.013	24.105	25.215
Impostos sobre o lucro	**1.131**	**10.340**	**15.059**	**19.444**	**22.761**	**25.109**	**27.317**	**29.355**	**31.171**	**32.832**	**34.302**
Lucro operacional líquido após IR	**2.364**	**20.655**	**29.816**	**38.328**	**44.767**	**49.324**	**53.610**	**57.567**	**61.091**	**64.316**	**67.168**

	Ano 1	Ano 2	Ano 3	Ano 4	Ano 5	Ano 6	Ano 7	Ano 8	Ano 9	Ano 10
Lucro operacional líquido após IR	**20.655**	**29.816**	**38.328**	**44.767**	**49.324**	**53.610**	**57.567**	**61.091**	**64.316**	**67.168**
(+) Depreciação	2.500	2.850	3.500	3.500	3.500	3.500	3.500	3.500	3.500	3.500
(–) Investimentos	(3.500)	(3.500)	(3.500)	(3.500)	(3.500)	(3.500)	(3.500)	(3.500)	(3.500)	(3.500)
(–) Variação da NCG	(1.461)	(1.463)	(1.321)	(1.183)	(1.022)	(965)	(893)	(797)	(732)	(649)
(=) Fluxo de caixa para o acionista	18.195	27.703	37.007	43.584	48.302	52.645	56.674	60.294	63.584	66.519
Valor perpétuo	0	0	0	0	0	0	0	0	0	350.101

CÁLCULO DO VALOR DA EMPRESA — R$ (000)

Cenário-base	
Taxa de desconto	19,00%
VP do fluxo de caixa	174.058
VP da perpetuidade	61.479
Disponível	5.000
Valor da empresa	**240.537**
(+) Disponível em excesso	2.408
(–) Endividamento	(1.000)
Valor para o acionista	**241.945**

QUADRO 4.2

MATRIX — AVALIAÇÃO COM SINERGIAS — PARA A DINAMIX (R$ 000)

DRE	Ano 0	Ano 1	Ano 2	Ano 3	Ano 4	Ano 5	Ano 6	Ano 7	Ano 8	Ano 9	Ano 10
Receita líquida	**95.000**	**113.750**	**131.960**	**148.039**	**162.213**	**174.317**	**185.645**	**196.058**	**205.296**	**213.733**	**221.190**
Produto A	50.000	62.500	75.000	86.250	96.600	105.294	113.718	121.678	128.978	135.427	140.844
Produto B	35.000	40.250	45.080	49.137	52.429	55.418	58.023	60.169	61.794	63.462	65.176
Produto C	10.000	11.000	11.880	12.652	13.184	13.605	13.905	14.211	14.523	14.843	15.169
CPV	**50.000**	**57.500**	**63.099**	**69.376**	**74.882**	**79.567**	**83.940**	**87.950**	**91.502**	**94.741**	**97.600**
Custos variáveis	35.000	41.908	48.617	54.541	59.763	64.222	68.395	72.232	75.635	78.744	81.491
Custos fixos	15.000	15.592	14.482	14.835	15.119	15.345	15.544	15.719	15.867	15.997	16.109
Despesas operacionais	**23.500**	**23.456**	**20.526**	**17.355**	**16.208**	**16.678**	**17.102**	**17.477**	**17.798**	**18.089**	**18.346**
Despesas administrativas	15.000	15.052	12.425	10.284	8.800	8.989	9.155	9.298	9.415	9.522	9.618
Despesas comerciais	8.000	7.905	7.601	6.571	6.908	7.189	7.446	7.679	7.883	8.067	8.228
Despesas tributárias	500	500	500	500	500	500	500	500	500	500	500
Outras receitas operacionais	500	599	695	779	854	917	977	1.032	1.081	1.125	1.164
Outras despesas operacionais	2.000	2.132	2.245	2.337	2.411	2.471	2.525	2.572	2.612	2.648	2.679
Despesas financeiras	1.130	266	300	330	357	380	402	421	439	455	469
Receitas financeiras	1.000	0	0	0	0	0	0	0	0	0	0
Resultado antes de IR/CS	**19.870**	**30.995**	**46.484**	**59.421**	**69.208**	**76.138**	**82.654**	**88.669**	**94.025**	**98.925**	**103.260**
Provisão contribuição social	312	2.743	4.137	5.302	6.183	6.806	7.393	7.934	8.416	8.857	9.247
Provisão imposto de renda	819	7.597	11.469	14.703	17.150	18.882	20.511	22.015	23.354	24.579	25.663

(CONTINUA)

QUADRO 4.2 (CONTINUAÇÃO)

Impostos sobre o lucro	**1.131**	**10.340**	**15.606**	**20.005**	**23.333**	**25.689**	**27.904**	**29.949**	**31.770**	**33.436**	**34.910**
Lucro operacional líquido após IR	**2.364**	**20.655**	**30.878**	**39.416**	**45.876**	**50.450**	**54.750**	**58.720**	**62.255**	**65.489**	**68.350**

	Ano 1	**Ano 2**	**Ano 3**	**Ano 4**	**Ano 5**	**Ano 6**	**Ano 7**	**Ano 8**	**Ano 9**	**Ano 10**
Lucro operacional líquido após IR	**20.655**	**30.878**	**39.416**	**45.876**	**50.450**	**54.750**	**58.720**	**62.255**	**65.489**	**68.350**
(+) Depreciação	2.500	2.850	3.500	3.500	3.500	3.500	3.500	3.500	3.500	3.500
(–) Investimentos	(3.500)	(3.500)	(3.500)	(3.500)	(3.500)	(3.500)	(3.500)	(3.500)	(3.500)	(3.500)
(–) Variação da NCG	(1.461)	(1.517)	(1.323)	(1.184)	(1.023)	(966)	(894)	(798)	(732)	(650)
(=) Fluxo de caixa para o acionista	18.195	28.711	38.093	44.692	49.427	53.784	57.826	61.457	64.757	67.700
Valor perpétuo	0	0	0	0	0	0	0	0	0	356.316

CÁLCULO DO VALOR DA EMPRESA — R$ (000)

Cenário-base	
Taxa de desconto	19,00%
VP do fluxo de caixa	177.922
VP da perpetuidade	62.570
Disponível	5.000
Valor da empresa	245.492
(+) Disponível em excesso	2.408
(–) Endividamento	(1.000)
Valor para o acionista	**246.900**

Valor da sinergia

Após o cálculo do valor da empresa pela Organix e pela Dinamix, o qual contemplou toda a sinergia que seria gerada na transação, chegou-se ao cálculo do valor da sinergia para os concorrentes, o qual pode ser visualizado na Tabela 4.1.

É interessante observar que o 'valor mínimo' declarado pelo *advisor* da empresa vendedora era muito próximo do valor máximo aceitável para adquiri-la, calculado

TABELA 4.1 CÁLCULO DO VALOR DA SINERGIA — R$ MIL

MATRIX PARA	ORGANIX	DINAMIX
Cenário-base	**200.668**	**200.668**
Valor com sinergias	241.945	246.900
Valor das sinergias	**41.277**	**46.232**

pelos concorrentes e por seus *advisors*, e eles só poderiam ofertar esse valor se os compradores transferissem a totalidade da sinergia que ganhariam em decorrência da aquisição para os acionistas da Matrix, o que seria pouco provável.

Negociação final da empresa e ágio da aquisição

Após diversas rodadas de negociações, os acionistas da Organix decidiram apresentar uma proposta pela aquisição da Matrix no valor de R$ 215 milhões, ou seja, transfeririam R$ 14,3 milhões de sinergia, ou 34,7% dela, para os vendedores.

No mesmo dia, a Dinamix fez uma oferta firme de R$ 225 milhões por 100% das ações da Matrix, ou seja, a empresa transferiria R$ 24,3 milhões de sinergia para a Matrix, ou 52,6% de um total possível de 46,2 milhões.

Os acionistas da Matrix fecharam a venda da empresa para a Dinamix por esse montante. No mesmo dia, as ações da Dinamix caíram 1,5%. Isso porque o mercado interpretou que o valor da transação foi elevado e que o prêmio pelo controle ou o ágio pela aquisição da empresa foi alto. A existência de ágio, e mesmo de ágios diversos para diferentes interessados, deixa claro que o preço pago por uma empresa também está ligado às expectativas de retorno do negócio para a empresa compradora.

Mas quais foram, de fato, os valores criados para a empresa vendedora e para a adquirente com a transação? Qual o valor máximo que a empresa vendedora poderia pagar? Qual o valor total da sinergia? Essas respostas são apresentadas no Quadro 4.3.

No caso da aquisição da Matrix pela Dinamix, foi projetada uma criação de valor, decorrente da transação, de R$ 46.232.000, que foram divididos entre as empresas. A empresa-alvo foi a principal beneficiária desse valor, ficando com R$ 25.740.000, enquanto os compradores ficaram com R$ 20.493.000.

O valor gerado transferido para a empresa adquirida (o ágio) é um valor certo, calculado com base nos valores atuais da empresa.

Para os adquirentes, o valor gerado é o valor presente da sinergia projetada menos o prêmio pago e os custos da transação, principalmente as despesas com assessores, advogados

QUADRO 4.3

DIVISÃO DA SINERGIA E CRIAÇÃO DE VALOR

Máximo valor aceitável — 246.900

20.493
Parcela do valor da sinergia apropriada pela compradora

46.232
Valor total da sinergia gerada pela aquisição

Valor pago pela empresa — 225.000

25.740
Parcela do valor da sinergia apropriada pela vendedora

Valor da empresa para os sócios vendedores — 200.668

e auditores. O valor adicionado para o adquirente é apenas estimado. Ele pode vir a ser superior ou inferior, dependendo da maneira como a integração entre as empresas ocorre, e corre o risco de demorar a se tornar realidade, em razão dos impactos que os problemas culturais e os conflitos entre as empresas podem causar na integração e na sinergia.

A Figura 4.1, feita pelo professor João Carvalho das Neves,[1] mostrou como fica o valor das empresas após uma fusão ou aquisição.

A 'maldição do vencedor'

É importante observar que o problema da desvalorização das ações das empresas adquirentes não é incomum. Muitas delas têm suas ações depreciadas no momento da aquisição. E, quanto maior o ágio das transações — ou seja, quanto maior a diferença entre o valor de mercado da empresa adquirida e o valor da transação —, maior a desvalorização das ações. Esse fenômeno é conhecido como 'maldição do vencedor' e baseia-se na seguinte interpretação: a empresa adquirente conseguiu realizar tal transação porque pagou caro demais pela aquisição e não houve nenhum concorrente disposto a pagar o mesmo valor. Por outro lado, as empresas vendedoras normalmente têm suas ações valorizadas no momento do anúncio da venda.

Foram realizados diversos estudos nos Estados Unidos para medir o retorno das aquisições para o adquirente e para a empresa-alvo. Copeland (2002) sintetizou as conclusões de dezenas desses estudos feitos nos últimos dez anos (veja a Tabela 4.2). Ferris e Petitt (2002)[2] também compilaram uma série desses estudos e concluíram que, infelizmente, o retorno para os acionistas adquirentes tem sido, na média, negativo (veja a Tabela 4.3).

FIGURA 4.1 VALOR DAS EMPRESAS APÓS UMA FUSÃO OU AQUISIÇÃO

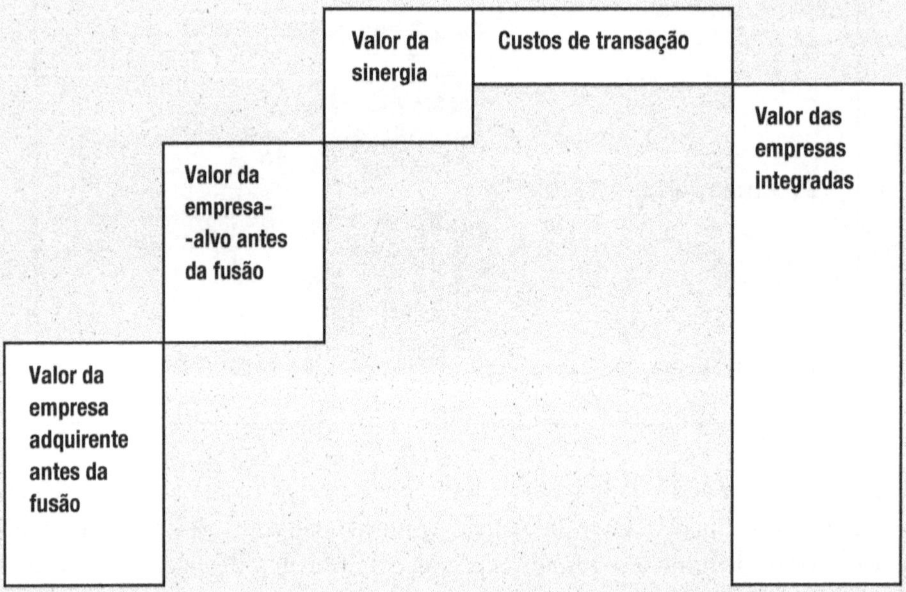

Fonte: Neves, 1997.

TABELA 4.2 RETORNO MÉDIO PARA O ACIONISTA

	Empresa-alvo	Empresa adquirente
Takeover	35%	3%–5%
Fusão	20%	2%–3%

Fonte: Copeland, 2002.

TABELA 4.3 DESEMPENHO NO MERCADO DE AÇÕES DE EMPRESAS ADQUIRENTES APÓS UMA FUSÃO OU AQUISIÇÃO

Fonte	Mercado	Período	Desempenho
Agrawal, Jaffe e Mandelker (1992)	EUA	60 meses	–10,26%
Gregory (1997)	Reino Unido	24 meses	–11,89%
Loghran e Vijh (1997)	EUA	60 meses	–15,9%
Rau e Vermaelen (1998)	EUA	36 meses	–4,04%
Pécherot (2000)	França	36 meses	–25,41%

Fonte: Ferris e Petitt, 2002.

Em virtude da baixa quantidade de empresas relacionadas na bolsa e do pequeno número de transações que as envolvem, no Brasil não há estudos sobre o retorno das ações de empresas compradoras e vendedoras. Os resultados mostrados na Tabela 4.2 indicam que os maiores beneficiados em processos de F&A nos Estados Unidos são os acionistas das empresas vendedoras, talvez pelo fato de existir grande demanda pela aquisição de empresas e baixa oferta. Em países como o Brasil, onde existem muitas empresas vendedoras e poucas compradoras, pode-se supor que os retornos para os acionistas não sejam parecidos com os verificados nos Estados Unidos. Talvez sejam até melhores para os adquirentes do que para os vendedores.

Ágio e valor das empresas

A Tabela 4.2 deixa claro que, nos Estados Unidos, as aquisições hostis (*takeovers*) — que são realizadas diretamente com os acionistas da empresa, sem o aval de seus executivos, e, portanto, demandam grandes ágios — beneficiam muito mais as empresas vendedoras, para as quais geram valorização de 35%, do que as adquirentes, que recebem de 3% a 5% de valorização. Para as fusões, como era de esperar, o retorno das empresas-alvo é inferior, ficando, em média, em 20%, assim como o das adquirentes, que fica entre 2% e 3%.

Para Copeland (2002), "isso não significa que os adquirentes nunca sejam bem-sucedidos após a transação, nem que a reação do mercado às transações seja sempre indiferente ou desfavorável. Mas serve para mostrar o grau de ceticismo dos investidores quanto à probabilidade de os adquirentes extraírem mais de uma transação do que pagaram por ela".

De maneira geral, o mercado interpreta cada aquisição de acordo com a criação de valor dela esperada. Aquisições vistas como criadoras de valor contribuirão para o aumento do preço das ações, ao passo que as tidas como destruidoras ajudarão a reduzir seu preço. Quando o preço de uma ação cai após o anúncio de uma aquisição é porque o mercado interpretou que o valor presente da sinergia a ser gerada não é superior ao ágio pago, e vice-versa.

Normalmente, o *quantum* de ágio de uma aquisição depende de fatores de negociação, do interesse do comprador, da importância estratégica da empresa-alvo, do número de concorrentes que podem adquirir a empresa e da projeção da sinergia que será gerada.

É importante observar que, se o ágio da Matrix fosse de 25%, o valor da transação seria de R$ 249.075.000 e a sinergia projetada seria inferior a esse ágio. É por isso que, quanto maior o ágio, maior a desconfiança do mercado de que a transação não foi boa, maior a necessidade de a empresa rapidamente integrar as estruturas e aproveitar os benefícios da sinergia e maior a desvalorização inicial das ações da companhia compradora.

No caso envolvendo a Matrix, o valor do ágio pago aos acionistas vendedores foi maior do que aquele que seria obtido pela empresa compradora com a sinergia; entretanto, o comprador poderia não ter atingido o valor referente à sinergia se não tivesse pago tal ágio. Apesar de o vendedor ter ganho um pouco mais, ambos saíram vencedores. Alguns empresários relutam em 'transferir sinergia', preferindo não ganhar nada com a aquisição a transferir parte da sinergia a ser gerada. Essa visão parece míope, já que todos saem perdendo, quando poderiam sair ganhando.

Antigamente, no auge da bolha do mercado acionário norte-americano e das transações de F&A, o ágio médio dessas transações foi de 36%. Esse ágio resultou em grandes desvalorizações das ações das empresas adquirentes. (Para mais detalhes, veja a seção, da página 81 a 83, que mostra claramente que pagar caro demais é o pecado mortal de muitas F&A.)

No caso da Matrix, o ágio foi de R$ 25,7 milhões — 12,9% acima de seu valor no cenário-base. No entanto, essa aquisição representou uma transferência de 56% da sinergia gerada para o vendedor, que foi quem mais saiu ganhando. Se o ágio tivesse sido de 25%, por exemplo, todos os ganhos com sinergia teriam sido transferidos para o vendedor, não sobrando nada para os compradores.

Em geral, o ágio nas transações de F&A pode ocorrer pelos seguintes fatores:

- Apresentação de oferta superior à dos possíveis concorrentes pela empresa desejada
- Imposição de barreiras à entrada de outros concorrentes no mercado de atuação da empresa e remoção de um concorrente atual
- Necessidade de convencer o vendedor a fazer o negócio
- Importância estratégica da empresa-alvo para a empresa adquirente
- Obtenção de alguma vantagem competitiva sustentável no longo prazo
- Compensação dos proprietários e dos gerentes em virtude da ameaça à segurança
- Entrada em um mercado ou setor estratégico para a empresa
- Conquista ou manutenção da liderança do mercado

Atenção: o fato de as ações da Dinamix terem caído no dia do anúncio da transação não significa que esta destruirá o valor da empresa nos próximos anos, e sim que o mercado pode ter interpretado que a sinergia demoraria para acontecer, que não ocorreria plenamente e/ou que o valor da sinergia transferida (medido pelo mercado em função do ágio da transação) não seria recuperado realmente pela Dinamix por meio das reduções de custos e despesas reais.

De modo geral, no dia do anúncio, o mercado pré-avalia o impacto da aquisição na lucratividade futura da empresa. No entanto, os resultados reais podem ir ao encontro das percepções do mercado, superar essas percepções, mostrando que a transação de fato valeu a pena, ou podem ser inferiores a elas. O que ditará a regra serão a qualidade e a rapidez na integração entre as empresas. Os balanços futuros mostrarão como isso ocorreu, e o mercado acionário saberá reconhecer as transações criadoras de valor, assim como as destruidoras.

A seção "Na imprensa: Empresas que compraram demais estão num beco sem saída", da página 84 a 86, que trata dos resultados das F&A ocorridas nos Estados Unidos entre 1995 e 2001, deixa claro que as fusões e aquisições precisam ocorrer em função de uma estratégia de crescimento baseada no valor que essas transações vão agregar, e não apenas no crescimento em si.

NA IMPRENSA

As fusões são boas para quem?

O segundo trimestre de 1998 foi uma época de transações feitas em velocidade estonteante. Enquanto as ações subiam vertiginosamente, seguiam-se as fusões de bilhões de dólares. No mesmo dia, duas ou mesmo três empresas podiam revelar negociações de grande porte. Essas transações eram empreendimentos sólidos: aquisições de empresas estabelecidas de longa data, com modelos empresariais já bem testados e aprovados, ativos tangíveis e milhares de funcionários.

No entanto, um novo e exclusivo estudo elaborado pela *BusinessWeek* mostra que nada menos do que 17 das 21 empresas 'vencedoras' naquela empolgante 'primavera das fusões' de 1998 foram, na realidade, um fracasso para os investidores. Por exemplo, no ano seguinte à aquisição da Green Tree, as ações da Conseco perderam 47% do valor. Como se não bastasse, o desempenho relativo da Conseco foi pior ainda. As ações das seguradoras no índice Standard & Poor's 500 subiram 8% no mesmo período, o que significa que a Conseco ficou numa desvantagem de 55 pontos percentuais em relação às suas concorrentes. Isso foi antes de suas ações despencarem para 0,10 cents, em meio a uma reestruturação das dívidas que até agora continua em processo. Os acionistas da Daimler não se saíram muito melhor: seu retorno total ficou 30% abaixo do índice S&P's das montadoras. Os acionistas do Travelers Group foram dos poucos que ganharam dinheiro depois de um ano, conseguindo um retorno apenas 2% melhor que outras seguradoras.

Foram constatados resultados bem semelhantes em todas as 302 grandes fusões realizadas de 1º de julho de 1995 a 31 de agosto de 2001 analisadas no estudo. Foram utilizados dados da Standard & Poor's (que faz parte, assim como a *BusinessWeek*, do grupo McGraw-Hill) e da Mergerstat, especializada em fusões. A avalanche de fusões e aquisições durante esses seis anos quebrou todos os recordes. Foi cinco vezes maior do que em qualquer outro período de euforia de F&A em toda a história da economia norte-americana: nos três anos mais movimentados, de 1998 a 2000, os negócios fechados chegaram a um total de quase U$$ 4 trilhões – mais que nos 30 anos anteriores, somados. E incluiu, é claro, a maior fusão de todos os tempos: os U$$ 166 bilhões pagos pela America Online, em ações, pela Time Warner, em janeiro de 2000.

Por que os acionistas sofreram tamanha ressaca depois da euforia? Basicamente porque as empresas compradoras pagaram demais. Foram atingidas pela doença que os economistas chamam de 'maldição do vencedor'. Ficavam tão ansiosas para fechar o negócio que pagavam um ágio altíssimo, que absorvia desde o início todo o ganho potencial da fusão. Enquanto isso, os vendedores depositavam, felizes, seu dinheiro no banco: de repente recebiam ofertas 36% maiores do que valiam suas ações uma semana antes.

Por vezes os diretores compravam no escuro, sem compreender muito bem o que estavam adquirindo. Com frequência previam uma grande sinergia, que depois se revelava ilusória ou inviável. Subestimavam os custos e o pesadelo logístico que é consolidar as operações de duas empresas com culturas muito diferentes. Além disso, superestimavam a economia de custos que seria alcançada. Como resultado, não conseguiam conservar funcionários essenciais; não mantinham os vendedores vendendo nem os consumidores felizes.

Se é verdade que muitos executivos de alto escalão são incompetentes para escolher um bom negócio, os investidores não o são. Eles têm uma intuição extraordinária para julgar com rapidez e precisão qual o impacto de uma fusão sobre o futuro fluxo de caixa de uma empresa e, em consequência, sobre o valor das ações. É por isso que nesse estudo foi utilizado o retorno acionário das empresas compradoras um ano após as suas ofertas para avaliar se uma fusão teve sucesso ou não. Muitos CEOs discordam das avaliações de seu desempenho feitas pelos investidores, porém o mercado continua sendo a medida mais confiável. O período de um ano pode parecer de uma brevidade cruel para se julgar uma fusão, mas a pesquisa feita por Sirower, autor de *The synergy trap*, e por Stephen F. O'Byrne, presidente da Shareholder Value Advisors, mostrou que o comportamento dos preços pouco depois que se anuncia uma aquisição é um prognóstico certeiro do desempenho operacional da compradora nos próximos cinco anos.

Por que os CEOs fecharam tantos negócios nos seis anos estudados? A alta do mercado foi uma grande razão, é claro. Os executivos estavam transbordantes de confiança – e de ações valorizadas. É claro que eles tinham de oferecer razões estratégicas plausíveis aos seus acionistas para fazer as empresas passarem por todas as dificuldades de uma fusão. As justificativas mais comuns para a mudança eram a desregulamentação do setor (como ocorreu nas áreas de Telecom e energia), a necessidade de consolidação e de ganhos de produtividade e as oportunidades de expansão nos mercados globais.

No final dos anos 1990, as ações em alta dominavam o mercado e os investidores clamavam por empresas com ações em valorização constante. Uma maneira fácil de conseguir lucros era comprar outras empresas. Uma empresa com um alto índice preço/lucro (P/L) podia facilmente aumentar seus lucros no curto prazo comprando outra que tivesse um baixo índice P/L – mesmo que a compra gerasse um baixo retorno no longo prazo. Ao mesmo tempo, investidores institucionais favoreciam as empresas com grande valorização no mercado acionário, para poderem negociar rapidamente. Assim, os CEOs desesperados começaram a pagar ágios elevados, para conseguir fechar qualquer negócio que aumentasse seus lucros e sua capitalização de mercado.

Ao mesmo tempo, o mercado altista dava aos CEOs uma poderosa moeda para negociar: ações altamente valorizadas. É uma moeda melhor que o dinheiro vivo, já que os CEOs podem mandar imprimir mais papéis praticamente a seu bel-prazer. Mas, em geral, ao pagar com papéis os CEOs entram em negócios mais arriscados. Alguns executivos chegaram a argumentar que a supervalorização das ações era a maneira que o mercado tinha de mandá-los comprar.

É claro que comprar com ações oferece grandes vantagens. Ao contrário do dinheiro emprestado para efetuar uma aquisição, as ações não precisam ser devolvidas. Além disso, reduzem o índice dívida/patrimônio e conservam as reservas de dinheiro vivo. Por outro lado, esse tipo de compra dilui os ganhos dos acionistas – um custo real, embora muito ignorado.

Outro sinal que indicava uma arrogância fatal eram os ágios oferecidos pelos CEOs: uma média de 36% acima do preço de mercado da empresa vendedora uma semana antes da negociação. Pagando um ágio elevado a compradora está fadada a fracassar, a menos que consiga criar uma grande valorização após a aquisição – muito maior do que a reconhecida pelo mercado.

Fonte: trechos extraídos de "Fusões são um bom negócio para quem?". *BusinessWeek*, 21 out. 2002.

NA IMPRENSA

Empresas que compraram demais estão num beco sem saída

Durante a euforia dos anos 1990, Bernard J. Ebbers, da WorldCom, e L. Dennis Kozlowski, da Tyco International, foram os heróis de uma nova estirpe de CEOs de mentalidade expansionista. Ao contrário dos CEOs que entendiam as fusões como elemento complementar ao cerne de seus negócios, essa nova geração via em tais transações a pedra angular da atividade empresarial e a base para a manutenção de inebriantes taxas de crescimento.

Agora, no entanto, muitos desses festejados fazedores de negócios dos anos 1990 estão num beco sem saída. Como Wall Street passou a ver com maus olhos a agressividade da contabilidade e da alavancagem dos processos de aquisição, comilonas ambiciosas, como WorldCom, Tyco e Conseco, perderam o prestígio que tinham junto aos investidores. De acordo com estudo elaborado pela Bridgewater Associates, as 20 empresas mais ativas nos negócios de fusão e aquisição durante os últimos quatro anos estão sendo castigadas por Wall Street. Em 4 de fevereiro de 2002, suas ações acumulavam, em média, perdas de 15% desde o início de 2002, diante do declínio de 5% registrado pelas empresas incluídas no índice de ações Standard & Poor's 500.

Sob a luz cruel do mundo pós-Enron de crescimento moderado, é ainda pior o desempenho das empresas que, além de saírem vorazmente às compras, assumiram pesadas dívidas, confiantes em que as elevadas taxas de crescimento jamais perderiam vigor. Com as práticas contábeis sob intenso escrutínio, Wall Street não está mais disposta a negligenciar o alto endividamento das empresas expansionistas. Motivo: de uma hora para outra, os lucros e os fluxos de caixa ficaram muito menores do que previam os entusiasmados fazedores de negócios, o que deixou as empresas em dificuldades para pagar juros ou abater dívidas. O estudo da Bridgewater observa que, dentre as empresas expansionistas mais arrojadas, as ações das que acumularam maior endividamento para financiar aquisições registravam queda de mais de 20% no ano até 4 de fevereiro.

O mergulho vertical dos preços das ações dessas empresas é, nitidamente, reflexo da aguda aflição que toma conta de Wall Street. O mercado teme que o crescimento dos lucros de muitas das maiores glutonas da década passada talvez não tenha sido tão sólido como a certa altura parecia – e é certo que esse crescimento não poderá manter o mesmo ritmo então alardeado. Os investidores interessam-se agora pela 'qualidade dos lucros'. A dúvida que passa pela cabeça é se empresas viciadas em aquisições não teriam recorrido a expedientes contábeis para inflar os lucros.

Após uma década marcada pelo número recorde de processos de fusão, o colapso abrupto de empresas ambiciosas, como Tyco, WorldCom e Enron, foi como um banho de água fria sobre um mercado de transações que, em função da recessão e da queda das ações, já se encontrava em compasso de espera. Hoje, informam os bancos de investimentos, para fechar uma transação as empresas precisam estar dispostas a desembolsar pagamentos mais vultosos em dinheiro, assumir menos dívidas e evitar estratégias contábeis agressivas como as empregadas pela Enron.

Analistas acreditam que, ao contrário dos anos 1990, quando a moda foi usar fusões para impulsionar o crescimento, a década atual será caracterizada pelo retorno a uma noção mais antiquada de expansão empresarial. As empresas descartarão grande parte das aquisições não lucrativas e centrarão esforços na geração de crescimento interno a partir dos negócios que conhecem melhor. E essa mudança já está em andamento!

O futuro de muitos dos ávidos fazedores de negócios é ainda mais sombrio. Na melhor das hipóteses, terão de se conformar com taxas moderadas de crescimento; na pior, serão obrigados a desfazer-se de parte dos impérios que construíram para pagar o serviço de suas dívidas esmagadoras. O caso da Commerce One, fabricante de softwares para comércio eletrônico entre empresas, é típico. A empresa usou suas valorizadas ações — que chegaram a mais de U$$ 140 no início de 2000 — para financiar cinco aquisições que rapidamente catapultaram as receitas para quase US$ 400 milhões. Hoje, com as ações cotadas a U$$ 2, o CEO Mark B. Hoffman reconhece que os dias do crescimento via aquisições baratas chegaram ao fim.

Outras empresas enfrentam pressões ainda mais intensas. Particularmente vulneráveis são aquelas que gastaram a rodo no tempo de vacas gordas e enfrentam dificuldades para suportar o peso do pagamento de juros e do elevado endividamento, agora que o ritmo do crescimento diminuiu.

E há ainda aquelas empresas cujos problemas derivam de aquisições que não deram certo. Inclui-se neste grupo a Conseco, empresa de serviços financeiros de Indianápolis que, sob o comando do então CEO Steven C. Hilbert, fechou dezenas de negócios durante os anos 1990. O maior deles, a compra da Green Tree Financial Corp., por U$$ 7,6 bilhões, em 1998, não deu bons frutos. Agora, a Conseco enfrenta dificuldades para pagar o serviço de sua dívida.

Ainda é cedo demais para dizer quantas empresas cairão tanto ou tão rápido como as Tycos, WorldComs e Consecos. De todo modo, ao saírem de cena, não restam dúvidas de que os heróis da loucura aquisitiva dos anos 1990 levam consigo seu agora execrado modelo de negócios. Não se compram mais empresas apenas por comprar. Pelo menos não no futuro próximo.

Fonte: trechos extraídos de "Companhias que compraram demais estão num beco sem saída". *BusinessWeek*, 19 fev. 2002.

Para evitar pagar caro demais por uma aquisição, as principais salvaguardas são:

- Dispor da maior quantidade possível de informações confiáveis
- Checar se o potencial de mercado da empresa considerada é realista e factível
- Ter consciência de que novas informações podem influenciar no valor de uma empresa e de que uma avaliação não é eterna. Eventualmente, uma transação pode não ter ocorrido no passado por um valor que não foi aceito pelos vendedores, mas será se, após um ano, a empresa apresentar melhorias em seus resultados que poderiam agora justificar o valor outrora pedido
- Evitar que critérios subjetivos, como vaidade e ambição pelo poder, sejam a principal força motriz de uma aquisição
- Analisar o impacto da empresa-alvo na estratégia da empresa
- Projetar a sinergia com um nível de abertura significativo e se certificar de que esta não foi superavaliada
- Não se impressionar demais com boatos sobre lances feitos por outros interessados na empresa
- Não se esquecer do valor da empresa *as it is*, ou seja, do valor da empresa no cenário-base
- Contar com o apoio de consultores especializados

Pesquisas realizadas nos últimos dez anos pela empresa de consultoria Deloitte Touche Tohmatsu, citadas por Fernandez (2003),[3] demonstram que cerca de 50% das fusões e aquisições mundiais não foram bem-sucedidas e que somente 17% criaram valor de maneira significativa para a empresa adquirente ou para a resultante de uma fusão (veja a Figura 4.2). Eis a comprovação da necessidade de um planejamento minucioso de fusão ou aquisição, que leve em conta desde a definição do valor da empresa a ser adquirida ou fundida até a estrutura da organização pós-fusão. Um exemplo recente de sucesso foi a aquisição da Soma Seguradora pela MetLife Seguros e Previdência Privada no Brasil: as premissas e projeções financeiras da avaliação foram consideradas no orçamento da empresa e a integração das estruturas administrativas foi previamente programada por

FIGURA 4.2 FUSÕES E CRIAÇÃO DE VALOR

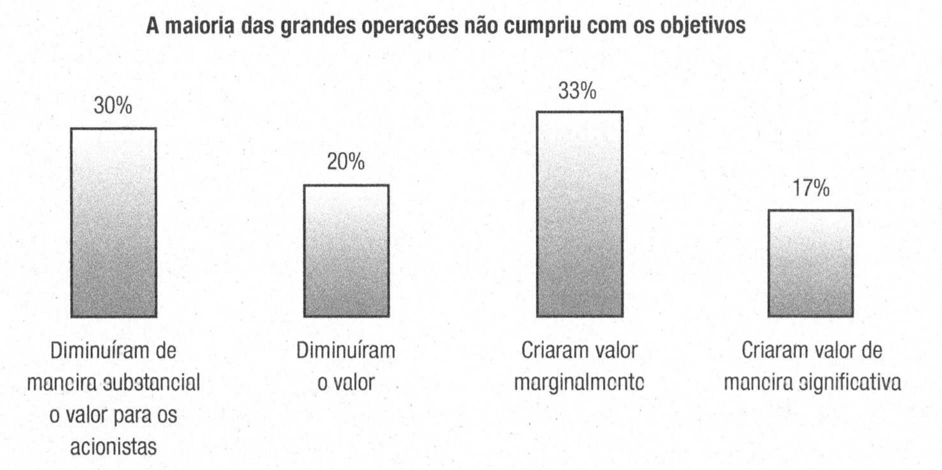

uma equipe multidisciplinar, com o objetivo de manter a continuidade dos negócios e minimizar os conflitos culturais.

Embora muitas aquisições não apresentem resultados positivos, diversos estudos apontam para o fato de que as fusões e aquisições geram bons resultados para os envolvidos e podem também ser muito lucrativas, não só para as empresas vendedoras, mas também para as compradoras. O importante é não se esquecer do pecado capital, ou seja, não pagar caro demais. Na prática, grande parte da sinergia deve ficar com o comprador, que terá o trabalho de gerá-la e deve, em condições normais, ser seu principal beneficiário.

Além da sinergia, a aquisição pode ser vantajosa para o comprador que encontra um alvo subavaliado. Isso pode ocorrer quando a *empresa-alvo é gerida de maneira ineficiente* e o comprador tem capacidade e *know-how* para torná-la eficiente. Também acontece de os consultores do vendedor, por desconhecimento mercadológico, chegarem a um valor inferior ao de mercado (na prática, é mais comum o inverso). Em 99% desses casos, o valor considerado seria corrigido pela existência de diversas ofertas de compra, algumas com valores elevados. Como o mercado tem a sua eficiência, é raro encontrar um negócio seriamente subavaliado. Assim, se achar o preço de compra da empresa-alvo muito baixo, desconfie e analise-a com mais profundidade. Pode haver alguma situação concreta e desconhecida que desvaloriza a empresa — por exemplo, responsabilidades inerentes a um processo judicial em curso, volume grande de clientes de cobrança duvidosa e perda iminente de um cliente ou mercado importante.

FUSÕES E AQUISIÇÕES

Normalmente, uma fusão ou aquisição tem como principal finalidade resolver deficiências ou carências em termos mercadológicos, tecnológicos ou de talentos para a gestão do negócio.

As principais vantagens e motivos da ocorrência desse tipo de transação são:

- Ganhos com economia de escala e outras formas de sinergia
- Viabilização da expansão em prazo mais curto, redução do custo da expansão e diminuição dos prazos de implantação e dos riscos de uma nova linha de produtos.
- Redução dos riscos inerentes ao desenvolvimento interno de novos projetos ou produtos ou à montagem de estabelecimentos próprios em novos segmentos de mercado. Em vez de construir uma fábrica, comprar máquinas, desenvolver produtos e correr atrás dos clientes, compra-se uma empresa em pleno funcionamento
- Obtenção de patente ou licença para fabricar ou comercializar um novo produto
- Aumento do poder de mercado diante de clientes, distribuidores e fornecedores
- Remoção de um concorrente potencial
- Remoção de barreiras à entrada em novos mercados
- Garantia de novos canais de distribuição e utilização de bases já instaladas
- Entrada em novos mercados e novas indústrias — é a forma mais rápida de ingressar em novos mercados e indústrias; pode proporcionar o tamanho ideal para o novo entrante, assim como agilizar a expansão geográfica, por meio de marcas regionais e capacidade de produção local
- Remoção de administradores ineficientes
- Utilização de fundos em excesso, de um lado, e levantamento de fundos, de outro
- Obtenção de vantagens fiscais
- Internalização das funções — em caso de transações verticais, proporciona redução dos custos de transação
- Diversificação do risco — várias empresas juntas, em setores ou mercados diferentes, reduzem o risco do grupo e a volatilidade das receitas.

Existem diversas razões para as transações de fusão e aquisição, apresentadas na Tabela 4.4.

EFICIÊNCIA DAS EMPRESAS E A SINERGIA

A teoria de eficiência, que leva em conta a sinergia, é a que mais merece a atenção dos pesquisadores. Assim, este capítulo relaciona os possíveis benefícios decorrentes da sinergia e o aumento do valor das empresas em função do aproveitamento dessa sinergia.

TABELA 4.4 RAZÕES PARA A OCORRÊNCIA DE FUSÃO E AQUISIÇÃO

Teoria	Características
Eficiência	A fusão é um modo de melhorar o desempenho da administração ou obter algum ganho sinérgico.
Informação e sinalização	A fusão informa ao mercado e à administração que a empresa está subavaliada.
Poder de mercado	A fusão aumenta a participação de mercado da empresa.
Vantagens fiscais	A empresa pode, por meio da aquisição, beneficiar-se de créditos fiscais.
Status e vaidade	A compra é ocasião de festejar o próprio sucesso.
Comissionamento de executivos	Alguns executivos ganham prêmios e promoções quando a transação é concluída.

As fusões e aquisições são maneiras de melhorar o desempenho da administração ou de alcançar algum tipo de sinergia, aumentando, assim, a eficiência da economia como um todo. Acredita-se que, quando uma empresa eficiente adquire outra não tão eficiente, essa eficiência é passada de uma para outra, o que aumenta o nível de eficiência da empresa comprada. E, quando uma empresa possui certa eficiência em determinado aspecto e é adquirida, pode aumentar o nível de eficiência da empresa compradora.

Geralmente, as fontes de sinergia são maiores nas transações horizontais, ou seja, naquelas que envolvem empresas do mesmo setor. Isso porque a similaridade das tarefas, dos procedimentos e das normas é muito grande e os departamentos exercem funções bastante semelhantes, o que faz que existam enormes possibilidades de redução de despesas. As principais fontes de sinergia entre empresas são:

- Aumento de receitas
- Redução de custos e despesas
- Benefícios fiscais
- Redução do custo de capital

Sinergia decorrente do aumento de receitas

Essa fonte de sinergia se refere à possibilidade de a soma das receitas da empresa combinada ser maior do que as receitas das empresas separadas. O aumento das receitas pode estar ligado a fatores como:

- Maior poder de mercado

- Complementaridade do mix de produtos e da tecnologia
- Aperfeiçoamento da rede de distribuição
- Melhoria da linha de produtos, se esta era desequilibrada
- Ganho de uma marca e exploração de outras tratadas até então com deficiência
- Melhor posicionamento dos produtos
- Aperfeiçoamento da propaganda
- Benefícios estratégicos

Sinergia decorrente da redução de custos e despesas

Essa fonte de sinergia se refere à possibilidade de a empresa conjugada poder operar de maneira mais eficiente do que as duas empresas separadamente. Pode-se conseguir um aumento de eficiência operacional de várias maneiras diferentes, em razão de fatores como:

- *Economias de escala.* Podem ser oriundas de um maior porte, de mais poder de negociação e barganha, da diluição dos custos fixos por uma produção e um faturamento maiores, da incorporação de novas tecnologias e de melhorias no processo de produção (menores custos de produção por unidade decorrentes da existência de maiores lotes de produção). A economia deriva do compartilhamento de serviços centralizados como gestão administrativa, marketing, controladoria, tesouraria, produção, pesquisa e desenvolvimento de produtos, transportes, recursos humanos e alta administração.
- *Economias de integração vertical.* Simplificam a administração da integração operacional entre os elos da cadeia produtiva, reduzindo os custos de transação. Podem ser para trás, com a aquisição de fornecedores, ou para a frente, com a aquisição de clientes (normalmente distribuidores ou varejistas).
- *Utilização de recursos complementares.* Permite a redução de custos quando se aproveita o que há de melhor em cada empresa. Assim, de uma empresa pode ficar o presidente e, de outra, determinado departamento; de uma pode-se aproveitar uma inovação de produto e, de outra, a escala de produção e distribuição.
- *Transferência de tecnologia entre empresas.* Agiliza a fabricação dos produtos e reduz os custos, aumentando a produtividade das empresas envolvidas.

Um artigo assinado por Matias e Pasin (2001)[4] examinou a redução do custo dos produtos vendidos (CPV) de 25 empresas brasileiras que passaram por processos de fusão e aquisição entre 1995 e 1999. O estudo indicou que 66,7% dessa amostra apresentou redução no índice CPV/receita líquida (RL). Algumas empresas apresentaram reduções de até 24%. A média de redução foi de 4%. Quanto ao índice DA/RL (despesas administrativas/receita líquida), 72% das empresas da amostra apresentaram resultados positivos, ou seja, obtiveram ganhos decorrentes de melhor gestão e maior eficiência, reduzindo suas despesas administrativas. Algumas apresentaram reduções de até 65,5%. A média de redução foi de 22,4%.

Como era de esperar, as reduções das despesas administrativas foram muito maiores percentualmente do que as do custo dos produtos. Entretanto, este último é mais significativo e mais difícil de ser reduzido, pois é composto de uma grande parcela de custos variáveis fornecidos por terceiros.

Sinergia decorrente de benefícios fiscais

Os ganhos fiscais ocorrem quando a empresa combinada se beneficia com a redução dos impostos pagos. Esses ganhos podem ocorrer pelo uso de prejuízos fiscais e deferimento de pagamento de imposto de renda e por um possível melhor planejamento fiscal/tributário, que pode ocorrer com o retardo ou o impedimento do fato gerador do imposto.

O melhor planejamento fiscal e tributário está ligado a uma análise completa da situação da empresa adquirida. Muitas vezes, ela apresenta créditos fiscais e tributários ocultos dos quais nem tem conhecimento e que são descobertos em diligências e auditorias realizadas por assessores e empresas de consultoria contratados pelos adquirentes.

Sinergia decorrente da redução do custo de capital

O custo de capital da empresa conjugada pode ser menor que o das empresas separadas, o que diminui as despesas financeiras. Tal diminuição depende da percepção de um menor nível de risco das empresas, que crescem e passam a ser consideradas bem-sucedidas. Também pode advir da mudança do perfil do endividamento delas. No entanto, esse benefício dificilmente aparece no primeiro ano, quando os empréstimos, em geral, já estão contratados com prazos e taxas definidos.

Uma nota sobre o processo de integração

Conforme descrito por Key (1995),[5] os ganhos sinérgicos podem demorar para aparecer se a reestruturação das empresas levar tempo para ser concluída, e eles podem nem ocorrer se a reestruturação não visar à integração dos departamentos, à eliminação das tarefas redundantes e ao corte do pessoal em excesso. Se a reestruturação não for feita de maneira rápida e eficiente, além de a sinergia não aparecer, as empresas arcarão com os custos adicionais da integração ineficiente, ou seja, com o ônus da administração de duas estruturas separadas e conflitantes, o que aumentará os custos administrativos, resultando em índices de rentabilidade ruins ou em prejuízos.

O processo de reorganização das empresas que fazem fusões ou aquisições é um aspecto fundamental para o sucesso da empresa conjugada. Quanto mais rápida for a integração das empresas, mais rapidamente aparecerá a sinergia.

Os principais desafios do processo de integração de empresas e do pós-fusão são:

- Manter a continuidade normal dos negócios e das atividades
- Integrar culturas organizacionais diferentes
- Conseguir a adesão dos funcionários e dos executivos aos novos programas e processos e reter os executivos mais importantes
- Manter a concentração dos funcionários em suas responsabilidades, e não na F&A.
- Manter os funcionários informados sobre as mudanças que ocorrerão
- Integrar os benefícios e as políticas de remuneração

Esses desafios a serem superados podem se tornar grandes problemas para a integração das empresas. Podem ainda representar a principal causa da não concretização da sinergia esperada e do fracasso da transação.

É preciso um diagnóstico da cultura e das estruturas administrativas das empresas envolvidas para fazer um prognóstico sobre a possibilidade de sucesso delas e determinar o valor da sinergia que será gerada. Geralmente, empresas com culturas organizacionais muito díspares terão grandes problemas após a 'lua de mel', enquanto empresas mais semelhantes poderão ter um casamento harmonioso de comunhão de bens para todo o sempre.

NOTAS

1 João Carvalho das Neves. *Avaliação de empresas: da oferta e negociação do preço de aquisição com criação de valor, provas de agregação*. Lisboa: Iseg — Universidade Técnica de Lisboa, 1997.

2 Kenneth R. Ferris; Bárbara S. P. Petitt. *Valuation: avoiding the winner's curse*. New Jersey: Prentice Hall, 2002.

3 Marcelo Lorenzo-Fernandez. *Fusões, aquisições e venda: inferno ou paraíso*. Pesquisa da Deloitte Touche Tohmatsu, 2003.

4 Alberto Borges Matias; Rodrigo Maimone Pasin. "A geração de sinergias e seus impactos na rentabilidade das empresas nos casos de fusões e aquisições". *RAUSP (Revista de Administração da USP)*, v. 36, n. 1, mar. 2001.

5 Stephen L. Key. *Guia da Ernst & Young para administração de fusões e aquisições*. São Paulo: Record, 1995.

CAPÍTULO 5

INFLAÇÃO, CÂMBIO E VALOR

A avaliação pelo método do fluxo de caixa descontado pode ser feita com base na projeção de fluxos de caixa em moeda nominal ou em moeda real. A projeção em moeda real estima os valores de receitas, custos e despesas considerando que não haverá inflação. A premissa implícita nesse tipo de projeção é que o aumento de custos e despesas decorrente da inflação será repassado aos preços. Entretanto, o timing desses repasses pode chegar a um ano, comprometendo todo o resultado do trabalho no período. Basta lembrar os altos índices de inflação observados no final de 2002: quem fixou os preços por um ano em setembro de 2002 teve de arcar com uma inflação de quase 25% até setembro de 2003, sem poder aumentar os preços.

Os efeitos da inflação podem ser de difícil entendimento, mas são responsáveis por parte significativa do resultado e do valor de muitas empresas. Essa dificuldade de compreensão tem levado a avaliações inconsistentes de empresas, aprovações e rejeições infundadas de projetos de investimento e erros de gestão no dia a dia empresarial. Explica também por que tantas pessoas não entenderam integralmente os ganhos e as perdas de muitos após a forte e duradoura redução da inflação que se seguiu ao Plano Real. A inflação não acabou, ela apenas deixou de ser considerada de maneira explícita na maior parte das análises, e indevidamente, como mostraremos adiante.

Este capítulo mostra as formas de considerar a inflação nos resultados das empresas e os impactos causados quando ela não é considerada. A proibição da correção monetária dos balanços das empresas desde 1995 e suas consequências no valor dessas empresas, assim como o dimensionamento do capital de giro sob inflação, o ritmo dos reajustes de preços, a defasagem no reconhecimento da inflação, o custo de capital em ambientes inflacionários e as formas de considerar a variação cambial no valor das empresas, também serão discutidos para um amplo entendimento do assunto.

INFLAÇÃO NEUTRA

A forma mais simples de tratamento da inflação é considerá-la neutra e, portanto, irrelevante. O princípio é simples: se a inflação i_{nfl} atinge todos os preços por igual, o fluxo de caixa incorpora um fator $(1 + i_{nfl})$ e a taxa nominal de desconto incorpora o mesmo fator. Isso faz uma coisa anular a outra. É como se não houvesse inflação. O Quadro 5.1 expressa essa relação algebricamente.

Como vemos, utilizar fluxo de caixa e taxa de desconto nominais é o mesmo que usar fluxo e taxa de desconto reais. Afinal de contas, a inflação está presente tanto no fluxo quanto na taxa.

Enquanto a inflação atinge tudo por igual, ela não tem nenhum efeito, é neutra. O pressuposto é que, seja alta ou baixa, seus efeitos sobre o fluxo de caixa e sobre a taxa

QUADRO 5.1

INDIFERENÇA ENTRE USAR MOEDA E TAXAS NOMINAIS OU REAIS

Se o fluxo de caixa real é: $FC_1, FC_2, ..., FC_n$.

Então o fluxo de caixa nominal é: $FC_1 (1 + i_{nfl})^1, FC_2 (1 + i_{nfl})^2, ..., FC_n (1 + i_{nfl})^n$.

Uma taxa nominal pode ser decomposta em inflação e taxa real: $(1 + i_{nom}) = (1 + i_{nfl})(1 + i_{real})$.

Utilizando tanto fluxo como taxas nominais, o valor presente é:

$$VP = \frac{FC_1 (1 + i_{nfl})^1}{(1 + i_{nfl})^1 (1 + i_{real})^1} + \frac{FC_2 (1 + i_{nfl})^2}{(1 + i_{nfl})^2 (1 + i_{real})^2} + ... + \frac{FC_n (1 + i_{nfl})^n}{(1 + i_{nfl})^n (1 + i_{real})^n}.$$

Portanto:

$$VP = \frac{FC_1}{(1 + i_{real})^1} + \frac{FC_2}{(1 + i_{real})^2} + ... + \frac{FC_n}{(1 + i_{real})^n}.$$

serão idênticos. Mesmo que a economia sofra desequilíbrios momentâneos, a empresa saberá reagir para manter-se à tona, e as forças relativas na cadeia de valor lhe permitirão restaurar sua margem e, portanto, seu fluxo de caixa. Entretanto, há uma série de situações em que a inflação não pode ser considerada neutra. Este capítulo trata das mais importantes, revelando a ingenuidade desse princípio.

A maior parte dos analistas responsáveis pelo cálculo do valor das empresas projeta o fluxo de caixa diretamente em moeda real, por razões como:

- É mais simples, com ganhos para o custo da projeção e sua comunicação a terceiros. Além disso, a maior simplicidade da projeção em moeda real provavelmente acarretará menos erros operacionais.
- Expressa com maior precisão os fenômenos microeconômicos, como aumentos reais de preços e volumes, que podem ser visualmente percebidos. Com isso, o analista terá melhor visão de conjunto dos fenômenos econômicos da empresa.
- Favorece a explicitação dos efeitos da inflação, que podem ser facilmente percebidos pelo cálculo dos ajustes para níveis diferentes.
- Em situações de inflação elevada, torna mais fácil perceber quando a atual política de precificação, tanto da empresa quanto de seus fornecedores, torna-se absurda pela força de seu efeito e será fatalmente substituída. Assim, são evitadas análises de sensibilidade em relação à inflação que geram conclusões pouco realistas.

A projeção diretamente em moeda real é a abordagem aqui encampada. Para que ela seja possível, entretanto, há de se considerar de maneira explícita os efeitos da inflação, o que é feito por meio dos ajustes aqui apresentados. Esses ajustes são suficientemente precisos para as aplicações normais, e a periodicidade anual dos exemplos a seguir pode ter de ser encurtada diante de uma inflação elevada ou instável. Embora tais ajustes sejam pouco conhecidos e praticados pelos avaliadores de empresas, sua ausência pode gerar importantes distorções no cálculo do valor delas, causando prejuízos para compradores ou vendedores.

De como era a correção monetária de balanços pela Lei Societária, de por que foi abolida e das graves consequências do ato

Era uma vez uma terra aterrorizada por um implacável dragão que, voraz, lhe consumia os recursos e, indestrutível, desafiava os mais valentes e bem preparados. Era uma vez um regime de elevada inflação, que às vezes crescia, outras vezes se estabilizava em patamares da ordem de 10%, 20% e até 40% mensais e outras vezes ainda cedia diante de traumáticos planos econômicos de eficácia apenas temporária. Esse período durou uma geração, que teve tempo para desenvolver uma série de técnicas para conviver com o problema. Uma delas foi a correção monetária de balanços pela Lei Societária.

Até o momento, essa técnica é uma das mais eficientes para conhecer, reconhecer e administrar os impactos da inflação.

Conhecer como a correção monetária de balanços funciona é importante para compreender o impacto da inflação sobre o valor das empresas. Vamos considerar o balanço do Quadro 5.2 e uma inflação de 20% a.a. (suficientemente baixa para ser razoável e elevada o bastante para ser relevante).

Fica claro que, para que os sócios da empresa não ganhem nem percam dinheiro, o patrimônio líquido no final do ano deve ficar acima de \$ 26.400 [= \$ 22.000 × (1 + 0,20)], ou seja, a empresa deve ter um lucro de \$ 4.400 [\$ 26.400 – \$ 22.000]. Como o lucro somente começa a ser contado a partir dos \$ 4.400, esse valor é uma despesa com a correção monetária do patrimônio líquido. A contrapartida contábil dessa despesa é um aumento de igual valor no patrimônio líquido.

Uma parte dessa necessidade de valorização é fornecida de maneira automática pelo ativo permanente, que supostamente sofre uma valorização equivalente à da inflação. A Tabela 5.1 mostra o valor dos componentes do imobilizado no início e no final do ano. É importante observar que o mesmo tratamento é dado ao patrimônio líquido.

O resultado da correção monetária é de \$ 1.200 negativos, fruto de uma receita de \$ 3.200 e de uma despesa de \$ 4.400. A empresa deverá ter um 'lucro' de pelo menos \$ 1.200 apenas para manter seu valor patrimonial.

Longe de ser apenas um devaneio contábil, o resultado da correção monetária reflete a perda da empresa por ter de manter um saldo positivo de ativos monetários líquidos.

QUADRO 5.2

EXEMPLO: BALANÇO PATRIMONIAL INICIAL

Balanço patrimonial inicial			
Disponível	1.000	Fornecedores	2.000
Clientes	7.000	Pessoal	2.000
Estoque	6.000	Tributos	1.000
Ativo circulante	**14.000**	**Passivo operacional**	**5.000**
Veículos	3.000	Empréstimos	3.000
Máquinas	17.000	**Exigível financeiro**	**3.000**
Edificações	4.000		
Terreno	2.000	PL anterior	22.000
Depr. acumulada	(10.000)	Lucro do exercício	0
Ativo permanente	**16.000**	**Patrimônio líquido**	**22.000**
Ativo total	**30.000**	**Passivo total**	**30.000**

TABELA 5.1 EXEMPLO: RESULTADO DA CORREÇÃO MONETÁRIA COMO ATUALIZAÇÃO DE ATIVOS NÃO MONETÁRIOS

Componente	A preços do início do ano	A preços do final do ano	Resultado da correção monetária
Veículos	3.000	3.600	600
Máquinas	17.000	20.400	3.400
Edificações	4.000	4.800	800
Terreno	2.000	2.400	400
Depreciação acumulada	(10.000)	(12.000)	(2.000)
Imobilizado	**16.000**	**19.200**	**3.200**
Patrimônio líquido	**22.000**	**26.400**	(4.400)
Resultado da correção monetária (líquido)			(1.200)

Para comprovar isso, basta fazer o seguinte experimento: guarde $ 1.000 em um envelope e conte-os após um ano. Você verá que os $ 1.000 valerão menos dinheiro! Os $ 1.000 mantidos em caixa são corroídos pela inflação, e isso deve ser reconhecido. O valor mantido em contas a receber e o estoque também o são. Coerentemente, o exigível também o é, mas com sinal trocado.

A Tabela 5.2 mostra as perdas e os ganhos inflacionários sobre os vários componentes do ativo e do passivo monetários. Se os $ 1.000 do disponível forem aplicados,

TABELA 5.2 EXEMPLO: RESULTADO DA CORREÇÃO MONETÁRIA COMO PERDA OU GANHO INFLACIONÁRIO

Componente	A preços do início do ano	A preços do final do ano	Resultado da correção monetária
Disponível	1.000	1.200	(200)
Clientes	7.000	8.400	(1.400)
Estoque	6.000	7.200	(1.200)
Ativo monetário	**14.000**	**16.800**	**(2.800)**
Fornecedores	2.000	2.400	400
Pessoal	2.000	2.400	400
Tributos	1.000	1.200	200
Empréstimos	3.000	3.600	600
Passivo monetário	**8.000**	**9.600**	**1.600**
Resultado da correção monetária (líquido)			(1.200)

haverá no final \$ 1.200. Se não forem, haverá a perda de \$ 200 [= \$ 1.200 – \$ 1.000]. Esse valor está em moeda do final do ano.

Um exemplo mais completo é o dos empréstimos: o principal de \$ 3.000 paga uma taxa de juros de 30% a.a., o que gera uma despesa financeira de \$ 900 [= \$ 3.000 × 0,30]. Entretanto, a inflação de 20% a.a. faz que parte dessa despesa sirva apenas para manter o valor atualizado da dívida. Os juros reais, que efetivamente oneram a empresa, são de \$ 300 [= \$ 3.000 × 0,30 – \$ 3.000 × 0,20]. A correção monetária do balanço reconhece isso ao lançar uma despesa de juros de \$ 900 [= \$ 3.000 × 0,30] e uma receita de correção monetária de \$ 600 [= \$ 3.000 × 0,20].

O quadro completo mostra que tanto o ativo permanente quanto o patrimônio líquido são atualizados monetariamente e que o saldo da correção monetária é lançado como resultado. Os demonstrativos do Quadro 5.3 apresentam o balanço patrimonial no início e no final do ano, bem como os demonstrativos de resultado e de fluxo de caixa direto do exercício. É importante notar que a depreciação é calculada sobre os valores já corrigidos.

No exemplo, o lucro, sem contar a correção monetária, é de fictícios \$ 1.100. Após contar o efeito da inflação, chega-se a um prejuízo de \$ 100 — esse valor, sim, é a expressão da realidade econômica da empresa.

Esse era o método contábil utilizado no Brasil até 1995 para calcular o imposto de renda. Entretanto, a correção monetária de balanço fazia o empresário lembrar a existência da inflação, o que não era interessante para o Plano Real. Uma das técnicas consistia em apagar a memória inflacionária, fazendo as pessoas se esquecerem da inflação e abandonarem as técnicas para administrá-la. Chegaram a proibir a publicação de balanços com correção monetária. Na época, parte da imprensa reclamava, dizendo que os empresários tinham direito à correção monetária de seus balanços, enquanto os trabalhadores não podiam corrigir seu salário.

O efeito colateral é, por um lado, a perda do referencial do resultado, uma vez que algumas empresas mais frágeis estão efetivamente ignorando a inflação, e, por outro, um impacto sobre o imposto de renda, que passou a ser pago sobre um lucro economicamente inexistente. Para empresas com um permanente menor do que o patrimônio líquido, a perda com tributos pode ser expressiva, já que elas pagam por um lucro inexistente!

A Tabela 5.3 mostra a perda, expressa como porcentagem do patrimônio líquido, para empresas com várias relações entre o patrimônio líquido e o permanente, para diversas taxas de inflação. Os sinais negativos indicam perdas com excesso de tributação, às quais deve ser aplicada a alíquota média da empresa.

Vamos tomar como exemplo uma empresa sujeita a uma inflação anual de 20%, cujo patrimônio líquido equivale ao dobro do ativo permanente. Ela terá de calcular

QUADRO 5.3

EXEMPLO: DEMONSTRATIVOS FINANCEIROS COM EFEITOS INFLACIONÁRIOS

Balanço patrimonial inicial			
Disponível	1.000	Fornecedores	2.000
Clientes	7.000	Pessoal	2.000
Estoque	6.000	Tributos	1.000
Ativo circulante	**14.000**	**Passivo operacional**	**5.000**
Veículos	3.000	Empréstimos	3.000
Máquinas	17.000	**Exigível financeiro**	**3.000**
Edificações	5.000		
Terreno	1.000	PL anterior	22.000
Depr. acumulada	(10.000)	Lucro do exercício	0
Ativo permanente	**16.000**	**Patrimônio líquido**	**22.000**
Ativo total	**30.000**	**Passivo total**	**30.000**

Resultado do exercício	
Receita bruta	**40.000**
Tributos s/ receita	(8.000)
Custo	(22.000)
Despesas	(5.000)
Depreciação	(3.000)
Juros s/ empréstimos	(900)
Resultado antes da CM	**1.100**
Receita de CM	3.200
Despesa de CM	(4.400)
Resultado de CM	**(1.200)**
Lucro líquido	**(100)**

Balanço patrimonial final			
Disponível	6.000	Fornecedores	1.000
Clientes	9.000	Pessoal	5.000
Estoque	7.000	Tributos	2.300
Ativo circulante	**22.000**	**Passivo operacional**	**8.300**
Veículos	3.600	Empréstimos	3.600
Máquinas	20.400	Exigível financeiro	3.600
Edificações	6.000		
Terreno	1.200	PL anterior	26.400
Depr. acumulada	(15.000)	Lucro do exercício	(100)
Ativo permanente	**16.200**	**Patrimônio líquido**	**26.300**
Ativo total	**38.200**	**Passivo total**	**38.200**

Fluxo de caixa direto	
Recebimentos à vista	8.000
Recebimentos a prazo	30.000
Entradas de caixa	**38.000**
Tributos s/ receita	(6.700)
Fornecedores	(13.000)
Pessoal	(8.000)
Despesas	(5.000)
Juros s/ empréstimos	(300)
Saídas de caixa	**(33.000)**
Fluxo de caixa	**5.000**

um lucro real superior ao que efetivamente auferiu. O excesso de lucro oferecido ao fisco é equivalente a 10% de seu patrimônio líquido. Se sua alíquota de tributos sobre a renda for de 34%, seu prejuízo será de 3,4% do patrimônio líquido. Nada que possa ser desprezado!

TABELA 5.3 O IMPACTO DA AUSÊNCIA DA CORREÇÃO MONETÁRIA DE BALANÇOS SOBRE O IMPOSTO DE RENDA DEVIDO

Taxa de inflação	Relação patrimônio líquido/ativo permanente							
	0,1	0,5	1,0	1,5	2,0	3,0	4,0	5,0
1%	9%	1%	0%	− 0%	− 1%	− 1%	− 1%	− 1%
5%	45%	5%	0%	− 2%	− 3%	− 3%	− 4%	− 4%
10%	90%	10%	0%	− 3%	− 5%	− 7%	− 8%	− 8%
20%	180%	20%	0%	− 7%	− 10%	− 13%	− 15%	− 16%
40%	360%	40%	0%	− 13%	− 20%	− 27%	− 30%	− 32%
60%	540%	60%	0%	− 20%	− 30%	− 40%	− 45%	− 48%
80%	720%	80%	0%	− 27%	− 40%	− 53%	− 60%	− 64%
100%	900%	100%	0%	− 33%	− 50%	− 67%	− 75%	− 80%

A NÃO CORREÇÃO DA DEPRECIAÇÃO

A não correção monetária dos balanços faz a inflação gerar outro efeito sobre o fluxo de caixa livre: o impacto tributário sobre uma depreciação não atualizada. Segundo a atual legislação tributária brasileira, a depreciação permanece com seu valor nominal, apesar de o valor bruto do bem depreciado tender a acompanhar a inflação.

Por exemplo, um parque fabril originalmente avaliado em $ 5 milhões está sendo depreciado em dez anos, com uma depreciação anual de $ 0,5 milhão. Se após cinco anos e uma inflação acumulada de 60% o valor de um ativo novo equivalente fosse de $ 8 milhões, a depreciação anual deveria estar em $ 0,8 milhão; entretanto, a legislação fiscal a mantém no $ 0,5 milhão original.

Em termos reais, é como se a depreciação tivesse sido reduzida em um terço. A depreciação em si não é utilizada na avaliação de uma empresa, pois recebe sinal negativo quando do cálculo do lucro e sinal positivo ao passar para o fluxo de caixa, anulando-se. Entretanto, reconhecida pelo fisco como custo ou despesa, torna-se relevante. A Tabela 5.4 mostra um exemplo de projeção de fluxo de caixa em moeda corrente, em que tanto as entradas como as saídas de caixa ocorrerão a preços reajustados por uma inflação de 10% a.a.

O valor da empresa é calculado em $ 2,446 milhões. Devem ser feitas algumas considerações:

- A depreciação é o único valor que permanece, por força das disposições fiscais, nos preços históricos. Em cinco anos, o total depreciado é de $ 2,5 milhões.

TABELA 5.4 PROJEÇÃO DE FLUXO DE CAIXA EM MOEDA CORRENTE — R$ MIL

Fluxo de caixa em moeda corrente		Ano-base	Ano 1	Ano 2	Ano 3	Ano 4	Ano 5
Receita		**10.000**	**11.000**	**12.100**	**13.310**	**14.641**	**16.105**
Custos (ex-depreciação)		(5.000)	(5.500)	(6.050)	(6.655)	(7.321)	(8.053)
Despesas (ex-depreciação)		(4.000)	(4.400)	(4.840)	(5.324)	(5.856)	(6.442)
Depreciação		(500)	(500)	(500)	(500)	(500)	(500)
Lucro antes do IR		**500**	**600**	**710**	**831**	**964**	**1.111**
IR	34%	(170)	(204)	(241)	(283)	(328)	(378)
Lucro líquido		**330**	**396**	**469**	**548**	**636**	**733**
Depreciação		500	500	500	500	500	500
Imobilizações		0	0	0	0	0	(4.026)
Fluxo de caixa livre		**830**	**896**	**969**	**1.048**	**1.136**	(2.793)
Valor residual							3.180
FCL + VR		**830**	**896**	**969**	**1.048**	**1.136**	**387**
Valor da empresa		**2.446**					

- As máquinas depreciadas são repostas ou reformadas ao final do ano 5. O valor das máquinas corresponde à metade do valor da planta original, acrescida a inflação dos cinco anos. Ou seja, corresponde a $ 4,026 milhões [= $ 2.500 × (1 + 0,10) ^ 5].
- O valor residual, de $ 3,18 milhões, por enquanto é dado.
- O valor da empresa é calculado com uma taxa nominal de 25,4% a.a., obtida a partir da inflação de 10% a.a. e de uma taxa real de 14% a.a. [= (1 + 0,10) × (1 + 0,14) – 1].

O mesmo fluxo de caixa pode ser expresso em moeda constante, como na Tabela 5.5. Para tal, duas abordagens podem ser usadas, levando exatamente ao mesmo resultado. Na primeira abordagem, se o fluxo de caixa foi calculado em moeda corrente, basta trazer cada um de seus componentes aos preços atuais, utilizando, para isso, a taxa de inflação. Vamos tomar como exemplo o imposto de renda do ano 4 da Tabela 5.4: $ 328.000 trazidos aos preços atuais quatro vezes por uma inflação de 10% a.a. resultam em $ 224.028 [= $ 328.000/(1 + 0,10) ^ 4].

A segunda abordagem, muito mais usual, consiste em escrever o fluxo de caixa diretamente em moeda constante. Nesse caso, expresso na Tabela 5.5, as projeções são consideradas válidas para qualquer inflação, subentendendo-se que tanto os preços quanto os custos a acompanharão e, portanto, manterão seus valores reais. Apenas a

TABELA 5.5 PROJEÇÃO DE FLUXO DE CAIXA EM MOEDA CONSTANTE — R$ MIL

Fluxo de caixa em moeda constante		Ano-base	Ano 1	Ano 2	Ano 3	Ano 4	Ano 5
Receita		**10.000**	**10.000**	**10.000**	**10.000**	**10.000**	**10.000**
Custos (ex-depreciação)		(5.000)	(5.000)	(5.000)	(5.000)	(5.000)	(5.000)
Fluxo de caixa em moeda constante		**Ano-base**	**Ano 1**	**Ano 2**	**Ano 3**	**Ano 4**	**Ano 5**
Despesas (ex-depreciação)		(4.000)	(4.000)	(4.000)	(4.000)	(4.000)	(4.000)
Depreciação		(500)	(455)	(413)	(376)	(342)	(310)
Lucro antes do IR		**500**	**545**	**587**	**624**	**658**	**690**
IR	34%	(170)	(185)	(200)	(212)	(224)	(234)
Lucro líquido		**330**	**360**	**387**	**412**	**435**	**455**
Depreciação		500	455	413	376	342	310
Imobilizações		0	0	0	0	0	(2.500)
Fluxo de caixa livre		**830**	**815**	**800**	**788**	**776**	**(1.734)**
Valor residual							1.975
FCL + VR		**830**	**815**	**800**	**788**	**776**	**240**
Valor da empresa		**2.446**					

depreciação deve ser ajustada, pois seu valor real cai com o tempo. Vamos tomar como exemplo o ano 3 da Tabela 5.5: $ 500.000 trazidos aos preços atuais três vezes por uma inflação de 10% a.a. resultam em $ 375.657 [= $ 500.000/(1 + 0,10) ^ 3].

Nesse caso, como a moeda é real, o custo de capital também deve ser. O valor da empresa, calculado com uma taxa de 14%, é o mesmo encontrado anteriormente. Essa identidade é obrigatória. Se não ocorre, há um erro de contas em algum lugar.

O valor residual foi calculado pela perpetuidade, como mostra a Tabela 5.6. O lucro perpétuo considerado é o médio dos últimos três anos, assim como a depreciação (em moeda real). O investimento médio anual em imobilizado é calculado segundo critérios da engenharia. O exemplo considera que, a cada cinco anos, há necessidade de substituições e reformas no valor de metade das máquinas, ou seja, que sua vida útil média é de dez anos. Essas considerações oferecem um fluxo de caixa livre anual médio de $ 276.000 [= ($ 412.000 + $ 435.000 + $ 455.000)/3 + ($ 376.000 + $ 342.000 + $ 310.000)/3 – $ 2.500.000/5] e um valor residual de $ 1.975.000 [= $ 276.000/0,14].

Um erro típico consiste em projetar todos os valores em moeda constante e esquecer que a inflação reduz o valor real da depreciação e, portanto, aumenta artificialmente

TABELA 5.6 VALOR RESIDUAL CALCULADO PELA PERPETUIDADE

Cálculo do valor residual	Média dos três últimos anos
Lucro líquido	**434**
Depreciação	343
Imobilizações	(500)
Fluxo de caixa livre	**276**
Valor residual	1.975

o imposto de renda. Quando o analista projeta a depreciação fixa também em moeda constante, reduz o imposto de renda e dá uma ideia falsamente otimista do valor da empresa. A Tabela 5.7 mostra um exemplo de mistura entre moeda corrente e constante e o consequente erro.

Como o imposto de renda é menor do que o real, o valor da empresa foi calculado em $ 2.775.000. Um erro de 13% em relação ao seu valor real, o que pode ser corrigido com um simples ajuste.

TABELA 5.7 EXEMPLO DE ERRO MISTURANDO MOEDA CONSTANTE E MOEDA CORRENTE — R$ MIL

Fluxo de caixa em moeda corrente		Ano-base	Ano 1	Ano 2	Ano 3	Ano 4	Ano 5
Receita		**10.000**	**10.000**	**10.000**	**10.000**	**10.000**	**10.000**
Custos (ex-depreciação)		(5.000)	(5.000)	(5.000)	(5.000)	(5.000)	(5.000)
Despesas (ex-depreciação)		(4.000)	(4.000)	(4.000)	(4.000)	(4.000)	(4.000)
Depreciação		(500)	(500)	(500)	(500)	(500)	(500)
Lucro antes do IR		**500**	**500**	**500**	**500**	**500**	**500**
IR	34%	(170)	(170)	(170)	(170)	(170)	(170)
Lucro líquido		**330**	**330**	**330**	**330**	**330**	**330**
Depreciação		500	500	500	500	500	500
Imobilizações		0	0	0	0	0	(2.500)
Fluxo de caixa livre		**500**	**830**	**830**	**830**	**830**	**(1.670)**
Valor residual							2.357
FCL + VR		**500**	**830**	**830**	**830**	**830**	**687**
Valor da empresa		2.775					
Erro		329	13%				

Mantendo a coerência, o valor residual foi estimado em $ 2.357.000. Ele foi obtido a partir de um lucro médio de $ 330.000 e de uma depreciação e uma imobilização de $ 500.000 cada [= ($ 330.000 + $ 500.000 – $ 500.000)/0,14]. Se o valor residual fosse o mesmo do exemplo correto, o erro de estimativa de valor cairia para 5%. Ainda alto para algo tão fácil de corrigir.

Essa sequência de exemplos foi construída com base em proporções usuais nas empresas e em uma inflação de 10% a.a. Se a inflação fosse maior, como de 20% ou 50% a.a., o erro do exemplo aumentaria, chegando a 24% e 45%, respectivamente.

Dimensionamento do capital de giro sob inflação

Outro erro ocorre quando se ignoram os efeitos da inflação no cálculo do investimento em capital de giro e da perda inflacionária desse capital. O desuso da correção monetária dos demonstrativos financeiros exige cuidados que, de outra forma, seriam mais fáceis.

O principal impacto da inflação sobre o capital de giro é decorrente dos prazos de recebimento de receitas e de pagamentos de custos e despesas. Ao conceder um prazo, a empresa está abrindo mão de parte do valor registrado como receita, pois ele é corroído pela inflação. Quanto maior o prazo ou a inflação, menor o valor presente da receita e, portanto, maior a perda inflacionária. Mesmo que haja uma taxa de juros embutida implícita ou explicitamente no preço, essa perda leva ao reconhecimento de que um eventual lucro virá somente da parcela dos juros que superar a taxa de inflação.

Outro impacto é sobre o estoque. Lançado como custo pelo seu valor histórico, é como se ele sofresse uma corrosão inflacionária. Assim, o lucro extra decorrente do fato de o custo ser menor do que o real por estar contabilizado a preços antigos é compensado exatamente pelo registro de uma despesa com correção monetária. Essa despesa não ocorre se a empresa utiliza um estoque corrigido, como no custeio a preços de reposição. Em compensação, o lucro já está devidamente reduzido, pelo fato de ser utilizado um custo corrigido.

A seguir, são utilizadas duas abordagens alternativas para a projeção do fluxo de caixa em moeda real. Na primeira, o fluxo é projetado em moeda nominal e, então, vertido para moeda real. Operação mais trabalhosa, serve sobretudo para verificar o resultado da segunda abordagem, que é a projeção diretamente em moeda real.

O Quadro 5.4 apresenta a projeção dos principais demonstrativos financeiros de uma empresa em moeda nominal. O primeiro é o do fluxo de caixa calculado indiretamente, a partir do lucro. O segundo é o do mesmo fluxo calculado diretamente, utilizado como prova real da abordagem indireta. O terceiro é o do balanço patrimonial, em que as contas ativas e passivas do capital de giro são fundidas em um único grupo. É importante notar como a inflação dificulta a percepção da real evolução das variáveis.

QUADRO 5.4

PROJEÇÃO DOS DEMONSTRATIVOS FINANCEIROS, COM FOCO NO CAPITAL DE GIRO, EM MOEDA NOMINAL

Lucro e fluxo de caixa indireto	Parâmetros	Ano 0	Ano 1	Ano 2	Ano 3	Ano 4	Ano 5
Inflação do ano			0%	10%	10%	20%	20%
Inflação acumulada até o ano			0%	10%	21%	45%	74%
Crescimento real da receita			0%	0%	20%	20%	0%
Receita bruta nominal		**1.000**	**1.000**	**1.100**	**1.452**	**2.091**	**2.509**
Tributos s/ receita	20% RB	(200)	(200)	(220)	(290)	(418)	(502)
Custo da mercadoria vendida	60% RB	(600)	(600)	(660)	(871)	(1.255)	(1.505)
Pessoal		(80)	(80)	(88)	(97)	(116)	(139)
Outras despesas		(20)	(20)	(22)	(24)	(29)	(35)
Tributos s/ renda	34% LR	(34)	(34)	(37)	(58)	(93)	(111)
Perda inflacionária do capital de giro			0	(13)	(15)	(38)	(54)
Lucro operacional			**66**	**59**	**97**	**142**	**162**
Investimento em capital de giro			0	0	(29)	(42)	0
Fluxo de caixa livre			**66**	**59**	**68**	**101**	**162**
= Fluxo de caixa direto =	**Parâmetros**	**Ano 0**	**Ano 1**	**Ano 2**	**Ano 3**	**Ano 4**	**Ano 5**
Recebimentos de clientes			**1.000**	**1.083**	**1.393**	**1.984**	**2.439**
Tributos s/ receita			(200)	(218)	(283)	(404)	(493)
Incremento de estoque			0	(3)	(12)	(21)	(14)
Fornecedores			(600)	(655)	(855)	(1.225)	(1.486)
Pessoal			(80)	(88)	(96)	(115)	(138)
Outras despesas			(20)	(22)	(24)	(29)	(34)
Tributos s/ renda			(34)	(35)	(46)	(72)	(101)
Incremento de disponível operacional			0	(3)	(10)	(18)	(12)
Perda inflacionária do capital de giro							
Fluxo de caixa livre			**66**	**59**	**68**	**101**	**162**
= Balanço =	**Parâmetros**	**Ano 0**	**Ano 1**	**Ano 2**	**Ano 3**	**Ano 4**	**Ano 5**
Disponível operacional	10 dias RB	28	28	31	40	58	70
Clientes a receber	60 dias RB	167	167	183	242	348	418

(*Continua*)

QUADRO 5.4 (CONTINUAÇÃO)

= Balanço =	Parâmetros	Ano 0	Ano 1	Ano 2	Ano 3	Ano 4	Ano 5
Tributos s/ receita a pagar	40 dias t/rec.	(22)	(22)	(24)	(32)	(46)	(56)
Estoques	20 dias CMV	33	33	37	48	70	84
Fornecedores a pagar	28 dias CMV	(47)	(47)	(51)	(68)	(98)	(117)
Pessoal a pagar	20 dias pess.	(4)	(4)	(5)	(5)	(6)	(8)
Outras contas a pagar	30 dias desp.	(2)	(2)	(2)	(2)	(2)	(3)
Tributos s/ renda a pagar	210 dias t/ren.	(20)	(20)	(22)	(34)	(54)	(65)
Capital de giro		**133**	**133**	**146**	**190**	**269**	**323**
Capital social		133	133	133	133	133	133
Resultado acumulado		0	0	0	29	70	70
Correção monetária acumulada		0	0	13	28	66	120
Patrimônio líquido		**133**	**133**	**146**	**190**	**269**	**323**

Algumas características desses demonstrativos devem ser explicitamente tratadas:

- A perda inflacionária de capital de giro reconhece a redução real do valor de recebimentos e pagamentos que ocorrem a prazo, bem como o efeito da não atualização contábil do estoque.
- A perda inflacionária é calculada pela multiplicação do capital de giro do exercício anterior pela taxa de inflação do ano. Por exemplo, a do ano 4 é de $ 38.000 [= $ 190.000 × 0,20].
- A perda inflacionária é uma despesa e deve ser contabilizada como tal. A atual legislação fiscal não reconhece o resultado da correção monetária, o que não impede seu uso na contabilidade gerencial e no cálculo do valor da empresa.
- A contrapartida dessa despesa é uma conta de reserva no patrimônio líquido, aqui descrita como correção monetária acumulada. A do ano 4 é de $ 66.000 [= $ 28.000 + $ 38.000], pois estava em $ 10.000 e foi adicionada uma perda inflacionária de capital de giro de $ 14.000.
- O investimento em capital de giro é calculado pelo incremento do capital de giro nominal menos a perda inflacionária com o capital de giro. Afinal de contas, o capital de giro também recebe um aumento nominal decorrente não de investimento efetivo, mas apenas de inflação. No ano 4, o investimento em capital de giro é o incremento do capital de giro nominal, de $ 190.000 para $ 269.000, menos os $ 38.000 da perda inflacionária de capital de giro que já foram contados. Esse investimento em capital de giro de $ 42.000 [= $ 269.000 – $ 190.000 – $ 38.000] está expresso em moeda nominal.

- Se a cultura da empresa exigir, mas com distorção do conceito de lucro, a perda inflacionária poderá não ser registrada, enquanto toda a variação nominal do capital de giro poderá ser contada como investimento. O fluxo de caixa livre da empresa será o mesmo.
- O fluxo de caixa direto considera implicitamente a mesma perda, pois reconhece parte da receita, a preços históricos, no ano seguinte. A diferença entre as receitas a preços antigos e novos é exatamente a perda inflacionária do capital de giro.

Após projetados os demonstrativos financeiros em moeda nominal, basta convertê-los em moeda real simplesmente trazendo cada lançamento a valor presente pela taxa acumulada de inflação. Os demonstrativos projetados do Quadro 5.5 mostram o efeito dessa operação.

Vamos novamente tomar como exemplo o ano 4. Em moeda real, houve uma perda inflacionária de capital de giro de \$ 26.000 [= \$ 38.000/(1 + 0,45)] e um investimento em capital de giro de \$ 29.000 [= \$ 42.000/(1 + 0,45)].

Essa é uma das formas de calcular o fluxo de caixa da empresa em moeda real. Entretanto, a operação de projetar em moeda nominal para depois verter as projeções

QUADRO 5.5

PROJEÇÃO DOS DEMONSTRATIVOS FINANCEIROS EM MOEDA REAL VERTIDA DA NOMINAL

Lucro e fluxo de caixa indireto	Ano 0	Ano 1	Ano 2	Ano 3	Ano 4	Ano 5
Crescimento real da receita		0%	0%	20%	20%	0%
Receita bruta nominal	**1.000**	**1.000**	**1.000**	**1.200**	**1.440**	**1.440**
Tributos s/ receita	(200)	(200)	(200)	(240)	(288)	(288)
Custo da mercadoria vendida	(600)	(600)	(600)	(720)	(864)	(864)
Pessoal	(80)	(80)	(80)	(80)	(80)	(80)
Outras despesas	(20)	(20)	(20)	(20)	(20)	(20)
Tributos s/ renda	(34)	(34)	(34)	(48)	(64)	(64)
Perda inflacionária do capital de giro		0	(12)	(12)	(26)	(31)
Lucro operacional		**66**	**54**	**80**	**98**	**93**
Investimento em capital de giro		0	0	(24)	(29)	0
Fluxo de caixa livre		**66**	**54**	**56**	**69**	**93**
Inflação do ano		0%	10%	10%	20%	20%
Inflação acumulada até o ano		0%	10%	21%	45%	74%

(CONTINUA)

QUADRO 5.5 (CONTINUAÇÃO)

= Fluxo de caixa direto =	Ano 0	Ano 1	Ano 2	Ano 3	Ano 4	Ano 5
Recebimentos de clientes		**1.000**	**985**	**1.152**	**1.367**	**1.400**
Tributos s/ receita		(200)	(198)	(234)	(278)	(283)
Incremento de estoque		0	(3)	(10)	(15)	(8)
Fornecedores		(600)	(596)	(706)	(843)	(853)
Pessoal		(80)	(80)	(80)	(79)	(79)
Outras despesas		(20)	(20)	(20)	(20)	(20)
Tributos s/ renda		(34)	(32)	(38)	(50)	(58)
Incremento de disponível operacional		0	(3)	(8)	(12)	(7)
Perda inflacionária do capital de giro						
Fluxo de caixa livre		**66**	**54**	**56**	**69**	**93**

= Balanço =	Ano 0	Ano 1	Ano 2	Ano 3	Ano 4	Ano 5
Disponível operacional	28	28	28	33	40	40
Clientes a receber	167	167	167	200	240	240
Tributos s/ receita a pagar	(22)	(22)	(22)	(27)	(32)	(32)
Estoques	33	33	33	40	48	48
Fornecedores a pagar	(47)	(47)	(47)	(56)	(67)	(67)
Pessoal a pagar	(4)	(4)	(4)	(4)	(4)	(4)
Outras contas a pagar	(2)	(2)	(2)	(2)	(2)	(2)
Tributos s/ renda a pagar	(20)	(20)	(20)	(28)	(37)	(37)
Capital de giro	**133**	**133**	**133**	**157**	**185**	**185**
Capital social	133	133	121	110	92	76
Resultado acumulado	0	0	0	24	48	40
Correção monetária acumulada	0	0	12	23	45	69
Patrimônio líquido	**133**	**133**	**133**	**157**	**185**	**185**

para moeda real é, como já assinalado, uma metodologia complexa e, portanto, inferior. É mais seguro fazer as projeções diretamente em moeda real, como no Quadro 5.6.

A perda inflacionária do capital de giro continua sendo registrada. A perda nominal é calculada por meio da multiplicação do capital de giro nominal do período anterior pela taxa de inflação do ano (i_n). O capital de giro nominal do período anterior, por sua vez, é o capital de giro em moeda real (CGR_{n-1}) multiplicado pelo fator que o atualiza até o período anterior ($1 + ia_{n-1}$). A perda em moeda real é a perda nominal dividida pelo fator de inflação acumulada até o período ($1 + ia_n$). Este, por sua vez, é o produto do fator acumulado até o ano anterior ($1 + ia_{n-1}$) pelo fator do

QUADRO 5.6

PROJEÇÃO DOS DEMONSTRATIVOS FINANCEIROS, COM FOCO NO CAPITAL DE GIRO, EM MOEDA REAL

Lucro e fluxo de caixa indireto	Parâmetros	Ano 0	Ano 1	Ano 2	Ano 3	Ano 4	Ano 5
Crescimento real da receita			0%	0%	20%	20%	0%
Receita bruta nominal		**1.000**	**1.000**	**1.000**	**1.200**	**1.440**	**1.440**
Tributos s/ receita	20% RB	(200)	(200)	(200)	(240)	(288)	(288)
Custo da mercadoria vendida	60% RB	(600)	(600)	(600)	(720)	(864)	(864)
Pessoal		(80)	(80)	(80)	(80)	(80)	(80)
Outras despesas		(20)	(20)	(20)	(20)	(20)	(20)
Tributos s/ renda	34% LR	(34)	(34)	(34)	(48)	(64)	(64)
Perda inflacionária do capital de giro			0	(12)	(12)	(26)	(31)
Lucro operacional			**66**	**54**	**80**	**98**	**93**
Investimento em capital de giro			0	0	(24)	(29)	0
Fluxo de caixa livre			**66**	**54**	**56**	**69**	**93**
Inflação do ano			0%	10%	10%	20%	20%
Inflação acumulada até o ano			0%	10%	21%	45%	74%
= Fluxo de caixa direto =		**Ano 0**	**Ano 1**	**Ano 2**	**Ano 3**	**Ano 4**	**Ano 5**
Recebimentos de clientes			**1.000**	**985**	**1.152**	**1.367**	**1.400**
Tributos s/ receita			(200)	(198)	(234)	(278)	(283)
Incremento de estoque			0	(3)	(10)	(15)	(8)
Fornecedores			(600)	(596)	(706)	(843)	(853)
Pessoal			(80)	(80)	(80)	(79)	(79)
Outras despesas			(20)	(20)	(20)	(20)	(20)
Tributos s/ renda			(34)	(32)	(38)	(50)	(58)
Incremento de disponível operacional			0	(3)	(8)	(12)	(7)
Perda inflacionária do capital de giro							
Fluxo de caixa livre			**66**	**54**	**56**	**69**	**93**
= Balanço =		**Ano 0**	**Ano 1**	**Ano 2**	**Ano 3**	**Ano 4**	**Ano 5**
Disponível operacional		28	28	28	33	40	40
Clientes a receber		167	167	167	200	240	240
Tributos s/ receita a pagar		(22)	(22)	(22)	(27)	(32)	(32)
Estoques		33	33	33	40	48	48
Fornecedores a pagar		(47)	(47)	(47)	(56)	(67)	(67)

(CONTINUA)

QUADRO 5.6 (CONTINUAÇÃO)

= Balanço =	Ano 0	Ano 1	Ano 2	Ano 3	Ano 4	Ano 5
Pessoal a pagar	(4)	(4)	(4)	(4)	(4)	(4)
Outras contas a pagar	(2)	(2)	(2)	(2)	(2)	(2)
Tributos s/ renda a pagar	(20)	(20)	(20)	(28)	(37)	(37)
Capital de giro	**133**	**133**	**133**	**157**	**185**	**185**
Capital social	133	133	121	110	92	76
Resultado acumulado	0	0	0	24	48	40
Correção monetária acumulada	0	0	12	23	45	69
Patrimônio líquido	**133**	**133**	**133**	**157**	**185**	**185**

ano $(1 + i_n)$. A perda inflacionária real com capital de giro é dada pela equação do Quadro 5.7.

No ano 4, por exemplo, a perda inflacionária com capital de giro é de \$ 26.000 [= \$ 157.000 × 0,20/(1 + 0,20)]. Como não podia deixar de ser, esse valor é o mesmo obtido pela abordagem da projeção em moeda nominal posteriormente vertida para moeda real. Como o capital social se mantém em seu valor real, não há necessidade de lançar uma correção monetária acumulada.

O cálculo do investimento real em capital de giro também é mais simples: basta calcular a diferença entre os valores reais do capital de giro do ano vigente e do anterior. No ano 4, esse investimento é de \$ 29.000 [= \$ 185.000 – \$ 157.000]. Novamente, é o mesmo resultado da abordagem mais trabalhosa.

Por outro lado, se houver necessidade de calcular o fluxo de caixa real pelo método direto, será preciso descontar a perda inflacionária. Isso ocorre porque a versão direta do fluxo de caixa em moeda real ignora que parte dos recebimentos (e pagamentos)

QUADRO 5.7

EXPRESSÃO DA PERDA INFLACIONÁRIA REAL COM CAPITAL DE GIRO

$$\text{Perda inflacionária} = \frac{CGR_{n-1} \cdot (1 + ia_{n-1}) \cdot i_n}{(1 + ia_{n-1}) \cdot (1 + i_n)} = CGR_{n-1} \cdot \frac{i_n}{(1 + i_n)}$$

acontece em moeda do exercício anterior e, portanto, tem valor menor. O lançamento da perda inflacionária corrige essa falta.

A um custo de capital real de 14%, o valor da empresa é de $ 876.000 [= VPL(0,14; 66.000; 54.000; 56.000; 69.000; 759.000)]. O fluxo de caixa do último período é obtido pela soma do fluxo de caixa gerado no ano 5 e do valor residual calculado pela perpetuidade [= $ 93.000 + $ 93.000/0,14].

Muitos avaliadores ignoram as perdas inflacionárias sobre o capital de giro, o que pode acarretar perdas para compradores ou vendedores de empresas. Até mesmo o impacto de inflações módicas, como as apresentadas no exemplo, pode ser significativo. Se a perda inflacionária do capital de giro não tivesse sido computada no exemplo, ela seria adicionada no fluxo de caixa percebido. No ano 4, esse fluxo de caixa teria sido de $ 95.000 [= $ 69.000 + $ 26.000] e o valor da empresa, de $ 1.140.000 [= VPL(0,14; 66.000; 66.000; 69.000; 95.000; 124.000 + 886.000)]. No exemplo, o valor da empresa foi 23% menor do que o percebido por quem prefere desconhecer o impacto da inflação sobre o capital de giro!

Ritmo de reajustes

Vamos analisar um caso real, ocorrido em uma das maiores e mais bem administradas empresas brasileiras. A inflação era de 10% a.m. e os salários ainda eram reajustados semestralmente. O objetivo era obter uma projeção do custo de pessoal para os 12 meses do ano seguinte. Pelo fato de a inflação ser elevada e incerta, a projeção do fluxo de caixa era feita em moeda real. Os analistas não tiveram dúvidas: tomaram os desembolsos do último mês e multiplicaram por 12.

O problema é que esse custo de pessoal referia-se ao quinto mês, e o reajuste estava para ser concedido. Portanto, os salários e os encargos estavam próximos de seu valor real mais baixo, não representando o custo médio efetivo de pessoal. A Figura 5.1 ilustra o equívoco, partindo de um pico de $ 10 milhões.

Como resultado, o custo de pessoal foi incorretamente projetado em $ 6,8 milhões mensais [= $ 10.000.000/(1 + 0,10) ^ 5]. No entanto, ele deveria ter sido projetado pela média dos valores reais dos salários. A equação do Quadro 5.8, de dedução trivial, expressa o valor real médio (VRM) em função do valor de pico (P), da taxa de inflação (i_{nfl}) e do período entre reajustes (n).

É importante notar que essa equação é a mesma do valor presente de uma série de pagamentos, com entrada, dividido pelo número de períodos a que se refere. No exemplo, o valor real médio dos salários é de $ 8 milhões [= VP(0,10; 6; 10.000.000;;início)/6]. Em relação aos $ 6,8 milhões que os analistas consideraram,

FIGURA 5.1 EQUÍVOCO NA PROJEÇÃO DO CUSTO DE PESSOAL

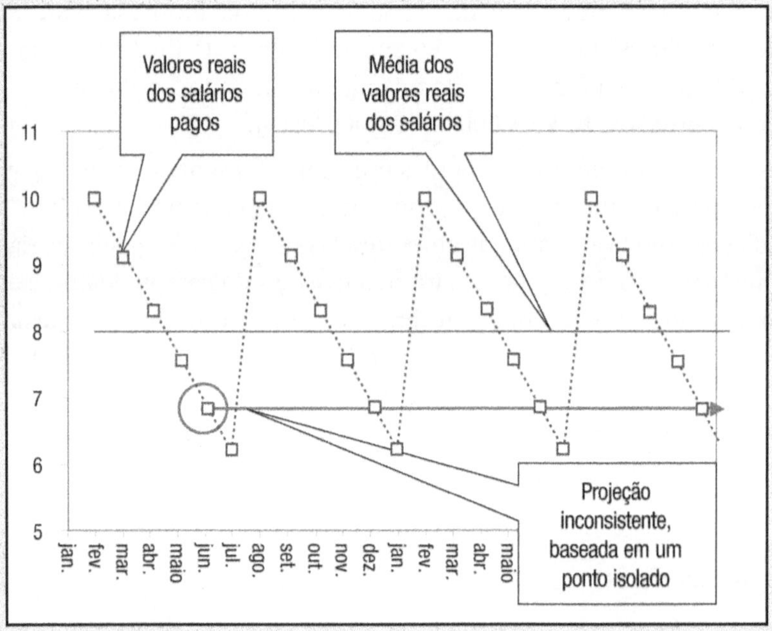

QUADRO 5.8

EQUAÇÃO DO VALOR REAL MÉDIO

$$VRM = \frac{\sum_{j=0}^{n-1} P \cdot (1 + i_{nfl})^{-j}}{n} = P \cdot \frac{1-(1+i_{nfl})^{-n}}{i_{nfl} \cdot (1+i_{nfl}) \cdot n} = \frac{VP(i_{nfl}; n; P; ; início)}{n}$$

há uma aparente sobra de $ 1,2 milhão mensal [= $ 8.000.000 – $ 6.800.000], que foi incorretamente identificada como lucro futuro e reinvestida. Quando o erro foi percebido, a empresa estava descapitalizada e endividada, com um projeto de investimento por concluir.

São dois os padrões de reajuste mais usuais. O primeiro é o do período fixo, que acabamos de exemplificar. Na prática brasileira, costumam seguir esse padrão os salários, os aluguéis, os serviços públicos e outros serviços continuados, além de serviços contratados por períodos superiores a um ano. Muitos fornecedores também têm como política reajustar periodicamente, embora possam seguir períodos aproximados.

Itens de receita ou de custo que têm reajustes mais lentos possuem valores reais médios menores. O pior caso é o dos contratos de aluguel, reajustados anualmente. Um aluguel mensal cuja prestação inicial tem o valor real de $ 10.000 possui valor real médio de $ 10.000 na ausência de inflação. Se ela um dia retornar ao nível dos 10% a.m., o valor real passará a ser de $ 6.200 anuais [= PGTO(0,10; 12; $ 10.000;;início)/12] — escassos 62% do valor nominal. Com uma inflação de 1% a.m., a perda cai de 38% [= 1 – 0,62] para tolerável, mas não insignificante, 5% do valor nominal [= 1 – PGTO(0,01; 12; $ 10.000;;início)/12/$ 10.000)].

O segundo padrão de reajuste é o gatilho, em que os preços são atualizados quando a inflação acumulada atinge certo patamar. Se a inflação se tornar alta, os preços não cristalizados em contratos de longo prazo passarão a ser revistos com maior frequência, sob pena de desestabilização da indústria fornecedora. Por outro lado, se ela se mantiver baixa, não haverá tanta necessidade de reajustar os preços, o que poderá ocorrer em períodos mais espaçados. Se ela for realmente muito baixa, o crescimento natural da produtividade poderá ser suficiente para compensar o aumento dos custos unitários dos insumos; portanto, seu repasse será desnecessário.

Em quase todos os casos, o padrão mais usual é o misto, com o ritmo dos reajustes seguindo ou uma frequência mínima, ou uma inflação gatilho — o que ocorrer primeiro. Por exemplo, um fornecedor pode ter como política reajustar seus preços a cada três meses ou quando a inflação atinge 5%. Se antes dos três meses a inflação atinge o patamar determinado, ele aumenta seus preços. Nesse caso, a frequência mínima é trimestral e o gatilho é de 5%.

Um caso público ocorreu no início de 2003. Os salários eram reajustados anualmente, por índices que se aproximavam daqueles do aumento do custo de vida medidos pelo IBGE (Instituto Brasileiro de Geografia e Estatística). Entretanto, como no período eleitoral de 2002 a inflação havia crescido e, em poucos meses, ultrapassado os 10% acumulados, o Sindicato dos Metalúrgicos de São Paulo reivindicou um reajuste salarial extemporâneo de 10% praticamente no meio do período de 12 meses. Os empresários, considerando o pleito justo, apresentaram pouca resistência. Pela lei e pela prática corrente, o reajuste teria ocorrido somente na época de dissídio, mas o aumento da inflação acima do nível usual fez disparar um gatilho.

Quase sempre esses padrões não são explicitados em contratos ou políticas escritas. Mesmo que o sejam, como no caso do sindicato, podem ser flexibilizados diante da premência da realidade. Um estudo do comportamento do preço dos principais insumos por um período relativamente longo mostraria até que ponto seus fornecedores têm assimilado o aumento dos custos e quando têm vencido a resistência ao repasse.

Por ser somente uma política, o padrão que determina o ritmo de reajustes pode não ser seguido à risca. Na verdade, raramente é. O arrefecimento do nível de atividade ou a ação unilateral de um concorrente pode fazer que as empresas de uma indústria resolvam competir com preços, ou mesmo com descontos, adiando os reajustes. A competição de uma indústria com outras, com menor reajuste de insumos e que competem pela satisfação das mesmas necessidades dos clientes ou pela sua renda, pode ter o mesmo efeito de não repasse integral do aumento dos custos. A decretação de um congelamento de preços também pode frustrar ou adiar os reajustes.

Fatores semelhantes podem levar a aumentos reais de preços ou a antecipações de reajustes. Por exemplo, a expectativa de uma intervenção direta e desastrada do poder político pode provocar aumentos preventivos de preços; o movimento de um líder de preços pode sinalizar aumento para todas as empresas da indústria; pode-se aproveitar o crescimento das vendas na economia para aumentar as margens, no lugar dos investimentos, e o aumento dos custos de indústrias concorrentes pode ser utilizado para elevar os preços, em vez do volume de vendas.

O exemplo mais amplo é o de uma empresa com um fluxo de caixa como o da Tabela 5.8. Sua receita no último ano foi de $ 1.450 milhões, o que lhe permitiu gerar $ 100 milhões de caixa. A tabela também apresenta os padrões de reajuste. Por exemplo, a política de preços para o mercado interno leva a reajustes semestrais,

TABELA 5.8 FLUXO DE CAIXA E PADRÕES DE REAJUSTE

	Valor anual	Padrões de reajuste	
		Gatilho	Período
Vendas nacionais	1.300.000	8%	180 dias
Exportações	150.000	—	1 dia
Entradas	**1.450.000**		
Tributos s/ vendas	(250.000)	8%	180 dias
Pessoal	(350.000)	10%	360 dias
Frete	(60.000)	5%	30 dias
Embalagens	(100.000)	3%	120 dias
Material	(510.000)	5%	60 dias
Manutenção	(70.000)	8%	90 dias
Aluguel	(10.000)	—	360 dias
Saídas	**(1.350.000)**		
Fluxo de caixa	**100.000**		

antecipados quando a inflação acumulada chega a 8%. Já os aluguéis, por força da legislação, são atualizados monetariamente uma vez por ano, sem gatilho.

Com essas informações, é possível projetar o impacto da mudança de patamar da inflação. No exemplo, ela foi de 18% no ano-base e está prevista para uma média de 6% no horizonte de projeto. Uma situação semelhante à encontrada em meados de 2003: a inflação passada era de 16% e a projeção apontava para um patamar de 5% para os próximos anos.

A Tabela 5.9 mostra o cálculo do valor real médio de $ 1, item a item, para uma inflação de 18% a.a. e para uma de 6% a.a. As embalagens, por exemplo, têm sido reajustadas a cada 120 dias ou quando a inflação acumulada atinge 3%. Isso faz o reajuste, a cada 120 dias, ser preservado para o patamar de 6% a.a. e o gatilho ser acionado quando a inflação é de 18% a.a., levando o prazo médio a 65 dias [= ln(1 + 0,03)/ln((1 + 0,18) ^ (1/360)) = NPER((1 + 0,18) ^ (1/360) – 1; 0; –1; 1 + 0,03)]. Com esse prazo, o valor real médio é calculado como na equação do Quadro 5.8. Naturalmente, a redução do valor real é mais acentuada para uma inflação maior.

Com base nesses dois valores inflacionários, é possível calcular o impacto da mudança de patamar da inflação sobre o fluxo de caixa gerado pela empresa. Para isso, é aplicada a diferença percentual entre os valores reais médios de $ 1 sobre os valores-base,

TABELA 5.9 VALOR REAL MÉDIO DE $ 1,00 PARA DUAS INFLAÇÕES

	Padrões de reajuste		Com inflação de 18% a.a.			Com inflação de 6% a.a.		
	Gatilho	**Período**	**Prevalece**	**Prazo**	**VRM**	**Prevalece**	**Prazo**	**VRM**
Vendas nacionais	8%	180 dias	gatilho	168 dias	0,963	intervalo	180 dias	0,986
Exportações	1%	1 dia	intervalo	1 dia	1,000	intervalo	1 dia	1,000
Entradas								
Tributos s/ vendas	8%	180 dias	gatilho	168 dias	0,963	intervalo	180 dias	0,986
Pessoal	10%	360 dias	gatilho	208 dias	0,954	intervalo	360 dias	0,972
Frete	5%	30 dias	intervalo	30 dias	0,993	intervalo	30 dias	0,998
Embalagens	3%	120 dias	gatilho	65 dias	0,985	intervalo	120 dias	0,990
Material	5%	60 dias	intervalo	60 dias	0,987	intervalo	60 dias	0,995
Manutenção	8%	90 dias	intervalo	90 dias	0,980	intervalo	90 dias	0,993
Aluguel		360 dias	intervalo	360 dias	0,922	intervalo	360 dias	0,972
Saídas								
Inflação anual				18,0% a.a.			6,0% a.a.	
Inflação mensal	12 meses			1,39% a.m.			0,49% a.m.	
Inflação diária	360 dias			0,0460% a.d.c.			0,0162% a.d.c.	

item a item. O exemplo da Tabela 5.10 mostra o impacto do ritmo de reajuste diante da mudança da inflação de 18% a.a. para 6% a.a.

O novo fluxo de caixa terá valor real 12% superior ao que teria se a inflação tivesse se mantido no patamar original de 18% a.a. Em decorrência disso, a empresa valerá 12% a mais. Parece simples, mas algumas observações devem ser feitas:

- Embora seja raro, há casos em que um importante componente da receita ou do custo, ou mesmo um conjunto fundamental de componentes sincronizados, tem um período médio de reajuste maior do que o semestral, porém não exatamente anual. Nesse caso, diante de uma inflação expressiva, pode ser necessário calcular o valor real médio do ano anterior para esse componente, com detalhamento mensal ou até diário. Com um padrão de reajuste como o descrito, o valor real da conta naquele ano pode ser expressivamente diferente de seu VRM. Como o valor real médio é a expressão mais precisa do que se pode esperar para os próximos anos, ele deve ser preferido.
- Com taxas de inflação expressivas, pode ser lucrativo comprar somente antes do reajuste dos fornecedores e manter estoque até o próximo reajuste. Vendedores

TABELA 5.10 CÁLCULO DO IMPACTO DO RITMO DE REAJUSTE DIANTE DA MUDANÇA DA INFLAÇÃO

	VRM			Valor anual base		
	18% a.a.	6% a.a.	Diferença	18% a.a.	6% a.a.	Diferença
Vendas nacionais	0,963	0,986	2,4%	1.300.000	1.331.166	2,4%
Exportações	1,000	1,000	0%	150.000	150.000	0%
Entradas				**1.450.000**	**1.481.166**	**2,1%**
Tributos s/ vendas	0,963	0,986	2,4%	(250.000)	(255.993)	2,4%
Pessoal	0,954	0,972	1,8%	(350.000)	(356.461)	1,8%
Frete	0,993	0,998	0,4%	(60.000)	(60.259)	0,4%
	VRM			**Valor anual base**		
	18% a.a.	6% a.a.	Diferença	18% a.a.	6% a.a.	Diferença
Embalagens	0,985	0,990	0,5%	(100.000)	(100.507)	0,5%
Material	0,987	0,995	0,9%	(510.000)	(514.487)	0,9%
Manutenção	0,980	0,993	1,3%	(70.000)	(70.930)	1,3%
Aluguel	0,922	0,972	5,4%	(10.000)	(10.539)	5,4%
Saídas				(1.350.000)	(1.369.177)	**1,4%**
Fluxo de caixa				**100.000**	**111.988**	**12%**

inescrupulosos podem até incentivar esse comportamento, em especial quando seu sistema de remuneração variável for insensível ou imprecisamente sensível à inflação. Comprando assim, a empresa pode ter um custo real expressivamente inferior ao VRM calculado pela fórmula do Quadro 5.8.

INFLAÇÃO SETORIAL

Os índices de inflação são calculados em função de uma cesta de produtos e serviços que supostamente os habitantes de classes baixa e média de uma região ou um país consomem, ponderados pelo resultado de pesquisas sobre o orçamento familiar. É essa a receita dos vários índices de preços ao consumidor utilizados no Brasil, que são: IPC-Fipe (índice de preços ao consumidor da Fundação Instituto de Pesquisas Econômicas), INPC-IBGE (índice nacional de preços ao consumidor do Instituto Brasileiro de Geografia e Estatística), IPCA-IBGE (índice de preços ao consumidor ampliado do Instituto Brasileiro de Geografia e Estatística), IPC-FGV (índice de preços ao consumidor da Fundação Getulio Vargas) e IPC-Dieese (índice de preços ao consumidor do Departamento Intersindical de Estatística e Estudos Sócio-Econômicos). Além desses, é utilizado o IGP-DI (índice geral de preços-disponibilidade interna), também da Fundação Getulio Vargas.

Alguns comentários devem ser feitos a respeito desses índices. O INPC tem sido preterido em favor do IPCA, ambos do IBGE, pelo fato de este último se referir a famílias de renda mais elevada. O IPC-Dieese é publicado por centrais sindicais; esse índice é exigido aos brados em reivindicações salariais e desprezado pelos demais agentes da economia em razão das acusações de não ser imparcial e de ter sido criado para ser sistematicamente mais elevado do que os demais. O IGP-DI não é um índice de custo de vida, e sim uma média artificial entre o IPC da FGV, o IPA (índice de preços ao atacado) e o INCC (índice nacional de construção civil), o que o torna especialmente sensível ao câmbio; por ter fama de ser sistematicamente mais elevado do que os índices de preços ao consumidor, esse índice tem sido imposto por grandes empresas e bancos, que em geral estão do lado recebedor dos contratos de longo prazo.

A evolução desses índices, após o Plano Real, é apresentada na Figura 5.2. Os números representados são inflações acumuladas nos 12 meses que antecedem o mês. Por exemplo, o IPC-Fipe de 12 meses para fevereiro de 1996 é o IPC-Fipe acumulado de março de 1995 até fevereiro de 1996.

É importante observar a semelhança entre os três índices de preços ao consumidor mais importantes: o IPC-Fipe, o IPCA-IBGE e o IPC-FGV. Muitas vezes, até para evitar o efeito de um comportamento excêntrico de um deles, prefere-se a média dos três, tam-

FIGURA 5.2 EVOLUÇÃO DOS ÍNDICES DE PREÇOS AO CONSUMIDOR ACUMULADOS EM 12 MESES

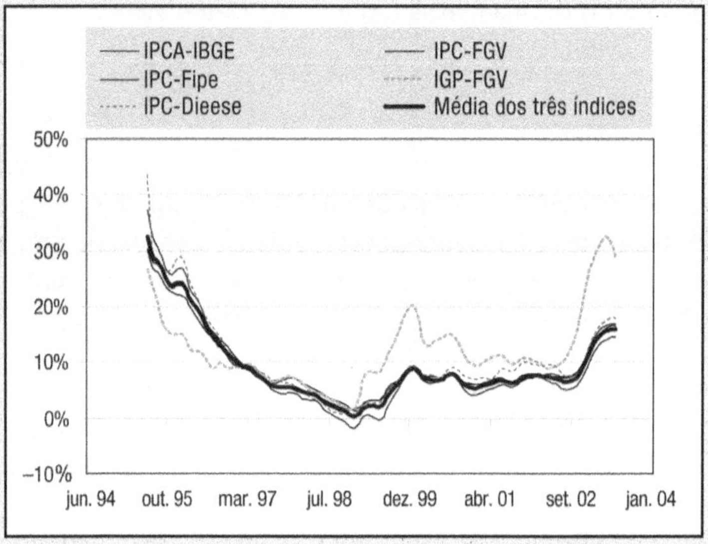

bém representada na figura. Deve ser observado ainda o comportamento destoante do IGP-FGV e do IPC-Dieese, que explica por que o prestígio do primeiro está em declínio e o segundo é empregado quase exclusivamente em reivindicações salariais.

Entretanto, nem todos os setores sofrem os mesmos aumentos de custo. O preço das *commodities* flutua ao sabor da demanda e da oferta e dos estoques mundiais. A remuneração do pessoal-chave de indústrias de sucesso tende a crescer, e a do pessoal-chave de indústrias decadentes, a cair. Os produtos importados e os exportáveis estão sujeitos à evolução cambial. Subcomponentes, notadamente os eletrônicos e os mecânicos, tendem a ter seu custo reduzido segundo as curvas de aprendizado dos fornecedores. Os serviços públicos são regulados por agências relativamente independentes e recebem aumentos de acordo com um índice geral e com seus custos.

Cada ramo tem sua estrutura de custos e, portanto, sua inflação setorial. A questão é: quando ela deve ser utilizada e quando não deve? Está claro que a inflação setorial deve ser empregada na projeção do comportamento de componentes da receita ou do custo. Quando houver uma indicação suficientemente clara de que um item de custo subirá ou cairá em relação à inflação geral, essa tendência deverá ser inserida na projeção. Se houver uma indicação segura de que o preço real do milho, por exemplo, vai se manter elevado por alguns anos, essa tendência deverá ser inserida na projeção desse componente de custo. Se esse item for significativo no custeio do produto da empresa e de seus concorrentes, será possível projetar o comportamento do preço de venda em função do milho. Ao proceder assim, o lucro, principal objeto da projeção, pode até mesmo não ser alterado.

Vale a pena ter cuidado com frases como "todos os itens de custo sobem mais do que a inflação". Por ser uma média dos custos da economia, a inflação ao consumidor não pode ser sistematicamente superior ou inferior aos custos. Isso também não pode ser verdade para uma indústria específica, pelo menos no longo prazo. Pode ficar essa impressão após um período considerável só de altas ou baixas no preço real de alguma *commodity*. Entretanto, é comum esses mercados mundiais, após algum tempo de alta, atraírem investidores em grande quantidade, o que pode provocar uma forte queda nos preços. A impressão fixada após alguns anos de alta pode estar profundamente errada.

É essencial projetar itens de custo de acordo com o que se sabe sobre sua provável evolução real futura. É importante verificar até que ponto os preços da empresa acompanharão seus custos. Aqui, entramos em outra questão: o uso da inflação setorial na avaliação da performance empresarial. Nesse caso, o objetivo é saber se o resultado está sendo adequado para os investidores. Assim, devem ser utilizados índices de inflação relevantes para eles, e não para o caso particular da empresa. Ou seja, devem ser usados índices gerais de inflação, como os IPCs.

Eis o dilema do ourives. Em um reino distante, havia um bem-sucedido ourives. Ele passava os dias, com sua diligente equipe, transformando o precioso metal em lindas joias. Como o ouro era seu principal componente de custo, ele contabilizava todas as suas despesas em gramas de ouro: salários, 700 gramas; aluguel, mais 150 gramas; uma máquina nova, 1 quilo. O ourives agia confiante dessa maneira, afinal o ouro já havia assim servido ao seu pai e ao seu avô. Entretanto, para alegria geral do reino, abundantes jazidas foram descobertas nas colônias. Isso fez o preço do ouro cair a meros 10% do preço original ou, na percepção do ourives, fez o restante dos itens da economia decuplicar de preço. Na defesa de sua margem, ele tentou regatear o aluguel, eliminou os investimentos e entrou em conflito com os funcionários. Tudo à toa, pois não foram os salários que aumentaram, e sim o indexador que caiu. Habituado ao uso da inflação setorial, o ourives demorou a perceber que seu negócio havia se transformado, passando de joias para bijuterias finas; portanto, exigia toda uma reformulação mercadológica e operacional.

Em geral, as mudanças de preço são menos fortes e rápidas do que as da anedota, por isso demoram a ser percebidas com clareza. Mas, como na anedota, essa demora é maior e mais prejudicial na ausência de um referencial externo marcante. Até hoje, há produtores que perdem velocidade de reação por contabilizarem seus custos em toneladas de cacau ou arrobas de boi.

O preço ou o custo do produto da empresa não é uma unidade de medida de resultado relevante para o investidor. Para ele, que tem investimentos pelo menos potenciais em uma série de indústrias, o relevante é uma inflação geral, pouco sensível a uma indústria específica. O fato de algum de seus investimentos ter tido um desempenho crescente, mas expresso em sacos de soja ou em toneladas de tecido, é irrelevante. O que ele procura são negócios com resultado positivo em reais, dólares ou IPCs. Para quem está de fora e poderia ter investido em outras indústrias, somente o referencial geral é relevante.

Defasagem no reconhecimento da inflação

Muitas empresas revisam seus preços com base na inflação publicada, seja ela geral seja setorial. Com isso, recebem o benefício dos reajustes com meses de defasagem em relação à inflação ocorrida. Os prazos típicos de mensuração, publicação, aplicação e recebimento da inflação estão representados na Figura 5.3.

As etapas representadas na figura podem ser descritas da seguinte maneira:

1. A fundação responsável calcula o preço médio de uma cesta de produtos e serviços nos meses 1 e 2. A taxa de inflação do mês 2 é a variação percentual entre essas duas médias.
2. Em meados do mês 3, quando a fundação termina os cálculos e publica a taxa, o público tem acesso a ela.

FIGURA 5.3 Defasagem no reconhecimento da inflação

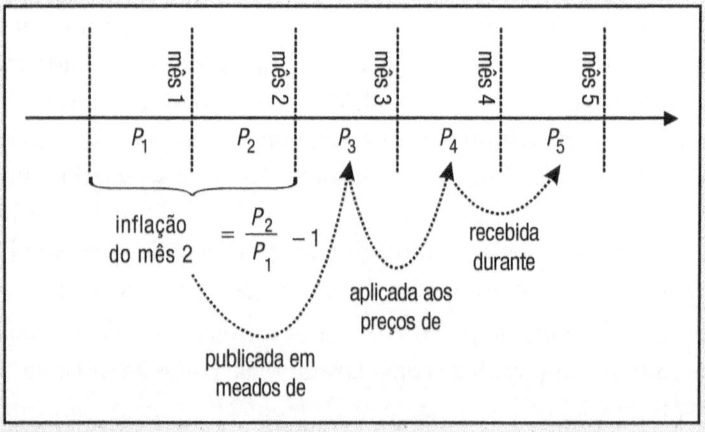

3. Quando a concorrência lhe permite ser rápida, a empresa consegue repassar essa taxa de inflação aos seus preços do mês 4.
4. Se o prazo de recebimento for de 30 dias, a empresa receberá dos clientes durante o mês 5, ou seja, com três meses de atraso em relação ao mês em que a inflação ocorreu.
5. O prazo de pagamento deve ser excluído do cômputo da defasagem, por já ser considerado quando do dimensionamento do capital de giro e de sua perda inflacionária. Não excluí-lo aqui significaria contá-lo duas vezes.

A questão da defasagem se agrava com o aumento da taxa de inflação, especialmente quando ela se torna elevada e instável. Na época em que era de 40% a.m., portanto de 1,62% a.d.u. [= (1 + 0,40) ^ (1/21) – 1], muitos distribuidores reajustavam seus preços duas vezes ao dia: de manhã, para os fornecedores que soltavam nova tabela de preços logo cedo e, ao final do dia, para vigorarem desde o início do dia seguinte. Os vendedores tinham de ligar para a empresa da rua, passar-lhe seus pedidos até o momento e, a partir daí, vender somente pelo preço novo.

Esse atraso não deve causar problemas em períodos de inflação constante, pois o reajuste será o mesmo, com ou sem atraso. Entretanto, em períodos de inflação considerável e crescente, a defasagem pode trazer ganhos ou perdas importantes.

O mesmo efeito, com sinal trocado, ocorre quando a inflação é baixa ou insignificante e aumenta, tornando-se importante. Uma alternativa é o uso de uma expectativa de inflação, em vez de uma taxa efetiva defasada. Entretanto, esta é uma solução de difícil implementação, especialmente quando os líderes de mercado aderem a uma política que defasa os preços ou quando a negociação com os parceiros comerciais exige a explicitação das razões do aumento.

INFLAÇÃO E CUSTO DE CAPITAL

As taxas de juros nominais embutem uma parcela destinada meramente a compensar a perda de poder aquisitivo da moeda. Como o fisco não reconhece essa perda, toda taxa nominal é considerada receita ou despesa. Portanto, quando a empresa paga juros, a parcela de inflação embutida neles é considerada despesa. Na formação do custo de capital próprio, os sócios embutem uma taxa alternativa de remuneração de aplicações de renda fixa. Essa taxa contém uma inflação que também é tributada. Como resultado, o custo de capital, líquido e real,[1] com frequência é bem inferior àquele geralmente considerado.

Por exemplo: vamos supor que uma empresa tenha uma dívida indexada a um índice de inflação, como o IGP–M ou o IPCA, além de uma taxa real de juros fixa de

15% a.a. Vamos supor ainda que essa empresa pague 34% de imposto de renda sobre o lucro real, a alíquota máxima no Brasil, e opere em um momento em que o IGP–M seja de 10% anuais.

Como os juros são despesas, eles reduzem o imposto de renda devido. Em consequência, a taxa de juros efetivamente paga é a nominal, descontada dos benefícios fiscais que gera, portanto, da alíquota dos tributos sobre a renda. O mais comum é que o analista pense na seguinte conta: ora, se a taxa real de juros é de 15%, descontam-se os tributos sobre a renda de 34% e obtém-se uma taxa líquida real de 9,9% [= 15 × (1 – 0,34)]. Simples!

Simples e errado! Ocorre que tanto a parcela real como a inflação reduzem o imposto de renda das empresas. Sob uma inflação de 10% a.a., a taxa nominal bruta é de 26,5% [= (1 + 0,10) × (1 + 0,15) – 1]. Após o benefício fiscal, essa taxa se torna nominal líquida e assume o valor de 17,5% [= 26,5 × (1 – 0,34)]. Depois da extração da inflação, a taxa líquida real passa a ser de apenas 6,8% a.a. [= (1 + 0,175)/(1 + 0,10) – 1] — substancialmente menor do que os 9,9% que um analista desavisado utilizaria ou os 15% brutos.

Um custo de capital de terceiros de 6,8%, líquido e real, é bem palatável! A Tabela 5.11 mostra o mesmo resultado para outros níveis de inflação.

Como se vê, até uma inflação moderada para o padrão brasileiro, como a de 10% a.a., é capaz de reduzir o custo do dinheiro de terceiros de aparentes 9,9% para efetivos 6,8%. Inflações maiores reduzem esse custo ainda mais, podendo torná-lo negativo. A bizarra fórmula do imposto de renda faz com que a empresa possa receber juros para tomar empréstimos! A tributação da atualização do poder de compra do dinheiro como se fosse renda efetiva pode ser pouco relevante em países de inflação

TABELA 5.11 Taxa líquida real em função da inflação

Inflação	0%	5%	10%	15%	20%	30%	40%	50%	60%	70%	80%	90%	100%
Taxa contratual acima da inflação	15%	15%	15%	15%	15%	15%	15%	15%	15%	15%	15%	15%	15%
Taxa nominal bruta da operação	15%	20,8%	26,5%	32,3%	38%	49,5%	61%	72,5%	84%	95,5%	107%	118,5%	130%
Tributos sobre a renda (34%)	5,1%	7,1%	9%	11%	12,9%	16,8%	20,7%	24,7%	28,6%	32,5%	36,4%	40,3%	44,2%
Taxa nominal líquida	9,9%	13,7%	17,5%	21,3%	25,1%	32,7%	40,3%	47,9%	55,4%	63%	70,6%	78,2%	85,8%
Taxa líquida real	**9,9%**	**8,3%**	**6,8%**	**5,5%**	**4,2%**	**2,1%**	**0,2%**	**–1,4%**	**–2,9%**	**–4,1%**	**–5,2%**	**–6,2%**	**–7,1%**

muito baixa, mas, no caso de economias submetidas à inflação média ou elevada, não pode ser ignorada.

A relação pode ser invertida. Muitos contratos de empréstimo, mesmo os indexados, são de curto prazo ou repactuados em curtos períodos. Como a taxa líquida real há de ser preservada, a nova taxa contratual deve incorporar uma provisão para a tributação da inflação como se fosse renda. Para uma inflação de 20% e uma taxa líquida real dos mesmos 6,8% do exemplo anterior, a taxa contratual passa a ser de 18,9% [= (1 + ((1 + 0,068) * (1 + 0,20) – 1) * (1 + 0,34) * (1 – 0,34))/(1 + 0,20) – 1]. Se os 15% do ano anterior forem renegociados para 18,9%, a empresa pagará a mesma taxa de juros! A Tabela 5.12 mostra o resultado desse cálculo para outras taxas de inflação.

É importante perceber que esses cálculos não se aplicam a pequenas empresas que pagam seus tributos sobre o lucro presumido e para as optantes do Simples. Nesse caso, o imposto de renda é calculado como uma porcentagem da receita, não sendo afetado pelos juros eventualmente pagos. Além de as taxas de juros serem em geral muito mais elevadas, o benefício fiscal de contar a inflação como despesa não pode ser aplicado. Uma taxa real de 15% passa a ser tanto bruta quanto líquida, uma vez que não há distinção entre elas. Isso é mais do que o dobro do que, em igualdade de condições, o capital de terceiros custa para uma grande empresa optante pelo lucro real. O mesmo vale para as organizações do terceiro setor e para as públicas, imunes aos tributos sobre a renda.

A mesma interação entre juros, tributos e inflação atinge a taxa básica de juros, utilizada como base do custo de capital próprio. Naturalmente, os sócios esperam compensar seu risco empresarial por meio de um adicional de remuneração sobre a taxa básica da economia. Se esta cresce, eles exigem um retorno maior de seus investimentos, o que, dada uma capacidade fixa de geração de caixa, reduz o valor das empresas. A taxa básica, no caso brasileiro a Selic, tem seu valor afetado pela tributação da inflação como se fosse renda.

TABELA 5.12 TAXA CONTRATUAL REAL EM FUNÇÃO DA INFLAÇÃO

Inflação	0%	5%	10%	15%	20%	30%	40%	50%	60%	70%	80%	90%	100%
Taxa líquida real	6,8%	6,8%	6,8%	6,8%	6,8%	6,8%	6,8%	6,8%	6,8%	6,8%	6,8%	6,8%	6,8%
Taxa nominal líquida	6,8%	12,1%	17,5%	22,8%	28,2%	38,8%	49,5%	60,2%	70,9%	81,6%	92,2%	102,9%	113,6%
Tributos sobre a renda (34%)	3,5%	6,3%	9%	11,8%	14,5%	20%	25,5%	31%	36,5%	42%	47,5%	53%	58,5%
Taxa nominal bruta da operação	10,3%	18,4%	26,5%	34,6%	42,7%	58,8%	75%	91,2%	107,4%	123,6%	139,8%	155,9%	172,1%
Taxa contratual acima da inflação	**10,3%**	**12,8%**	**15,0%**	**17,0%**	**18,9%**	**22,2%**	**25,0%**	**27,5%**	**29,6%**	**31,5%**	**33,2%**	**34,7%**	**36,1%**

Quando a Selic estava em 26,5%, era cantado aos quatro ventos que ela era extremamente elevada, já que as projeções de inflação não passavam dos 12%. Os 12,9% [= (1 + 0,265)/(1 + 0,12) – 1] da diferença realmente pareciam excessivos. Entretanto, há de se lembrar que o imposto de renda sobre rendimentos de renda fixa de 20%, aplicado exclusivamente na fonte, incide tanto sobre a taxa real de juros como sobre a inflação. Portanto, a taxa líquida nominal era de 21,2% [= 26,5 * (1 – 0,20)], e a taxa líquida real, de 8,2% [= (1 + 0,212)/(1 + 0,12) – 1]. Esses 8,2% ainda são altos para o padrão mundial, mas nem tanto.

Embora políticos em campanha tenham querido convencer a opinião pública do contrário, do ponto de vista do Estado pagador de juros a conta é a mesma. Parte da taxa nominal de juros que é paga com uma mão é recebida, sob forma de imposto, com a outra. Do restante, a parcela que equivale à inflação não pode ser considerada uma despesa efetiva, pois pode ser compensada por emissões de títulos de mesmo valor sem que haja alteração do montante da dívida pública a preços reais. O desembolso efetivo do Estado com sua dívida interna é dos mesmos 8,2%.

Em geral, a taxa de juros líquida real é mais estável do que a nominal. Se a taxa nominal for fixada em um valor elevado demais, o Estado será excessivamente onerado e passará a ter um fortíssimo incentivo para reduzi-la com rapidez. Se for baixa demais, os capitais poderão começar a fugir do país, na busca de binômios risco *versus* retorno mais confortáveis. Com o poder dos juros de acelerar e arrefecer a economia, e a inflação sendo limitada pelo comportamento das contas públicas e externas, sua taxa líquida real tende a se situar em uma faixa conhecida.

O Brasil enfrentou, nas últimas décadas, não raros momentos de confusão econômica. Neles, a Selic líquida real teve valores extremados, tanto positivos como negativos. Entretanto, uns meses tendem a compensar outros, de modo que a taxa acumulada nos doze meses em geral é sensivelmente mais estável. Quando esse período de acumulação é estendido para cinco anos, percebe-se uma relativa estabilidade da taxa básica de juros. A Figura 5.4 mostra a taxa dos títulos públicos, líquida e real, de 1986 a 2002. A inflação é constituída pela média das taxas mensais do IPCA, do IPC-FGV e do IPC-Fipe.

A taxa acumulada média de julho de 1995 a junho de 2003 foi de 9,5% anuais, que podem muito bem ser tomados como uma medida da expectativa a médio prazo que os investidores no Brasil têm em relação ao rendimento líquido real de uma aplicação de baixo risco em renda fixa no país.

A mesma estimativa pode ser obtida a partir das expectativas declaradas pelas maiores instituições financeiras do país ao Banco Central do Brasil, que calcula suas médias e as publica no seu site semanalmente.

FIGURA 5.4 TAXA LÍQUIDA REAL DESDE MEADOS DE 1987

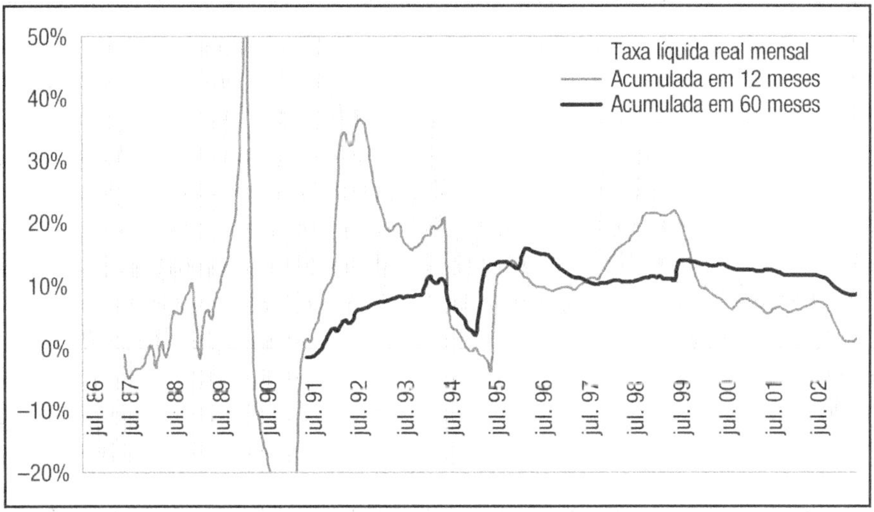

VARIAÇÃO CAMBIAL

Com frequência, o comprador, o vendedor de uma empresa ou ambos são estrangeiros, e a avaliação acaba sendo feita do ponto de vista internacional. Esses investidores não querem saber se o projeto é viável em moeda local, e sim na deles. Por isso, a diferença entre a expectativa de variação cambial e a taxa de inflação deve ser considerada na avaliação de uma empresa.

Há duas formas principais de estimativa da variação cambial futura, além de outros indicadores econômicos. As projeções podem ser privadas — geradas pela equipe de economistas internos da empresa, por consultores ou por bancos que queiram prestar serviços aos seus clientes — ou públicas. Nesse segundo tipo, destaca-se pela qualidade a realizada pelo Banco Central do Brasil, baseada na coleta das estimativas informadas pelas principais instituições financeiras do país.

Em 10 de janeiro de 2003 o Banco Central indicava as projeções para câmbio e inflação apresentadas na Tabela 5.13.

Com esses dados é possível calcular a variação cambial real, como na Tabela 5.14. Por exemplo, a variação cambial projetada para 2004 era de 1,83% [= 3,77/3,70 – 1], a ser comparada a uma inflação projetada de 8,00%, o que gera uma valorização cambial real de 5,71% [= (1 + 0,183)/(1 + 0,08) – 1].

TABELA 5.13 PROJEÇÕES PARA CÂMBIO E INFLAÇÃO

	2002	2003	2004	2005	2006	2007
IPCA médio projetado		11,42%	8,00%	6,56%	5,72%	5,13%
Câmbio projetado (fim do ano)	3,53	3,70	3,77	3,96	4,04	4,10

TABELA 5.14 VARIAÇÃO CAMBIAL

	2002	2003	2004	2005	2006	2007
Variação cambial		4,78%	1,83%	5,19%	1,95%	1,40%
Variação cambial real		–5,96%	–5,71%	–1,29%	–3,57%	–3,54%
Variação cambial real acumulada		–5,96%	–11,33%	–12,47%	–15,60%	–18,59%

Conforme pode ser visto na Tabela 5.14, nessa data o mercado esperava que em todos os cinco anos seguintes haveria valorizações cambiais, pois o dólar era considerado excessivamente desvalorizado. A valorização média para esses cinco anos era de 4,01%.

Geralmente, os analistas utilizam duas formas bem diferentes para considerar a variação cambial:

- Calcular o fluxo de caixa em moeda real local e aplicar a taxa de variação cambial de cada ano sobre o fluxo. Com isso é obtido o fluxo de caixa em moeda estrangeira, a ser descontado a um custo de capital que não incorpora prêmios por variação cambial.
- Manter o fluxo de caixa em moeda real e adicionar um prêmio por variação cambial ao custo de capital. Esse prêmio é ora a variação média dos anos seguintes, ora a do próximo período. Ao fazer isso, os analistas correm sério risco de sobrevalorizar ou subvalorizar a empresa, respectivamente, quando se espera desvalorização ou valorização cambial real, pois estas estão sendo perpetuadas.

Na Tabela 5.15 temos as duas formas de proceder. Na primeira, o analista resolveu trazer a valor presente o fluxo em reais por uma taxa que soma o custo de capital real de 15% à média da variação cambial dos próximos anos, de –4,01%. O resultado é um valor presente de 1.912,6. Essa abordagem considera, incorretamente, que a variação cambial se manterá em –4,01% para sempre.

Quando o analista considera o efeito da variação cambial diretamente no fluxo de caixa, o valor calculado da empresa muda. Para cada ano é considerada a variação

TABELA 5.15 CONSIDERAÇÃO DA VARIAÇÃO CAMBIAL

		2003	2004	2005	2006	2007	2008	2009	2010	2011	2012
Variação cambial		–5,96%	–5,71%	–1,29%	–3,57%	–3,54%	0,00%	0,00%	0,00%	0,00%	0,00%
Variação cambial acumulada		–5,96%	–11,33%	–12,47%	–15,60%	–18,59%	–18,59%	–18,59%	–18,59%	–18,59%	–18,59%
Custo de capital real	15,00%										
Média das variações cambiais	–4,01%										
Custo de capital com prêmio cambial	10,99%										
Fluxo de caixa em moeda local		**100,0**	**100,0**	**150,0**	**200,0**	**250,0**	**250,0**	**250,0**	**250,0**	**250,0**	**250,0**
Valor residual											2.275,6
Fluxo de caixa com valor residual		**100,0**	**100,0**	**150,0**	**200,0**	**250,0**	**250,0**	**250,0**	**250,0**	**250,0**	**2.525,6**
Valor presente		**1.912,6**									
Custo de capital real	15%										
Fluxo de caixa em moeda estrangeira		**106,3**	**112,8**	**171,4**	**237,0**	**307,1**	**307,1**	**307,1**	**307,1**	**307,1**	**307,1**
Valor residual											2.047,1
Fluxo de caixa com valor residual		**106,3**	**112,8**	**171,4**	**237,0**	**307,1**	**307,1**	**307,1**	**307,1**	**307,1**	**2.354,2**
Valor presente		**1.596,4**									
Erro	**19,8%**										

cambial específica. Mais importante: essa abordagem permite reconhecer que uma valorização ou desvalorização cambial não pode perdurar para sempre. Mesmo que tal milagre macroeconômico pudesse ocorrer, considerar a variação cambial no fluxo, e não na taxa, seria mais explícito. O valor da empresa é de $ 1.596,4. O erro é de 19,8% desse valor — perda que seria incorrida pelo comprador da empresa.

NOTA

1 **Líquido**: extraído o impacto dos tributos sobre a renda. **Real**: extraído o impacto da inflação.

CAPÍTULO 6

CUSTO DE CAPITAL E TAXA DE DESCONTO

Neste capítulo analisaremos o custo do capital próprio, o de terceiros e o custo médio ponderado de capital das empresas. A determinação do custo de capital das empresas é uma das etapas mais polêmicas do processo de avaliação. Pelo método do fluxo de caixa descontado, o valor de uma organização só pode ser obtido quando se tem em mãos os fluxos de caixa previstos e a taxa de desconto a ser utilizada. Não são poucos os erros cometidos em virtude da utilização cega de métodos de determinação de custo de capital.

Por isso, neste capítulo e no próximo, além de tropicalizar a metodologia do cálculo do custo de capital, discutiremos quais são os problemas gerados pela utilização de modelos importados e as melhores formas de calcular o custo de capital em países emergentes como o Brasil.

CUSTO DE CAPITAL

O custo de capital é a taxa de retorno mínima necessária para atrair capital para um investimento, seja este interno, como a aquisição de uma nova máquina, ou externo, como a aquisição de empresas. Também pode ser entendido como a taxa pela qual o investidor pode obter em outro investimento de risco semelhante.

O capital da empresa pode ser definido como a soma do capital de terceiros, ou seja, dos empréstimos recebidos que permanecerão nela por longo prazo, e do capital próprio, ou seja, dos recursos aportados e mantidos pelos sócios.

Para facilitar o entendimento do conceito de custo do capital próprio, é útil imaginar esse capital de propriedade dos acionistas como apenas mais um 'empréstimo sem vencimento' que eles fizeram à empresa e pelo qual esta deverá remunerá-los. A pergunta a ser respondida é: por quanto os proprietários cederiam seu capital a um terceiro que lhes prometesse o mesmo nível de risco? Ou ainda: por quanto eles retirariam parte do patrimônio reservado à sobrevivência e bem-estar futuros de sua família para aplicar em um investimento de risco? Assim, o custo de capital é o retorno mínimo que o projeto deverá fornecer para conseguir captar o capital necessário para se viabilizar.

Outra definição para o custo de capital deixa claro que ele é a taxa de desconto ou de valor do dinheiro no tempo usada para converter o valor esperado dos fluxos de caixa em valor presente. Em outras palavras, é a taxa de retorno que deixa o acionista indiferente à aceitação ou não de um projeto. Essa definição enfatiza a principal aplicação do conceito de custo de capital: a avaliação de projetos de investimentos e de empresas.

As duas definições de custo de capital — taxa de retorno mínima necessária e taxa de desconto de investimentos — são equivalentes, se considerada a racionalidade econômica como determinante na escolha dos investimentos. Afinal, o investidor racional somente aprovará alternativas que lhe tragam retornos maiores do que o mínimo por ele exigido, ou seja, superiores a seu custo de capital. Satisfeita essa condição, ele selecionará a combinação de alternativas cujo valor presente seja o maior.

O custo de capital pode ser definido ainda como a taxa de retorno marginal mínima que a empresa deve obter, tanto nos investimentos novos como nos antigos, para que o valor de suas ações não diminua. Essa definição é baseada no pressuposto de que retornos inferiores ao custo de capital reduzem o valor presente da empresa e, portanto, o valor de suas ações. Da mesma maneira, se a empresa obtiver retornos superiores ao custo de capital, seu valor presente aumentará, o que deverá se refletir no crescimento do valor de suas ações.

Em resumo, o conceito de custo de capital pode ser entendido das seguintes formas:

- Preço que a empresa paga pelos fundos obtidos junto a suas fontes de capital
- Taxa mínima que os projetos de investimentos devem oferecer como retorno

- Taxa de desconto utilizada para converter o valor esperado de fluxos de caixa futuros em valor presente
- Taxa de retorno que deixa o acionista indiferente à aceitação ou não de um projeto

Quais as aplicações do custo de capital?

São várias as aplicações do custo de capital e, com o intuito de mostrar a relevância do assunto, são descritas a seguir as quatro principais formas de sua utilização nas decisões empresariais.

Utilização do custo de capital na avaliação do desempenho empresarial

Uma importante aplicação do custo de capital é na avaliação do desempenho das empresas. O princípio básico diz que uma empresa adiciona valor a seus acionistas na exata medida em que o retorno trazido por suas ações, sob a forma de valorização ou distribuição de dividendos ou de quaisquer outros benefícios, supera o custo do capital desses acionistas. Os principais tipos de uso do custo de capital para fins de avaliação de desempenho empresarial são:

- Avaliação do desempenho das empresas pelo seu EVA/MVA
- Classificação das empresas segundo seu grau de adição de valor

Utilização do custo de capital na avaliação de investimentos

O custo de capital é importante na determinação do EVA/MVA, mas tem importância ainda maior no apoio às decisões de investimento da empresa e de seus acionistas. O próprio nível dos investimentos na economia é condicionado pelo custo de capital das empresas. Nas decisões de investimento, é buscada a melhor alternativa de aplicação dos recursos da organização, sempre do ponto de vista da maximização da riqueza de seu proprietário. Dentre essas decisões de investimento, destacam-se:

- Avaliação de empresas para fins de fusões, aquisições, cisões, reestruturações, abertura e fechamento de capital. Nesse caso, no processo de avaliação da empresa pelo valor presente de seu fluxo de caixa futuro, a taxa de desconto utilizada será forçosamente o custo de capital.
- Avaliação da viabilidade econômica de projetos de investimento e decisões de expansão/retração. Na avaliação de investimentos pelo método do valor presente líquido (VPL), ou por alguma de suas variantes, faz-se necessário definir uma taxa mínima de atratividade, que é obrigatoriamente igual ao custo de capital do

projeto. Quando o método de avaliação escolhido é o da taxa interna de retorno (TIR), são aprovados projetos cujo retorno é superior à taxa mínima de atratividade, ou seja, ao custo de capital.

Utilização do custo de capital na avaliação de decisões de financiamento

Outra utilização do custo de capital é no apoio a decisões de financiamento da empresa, com capital próprio ou de terceiros. Nesse caso, destacam-se as seguintes aplicações:

- Seleção de alternativas de financiamento pelo método do valor presente, calculado pelo custo do capital de terceiros. Essa técnica é preferida quando da análise de alternativas de financiamento de projetos com características fiscais diferenciadas, como o *leasing*, ou com operações de custo favorecido, como as realizadas com o BNDES.
- Determinação da viabilidade e do preço de lançamento de ações, que deverão prometer ao comprador potencial um retorno pelo menos igual ao custo do capital próprio da empresa.
- Otimização da estrutura de capital. Essa aplicação é útil na definição do significado da estrutura ótima de capital.

Utilização do custo de capital nas operações da empresa

Por fim, o custo de capital é utilizado em uma série de decisões operacionais ligadas mais ao dia a dia da gestão empresarial do que às decisões de longo prazo, como as de investimento e financiamento. A seguir, são destacadas algumas dessas aplicações:

- Fixação de metas para o alcance de resultados futuros por parte dos administradores da empresa ou das unidades de negócio. O resultado mínimo exigido dos administradores, a partir do qual fazem jus a alguma premiação, é justamente o custo de capital da empresa.
- Decisão do tipo 'fazer ou comprar' e 'alugar ou comprar', em que é avaliado o valor presente de cada alternativa considerada.
- Otimização de volumes de estoques e compras, em que o custo de capital referente ao valor do estoque é um importante argumento para sua redução.
- Determinação de preços ao mercado ou de transferência entre unidades. Nesse caso, o custo de capital é importante na definição do valor do retorno mínimo a ser obtido sobre o capital empregado, valor esse que deve ser embutido nos preços.

CAPITAL ASSET PRICING MODEL — CAPM

A determinação do custo do capital próprio é um dos assuntos mais polêmicos nos meios acadêmicos, governamentais e empresariais, sobretudo pela falta de consenso quanto aos critérios e às premissas que a fundamentam. A metodologia mais difundida para o cálculo desse custo é o CAPM (*capital asset pricing model* — modelo de apreçamento de ativos de capital).

O CAPM é baseado na ideia de que o risco tem duas partes: risco diversificável e risco não diversificável.

O risco diversificável ou não sistemático representa a parcela de risco do ativo avaliado que está associada às suas características e pode ser diminuída com a diversificação. Ele é representado por eventos específicos que afetam determinado ativo, como características operacionais e financeiras particulares do ativo, greves, processos trabalhistas, ações regulatórias, perda de um cliente importante e falta de suprimento de matérias-primas. Quando construímos uma carteira de ativos, podemos, com a diversificação, diminuir tal risco.

O risco não diversificável ou sistemático é atribuído a fatores de mercado que afetam, em geral, todas as empresas e não podem ser eliminados ou diminuídos com a diversificação. Fatores como guerras, inflação e crises internacionais, políticas, sociais e econômicas são eventos de risco não diversificável. Pressupõe-se que todo investidor pode, com a diversificação, eliminar os riscos diversificáveis. Portanto, o único risco relevante para aqueles que têm posições em diversas ações, títulos e empresas é o não diversificável.

Pelo CAPM, o retorno esperado de um ativo é a soma do retorno do ativo sem risco com um prêmio pelo risco. Esse prêmio é o diferencial de retorno entre o retorno da carteira de mercado e o do ativo livre de risco, ponderado por um fator que indica o grau de sensibilidade do ativo em questão às variações no retorno desse diferencial. A versão clássica do CAPM pode ser calculada como mostra o Quadro 6.1.

QUADRO 6.1

CÁLCULO DO CAPM CLÁSSICO

$$R_e = R_f + \beta \cdot (R_m - R_f)$$

Onde:

R_e = o retorno esperado das ações da empresa (utilizado como custo do capital próprio)

R_f = o retorno do ativo livre de risco

R_m = o retorno esperado para a carteira de mercado

β = a sensibilidade da ação em relação ao mercado de ações

A metodologia do CAPM tem como principais características: (1) por meio da diversificação, o investidor eliminará todo o risco não sistemático, diversificável, e (2) concentrará seus investimentos em um ativo livre de risco, em uma carteira de mercado ou em uma combinação de ambos.

Um alerta: a utilização do modelo do CAPM para calcular o custo de capital de uma empresa ignora a importância do risco próprio dela, que para um investidor do mercado seria diversificável e, portanto, irrelevante. Investidores que concentram seus investimentos em uma única empresa não correm apenas o risco sistemático, do mercado, mas correm também o risco próprio do negócio, difícil de ser estimado. Para esses empresários, o benefício da diversificação não é atingível. Alguns analistas financeiros utilizam um *spread* de risco pela concentração do investimento em uma única empresa, levando em conta sua baixa liquidez ou seu porte.

Abertura dos componentes do CAPM

A seguir serão detalhados os componentes do CAPM e a forma de obtê-los nos países desenvolvidos e nos emergentes.

Taxa de inflação norte-americana de longo prazo

Uma vez que as projeções geralmente são realizadas em moeda real e as taxas utilizadas no cálculo da taxa de desconto são nominais, deve-se subtrair da taxa de desconto calculada pelos parâmetros já apresentados a taxa de inflação norte-americana esperada, para que sejam usadas taxas de retorno reais.

A Figura 6.1 mostra a inflação ao consumidor nos Estados Unidos desde 1928. Vê-se que a taxa anual oscilou entre uma inflação de 14,4% e uma deflação de 9,9%.

Melhor que simplesmente tomar a última taxa anual é estimar a expectativa de longo prazo a partir do patamar dos anos imediatamente anteriores. A Figura 6.1 mostra que a inflação do dólar tem permanecido estável, ao redor de 2,5% anuais.

Taxa livre de risco (R_f)

É considerado um ativo sem risco aquele que possui risco mínimo de *default*, ou seja, quase não há risco de a instituição emissora não honrar o compromisso. Nos Estados Unidos, os títulos de longo prazo do Tesouro norte-americano de dez anos ou de 30 anos são considerados *proxies* adequadas do ativo sem risco, e no modelo CAPM a taxa de retorno desses títulos é apresentada como R_f.

Copeland et al. (2002)[1] aconselham o uso apenas da taxa dos títulos de dez anos, pelos seguintes motivos:

FIGURA 6.1 INFLAÇÃO NORTE-AMERICANA

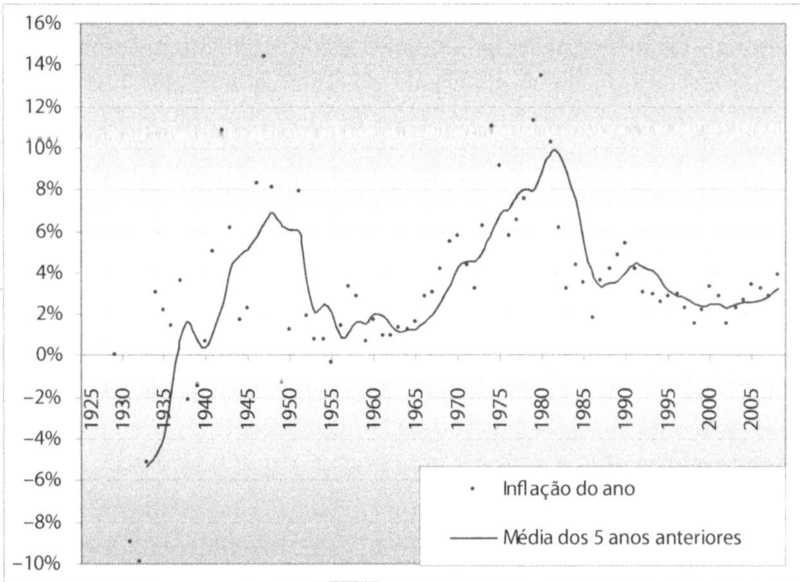

- É uma taxa de longo prazo que, em geral, fica muito próxima, em extensão temporal, dos fluxos de caixa da empresa que está sendo avaliada.
- A taxa de dez anos aproxima-se, em termos de prazo de duração, do portfólio dos índices do mercado acionário — por exemplo, do S&P 500 — e, portanto, é consistente com os betas e os prêmios pelo risco estimados para esse portfólio.
- É menos sensível a mudanças inesperadas na inflação, apresentando, dessa maneira, beta menor. Além disso, o prêmio de liquidez embutido nas taxas de dez anos pode ser ligeiramente menor do que o encontrado nos títulos de 30 anos.

Em fevereiro de 2008, o retorno do T-Bond de dez anos era de 2,84%, o que, com uma inflação de 0,3%, aponta para uma taxa real do ativo livre de risco de 2,5%.

Prêmio pelo risco de mercado (R_m - R_f)

A diferença entre a taxa de retorno esperada do portfólio de mercado e a taxa de retorno do ativo sem risco é considerada o prêmio pelo risco do portfólio de mercado. Na verdade, como o retorno do portfólio de mercado é incerto, há um prêmio para o investidor por retê-lo, em vez de reter o ativo sem risco, cujo retorno é praticamente certo.

Com certa frequência, são utilizados períodos pequenos, como de cinco ou dez anos, o que pode se traduzir em erro grave, pois o retorno do mercado de ações é tão volátil que o desvio padrão do retorno médio do mercado em períodos curtos torna-se muito grande. Entretanto, se o padrão de retornos do mercado mudar, as estimativas de longuíssimo prazo também não serão adequadas para refletir as expectativas futuras dos investidores.

O retorno da carteira de ações no Standard & Poor's 500 Stock Composite Index (S&P 500) geralmente é usado para medir o retorno do mercado nos Estados Unidos. Naquele país é possível obter dados históricos de taxas de ativos livres de risco e de carteiras que representam o mercado desde pelo menos 1928, apresentados na Figura 6.2. A figura mostra o valor de US$ 1 aplicado em 1928 no mercado acionário norte-americano e a diferença entre esse valor e o de US$ 1 aplicado em títulos de renda fixa de dez anos. Para facilitar a visualização, a escala utilizada é a logarítmica.

Na figura, a curva da razão entre US$ 1 aplicado em ações e US$ 1 aplicado em renda fixa, ambos nos Estados Unidos, tem um coeficiente angular médio de 4%. A linha de tendência permaneceu inalterada, o que indica sua robustez. Considerando-se o período de relativa estabilidade desde 1954, o prêmio de risco do mercado acionário norte-americano foi de 4%.

Normalmente, os analistas calculam uma média dos dados históricos de prêmio pelo risco e a utilizam como sendo igual ao prêmio pelo risco esperado. A racionalidade por

FIGURA 6.2 RETORNO DO MERCADO ACIONÁRIO NORTE-AMERICANO

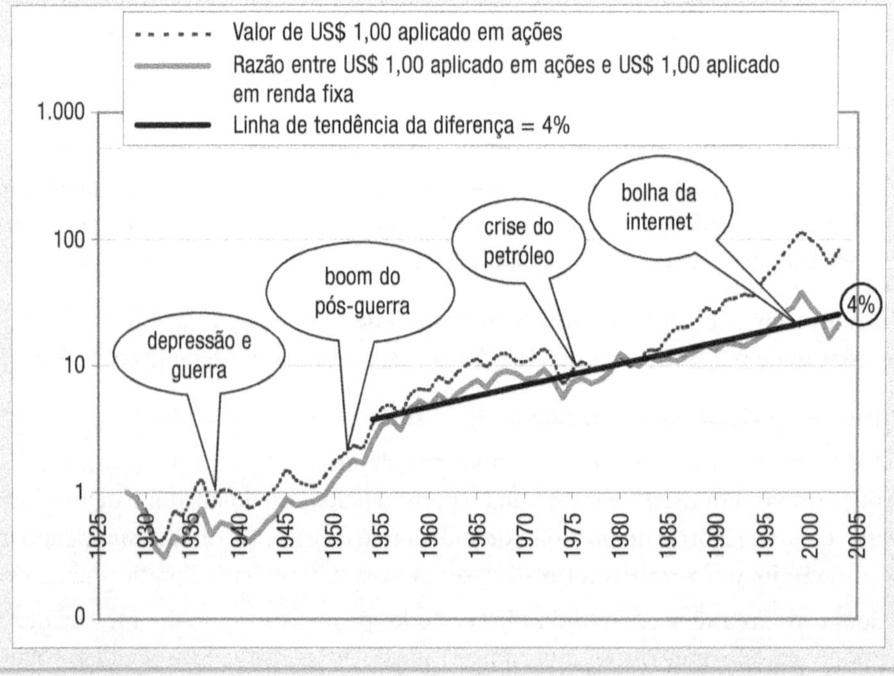

trás disso é simples: (1) a longo prazo, a economia norte-americana vai bem, obrigado; (2) os investidores têm oferecido o capital necessário para alimentá-la em abundância; (3) portanto, não há por que imaginar que eles exijam um retorno maior do que vêm obtendo; (4) os investidores provavelmente alocariam seus recursos em outros ativos se o patamar de remuneração fosse menor; (5) um histórico longo reflete crises e saltos suficientes para que o risco de mercado esteja compreendido no retorno; (6) o retorno passado é o que os investidores esperam receber e o que as empresas esperam pagar; (7) portanto, diante da estabilidade do sucesso das décadas passadas, é razoável esperar um retorno equivalente ao que vem sendo obtido.

Usando os mesmos dados e um período similar, Damodaran (2004)[2] chega a um resultado semelhante, conforme mostrado no Quadro 6.2, em que a média geométrica do prêmio do risco de mercado para o período de 1963 a 2003 é de 3,8%.

No Brasil, essa metodologia não é muito adequada, uma vez que não temos uma série de dados tão longa quanto a norte-americana e nossa economia tem enfrentado muito mais turbulências do que a dos Estados Unidos. Além disso, há uma baixa representatividade das ações ordinárias na bolsa de valores e um *disclosure* inferior das empresas abertas, o que torna recomendável a utilização dos valores das bolsas norte-americanas, em vez dos da Bovespa.

Os dados do Quadro 6.2 costumam ser utilizados por analistas para justificar prêmios de risco de mercado que variam de 8% até 5,6%, dependendo de seus interesses.

QUADRO 6.2

TAXA LIVRE DE RISCO E RETORNO DE MERCADO

Média aritmética dos Estados Unidos

Período	Ações	T-Bonds	Prêmio de mercado
1928-2008	11,09%	5,45%	5,65%
1959-2008	10,53%	7,20%	3,33%
1999-2008	0,65%	6,91%	–6,26%

Média geométrica dos Estados Unidos

Período	Ações	T-Bonds	Prêmio de mercado
1928-2008	9,07%	5,19%	3,88%
1959-2008	9,12%	6,84%	2,29%
1999-2008	–1,36%	6,59%	–7,96%

Fonte: Damodaran (www.damodaran.com).

É a primeira vez que aparece nessa tabela essa grande discrepância dos números, que pode ser verificada anualmente. Isto se deve à grande crise financeira de 2008, e a situação certamente voltará à normalidade quando a economia voltar a crescer. É comum encontrar uma faixa de risco variando entre 2,5 e 6,5%. Nota-se que a média geométrica dos Estados Unidos, de 1928 a 2008, é de 3,88%, muito próxima dos 4% encontrados na Figura 6.2 elaborada pelos autores deste livro.

Outro motivo para a utilização da referência norte-americana no cálculo do prêmio pelo risco de mercado no Brasil é o fato de que, em muitos anos, as elevadas taxas de juros e de retorno dos ativos livres de risco (que não são tão livres de risco assim) chegaram a superar o retorno de mercado, em decorrência das crises enfrentadas pelo país, resultando muitas vezes em um prêmio pelo risco de mercado negativo, que não pode representar o prêmio esperado para o futuro.

A seção "Na imprensa: quanto vale uma ação?" trata desse assunto. O texto aborda as metodologias de avaliação de empresas e o cálculo do custo de capital que questiona a valorização das ações no mercado norte-americano na década de 1990, abordando o 'efeito manada' e discutindo a possibilidade de o prêmio pelo risco de mercado ter se tornado igual a zero, dadas as estratosféricas cotações que muitas ações atingiram.

NA IMPRENSA

Quanto vale uma ação?

Em certo sentido, uma ação vale o preço pelo qual é possível vendê-la. No entanto, dizer que o valor de uma ação corresponde a seu preço não ajuda muito. O que os investidores realmente querem saber é como e por que o mercado chega a esse preço, já que isso pode oferecer pistas sobre o comportamento futuro da ação. Em outras palavras, qual é o valor fundamental de uma ação?

Dada a volatilidade das ações de algumas empresas nos dois últimos anos, o momento atual mostra-se particularmente adequado a essa indagação. Embora não seja único, o exemplo das ações das empresas ponto-com é o mais notório. Exemplo: em março de 1999, as ações da Amazon eram negociadas a US$ 60; em dezembro daquele ano, chegaram a US$ 106; hoje, baixaram a US$ 16. Não admira que, entre 1999 e 2000, tenha sido especialmente difícil avaliar muitas das ofertas primárias de ações de empresas de Internet. Mas a fantástica volatilidade não se limitou ao universo virtual: basta observar o movimento de ações de grandes empresas do setor TMT (tecnologia, meios de comunicação e telefonia), como Cisco, Intel e Nokia.

A teoria do 'mercado eficiente' argumenta que todas as informações disponíveis são automaticamente incorporadas no preço da ação. Portanto, as ações seguem um 'trajeto aleatório'. Se o trajeto é aleatório, isso significa que nenhum investidor jamais será capaz de obter resultado consistentemente melhor que o do próprio mercado.

Os analistas do mercado de ações empregam vários outros instrumentos de precificação, em especial os que permitem comparar os valores das ações e do mercado no presente e no passado. A mais conhecida é a relação preço/lucro, ou múltiplos, em que se divide o preço da ação pelo lucro, ou o seu inverso, a relação lucro/preço. Ambas podem ser calculadas com base em séries históricas ou de modo prospectivo. Uma segunda medida é a própria rentabilidade dos dividendos. Há também a relação price-to-book, que compara o valor de mercado das empresas com o valor contábil de seus ativos. E há ainda o *q* de Tobin, que é a relação entre o valor de mercado da empresa e o custo de reposição de seus ativos tangíveis. Aqui, o objetivo é estimar qual seria o custo de reconstituição, a partir do zero, da empresa.

Outra variável bastante mencionada é o 'prêmio pelo risco das ações', que mede o retorno extra que as ações (investimento de risco) em tese deveriam oferecer sobre o retorno que se pode obter com títulos públicos (investimento seguro). O prêmio é geralmente calculado para o mercado como um todo. Mas há também medidas de volatilidade que se aplicam a ações individuais. A mais conhecida é o índice beta, que mede a volatilidade de uma ação em relação à do mercado como um todo. As ações de pequenas empresas, em particular, costumam ter betas mais elevados, pois envolvem maior risco e oferecem menor liquidez – o que deveria se traduzir em retornos maiores.

Nenhum desses indicadores é plenamente satisfatório. Os lucros, por exemplo, são, em grande medida, um conceito contábil que pode ser facilmente mexido por diretores financeiros espertos. As relações de rentabilidade podem não ser confiáveis em tempos de baixa inflação, ou quando a oferta de títulos públicos encolhe. Além disso, os títulos não são investimentos perfeitamente seguros, como pode atestar qualquer pessoa que tenha investido neles em períodos de alta da inflação.

O prêmio pelo risco das ações pode ser calculado apenas *a posteriori*. Além disso, por vários anos os economistas consideraram esse indicador enigmático, pois parecia manter-se acima do justificado pelo aparentemente confiável retorno de longo prazo das ações. Numerosas hipóteses foram aventadas para explicar o enigma, mas a resposta mais plausível talvez seja a de que o prêmio varia segundo as circunstâncias e a liquidez do mercado – o que é de pouca serventia quando se trata de elaborar previsões.

Mesmo que insatisfatórias e por vezes contraditórias, essas medidas de precificação têm ao menos uma coisa em comum: praticamente todas indicam que, em duas décadas de alta, o mercado de ações dos Estados Unidos atingiu níveis extraordinariamente elevados para os padrões históricos. E a maioria dessas medidas sugere que, mesmo após as acentuadas quedas dos últimos meses, o mercado permanece muito valorizado.

A tendência entre os espíritos mais corajosos era afirmar que o prêmio pelo risco das ações havia caído acentuadamente, talvez mesmo a zero, uma vez que os investidores haviam despertado para a estabilidade de longo prazo do retorno do mercado acionário e para as promessas da nova economia. Mas, se em algum momento houve dúvidas, a recente queda do mercado serve para refutar categoricamente a ideia de que o prêmio pelo risco tenha chegado a zero.

De fato, algumas evidências sugerem que o prêmio sobre o risco pode ter caído um pouco. Economistas avaliam que, com a inflação em baixa, houve tendência de redução do prêmio – talvez porque isso tenha dado impressão de maior estabilidade ao retorno propiciado pelas ações. O longo mercado de alta, por si mesmo, é outro fator que tende a provocar a queda do prêmio pelo risco. A ascensão da cultura acionária e a disseminação do entendimento de que, a longo prazo, as ações tendem a sobrepujar os demais ativos talvez também tenham contribuído para a redução do prêmio pelo risco. Mas nenhum desses fatores seria suficiente para espremer o prêmio até próximo de zero – o que significa que a atual valorização do mercado ainda parece injustificável.

De todo modo, os otimistas de hoje já não demonstram a mesma crença no quase completo desaparecimento do prêmio pelo risco.

Otimistas e pessimistas talvez não cheguem a um acordo sobre a duração da atual baixa do mercado. Mas quase todos concordam que, ao menos no caso do Nasdaq, inflou-se, no fim da década de 1990, uma enorme bolha especulativa. Mas por que as bolhas se formam? Seria de esperar que o eficiente mercado – armado da experiência histórica e dos instrumentos de precificação discutidos acima – tratasse de furá-las antes mesmo que se formassem. Há várias respostas, além da óbvia possibilidade de que o mercado não seja, de fato, tão eficiente quanto supõe a teoria!

De certo modo, o mercado reflete o comportamento das massas. Das tulipas às estradas de ferro, à eletricidade e à Internet, o comportamento das massas criou bolhas financeiras com base na teoria de que sempre vale a pena comprar uma ação, mesmo que seu preço pareça alto, se há esperança de que, no futuro, alguém a comprará por preço ainda mais elevado. O mercado não parece tirar lições da história.

Robert Shiller, professor da Yale, lamenta que não tenham sido feitas pesquisas suficientes na área de "economia comportamental", cuja influência sobre o mercado, segundo suspeita, é bem maior que a das variáveis ultilizadas por qualquer sofisticada medida de precificação. Keynes compreendia isso e, como se sabe, preocupava-se com as consequências de que o mercado acionário se tornasse uma espécie de cassino.

Quanto à ideia de que a 'nova economia' justificaria um nível de preços para o mercado de ações substancialmente mais elevado que no passado, Shiller observa que argumentos similares foram defendidos nos anos 1920.

A experiência da bolha da Internet serve de respaldo à sua tese. Diante da valorização dos preços das ações que não atendia a nenhum critério de precificação tradicional, vários analistas inventaram um novo critério (por exemplo, considerar as receitas, no lugar dos lucros), em vez de chegar à conclusão de que as ações encontravam-se absurdamente sobrevalorizadas e que muito do entusiasmo em torno da nova economia era mera ficção.

Fonte: *Valor Econômico*, 8 de maio 2001. Extraído de *BusinessWeek*.

Beta (β)

O beta (β) é o coeficiente de risco específico da ação de uma empresa com relação a um índice de mercado que represente de maneira adequada o mercado acionário como um todo. No caso de avaliação de empresas que sejam listadas e tenham negociação expressiva em bolsas de valores, o beta da ação é calculado com a regressão de seus retornos semanais com relação ao índice de mercado selecionado durante um ou dois anos anteriores à data-base da avaliação.

Essa mensuração é aceita como uma medida padronizada de risco não diversificável de um ativo. A parte do risco que pode ser diversificada não é relevante, pois a diversificação é prática da maior parte dos investidores profissionais, que são quem fixa os preços de mercado. Os demais investidores têm pouco capital, afetam pouco o mercado, mantêm um comportamento menos racional e são menos relevantes. O beta é a medida de volatilidade dos retornos de um título com relação aos retornos do mercado como um todo, sendo calculado como mostra o Quadro 6.3.

A equação do Quadro 6.3 mostra os dois aspectos relevantes do beta. O risco da ação é tão maior quanto seu desvio padrão em relação ao de mercado. Esse risco é proporcional a seu coeficiente de correlação com o mercado. O beta é alto quando é alta a multiplicação dessas duas formas de ver o risco de uma ação.

As interpretações para os resultados obtidos são apresentadas na Tabela 6.1.

QUADRO 6.3

CÁLCULO DO BETA

$$\beta_j = \frac{Cov(R_j, R_m)}{\sigma^2(R_m)} \quad \text{ou} \quad \rho(R_j, R_m) \cdot \frac{\sigma(R_j)}{\sigma(R_m)}$$

Onde:

β_j	=	beta do ativo *j*
$Cov(R_m, R_j)$	=	covariância entre os retornos do ativo *j* e a carteira de mercado
$\sigma^2(R_m)$	=	variância dos retornos da carteira de mercado
$\rho(R_j, R_m)$	=	coeficiente de correlação entre os retornos do ativo *j* da carteira de mercado *m*
$\sigma(R_j)$	=	desvio padrão dos retornos do ativo *j*
$\sigma(R_m)$	=	desvio padrão dos retornos da carteira de mercado

TABELA 6.1 INTERPRETAÇÃO DO BETA

Beta	Exemplo	Interpretação do exemplo
1,0	1,0	A ação tem o *mesmo* risco do mercado. Se o mercado subir 10%, a ação também tenderá a subir 10%. Se a variação do índice de mercado for de –10%, a ação também tenderá a variar em –10%.
>1,0	1,2	A ação tem um risco *maior* do que o risco de mercado. Se o mercado subir 10%, a ação tenderá a subir 12%. Se a variação for de –10%, a ação tenderá a cair 12%.
<1,0	0,8	A ação tem um risco *menor* do que o risco de mercado. Se o mercado subir 10%, a ação tenderá a subir 8%. Se a variação do índice de mercado for de –10%, a ação tenderá a cair 8%.

A Tabela 6.2 mostra os betas de algumas empresas brasileiras, tendo como base o Ibovespa e o S&P 500.

Onde obter os betas das empresas

As principais fontes de informação sobre betas são os sistemas de informação Bloomberg, Reuters, Economática e Lafis, além do site www.risktech.com.br, voltado exclusivamente para empresas brasileiras.

No Quadro 6.4 são apresentados os betas históricos da Petrobras (1,077) e da Vale (1,050), calculados pelo sistema Bloomberg em março de 2009. É importante observar a dispersão dos pontos no gráfico das duas empresas.

TABELA 6.2 BETAS DE EMPRESAS BRASILEIRAS

Empresa	Bolsa	Beta
Aracruz	Ibovespa	0,11
Aracruz	S&P 500	0,26
Ambev	Ibovespa	0,47
Ambev	S&P 500	0,45
Bradesco	Ibovespa	0,98
Bradesco	S&P 500	0,56
Embraer	Ibovespa	0,37
Embraer	S&P 500	0,56
Petrobras	Ibovespa	0,97
Petrobras	S&P 500	0,79
Suzano	Ibovespa	0,25
Suzano	S&P 500	0,17
Unibanco	Ibovespa	0,89
Unibanco	S&P 500	0,58
Vale	Ibovespa	0,03
Vale	S&P 500	–0,04

Fonte: Bloomberg.

Beta alavancado e realavancado

A forma de cálculo do beta alavancado e do realavancado está descrita no Quadro 6.5.

Vamos a um exemplo.

A tradicional fabricante de injetoras de plásticos Jet Flex, de capital fechado, pretende efetuar a venda de seu controle. Com a finalidade de dar continuidade ao processo, contratou uma empresa de consultoria para realizar uma avaliação financeira. Ao final das projeções, o analista teve de calcular a taxa de desconto mais adequada.

Foram encontradas cinco empresas de capital aberto que produziam itens semelhantes aos da Jet Flex. De posse dos dados, foi possível montar a Tabela 6.3.

Com isso, o cálculo do beta para a Jet Flex foi simplificado, partindo-se do raciocínio mostrado na Tabela 6.4.

QUADRO 6.4

BETAS HISTÓRICOS DA PETROBRAS E DA VALE

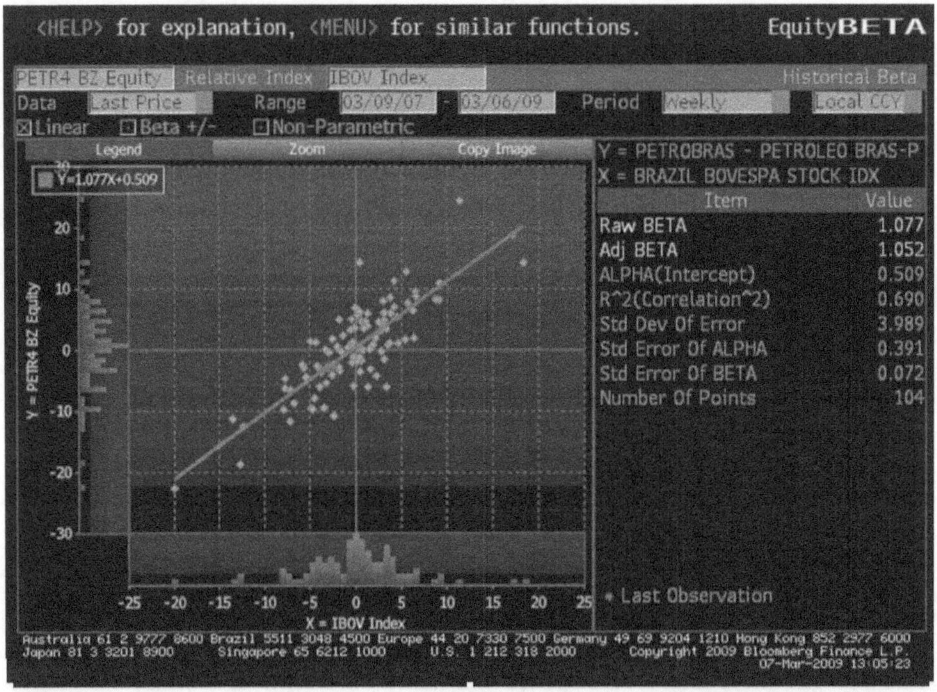

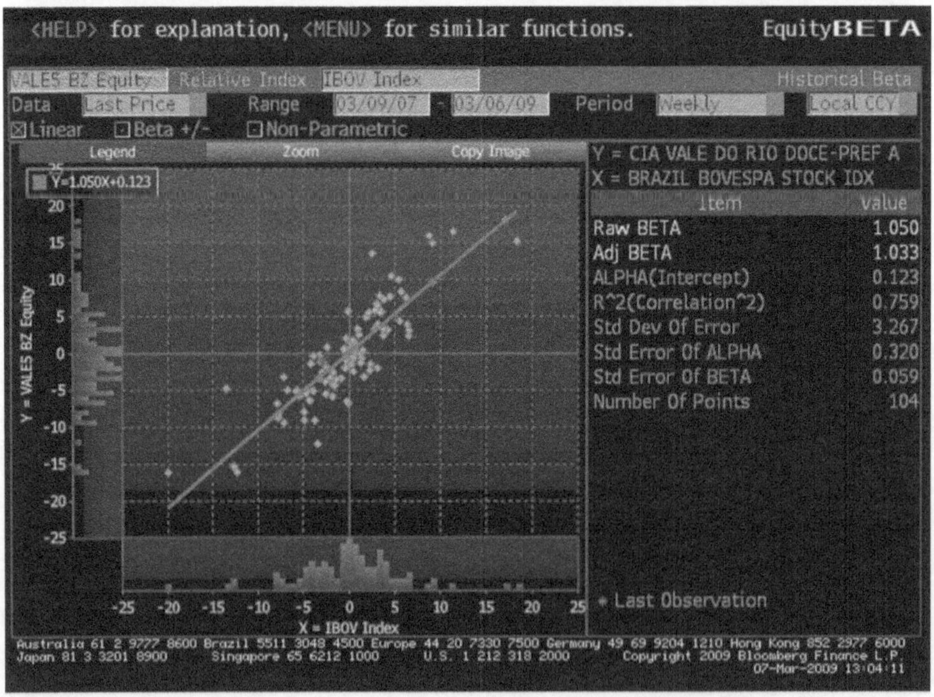

QUADRO 6.5

ALAVANCAGEM DO BETA

Beta realavancado

$$\beta_d = \frac{\beta_a}{[1 + (1 - T) * (D / VM)]}$$

Beta alavancado

$$\beta_r = \beta_d * [1 + (1 - T) * (D / VM)]$$

Onde:

β_a = beta alavancado
β_d = beta desalavancado
β_r = beta realavancado
T = alíquota de imposto de renda específica da empresa
D = endividamento oneroso
VM = valor de mercado

TABELA 6.3 BETA DESALAVANCADO E BETA ALAVANCADO

Cia.	Beta alavancado	Dívida/ valor de mercado	Imposto de renda (T)	Desalavancagem do beta [1+(1–T)*(D/VM)]	Beta desalavancado ß/[1+(1–T)*(D/VM)
A	1,2	55%	34%	1+(1–0,34)*(0,55) = 1,36	1,20/1,36 = 0,88
B	0,7	30%	34%	1+(1–0,34)*(0,30) = 1,20	0,70/1,20 = 0,58
C	1,7	60%	34%	1+(1–0,34)*(0,60) = 1,40	1,70/1,40 = 1,22
D	2,0	80%	34%	1+(1–0,34)*(0,80) = 1,53	2,0/1,53 = 1,31
E	0,5	10%	34%	1+(1–0,34)*(0,10) = 1,07	0,5/1,07 = 0,47
Média	1,2				0,89

TABELA 6.4 CÁLCULO DO BETA ALAVANCADO

Beta desalavancado	Dívida/ valor de mercado da Jet Flex	Imposto de renda (T)	Alavancagem do beta [1+(1–T)*(D/VM)]	Beta realavancado da Jet Flex ß*[1+(1–T)*(D/VM)]
0,89	75%	34%	1+(1–0,34)*(0,75) = 1,50	0,89*1,50 = 1,33

O índice beta da Jet Flex, já devidamente realavancado, é de 1,33. Se não tivesse sido feito o cálculo da desalavancagem do beta das empresas comparáveis com a posterior realavancagem com os dados da Jet Flex, o custo de capital da empresa teria sido subavaliado como 1,20.

UTILIZAÇÃO DO CAPM EM MERCADOS EMERGENTES

As principais limitações da aplicação do CAPM em países emergentes são:

- A utilização do CAPM pressupõe a existência de índices abrangentes de mercado de ações, ponderados pelo valor de mercado dessas ações (IBX), e não pela liquidez de seus títulos componentes (Ibovespa).
- As bolsas de países emergentes têm pequeno volume transacionado e excessiva concentração em poucos títulos e investidores, fazendo que os índices consolidados do mercado não representem de maneira adequada a carteira de mercado. Além disso, muitas grandes empresas são de capital fechado, o que faz que o índice de referência não represente com tanta fidelidade a realidade da economia.
- Quando o índice de referência de mercado é muito concentrado em poucas ações, o beta das empresas mostra muito mais a relação delas com as principais companhias que compõem o índice de referência do que com a carteira de mercado.
- O prêmio de risco de mercado ($R_m - R_f$) costuma ser muito oscilante, e às vezes negativo. No Brasil, em 2003, o retorno do mercado acionário superou o CDI — título tido como livre de risco, embora seja de curto prazo —, o que não ocorria desde 1997. Os anos de 2004 a 2007 também apresentaram resultados positivos, entretanto, em 2008, a desvalorização das bolsas superou 40%. Portanto, o ($R_m - R_f$) dos mercados locais ainda não representa uma expectativa e dificilmente pode ser utilizado. Certamente, daqui a alguns poucos anos os indicadores locais terão robustez e poderão ser empregados.
- A versão clássica do CAPM não considera um risco adicional para empresas fora dos Estados Unidos. Na prática, quando se avaliam empresas de países emergentes, deve-se acrescentar o risco-país. No entanto, não há consenso sobre qual a melhor maneira de calcular esse risco adicional.

Um erro que não deve ser cometido, principalmente em países emergentes, consiste em utilizar fluxos de caixa projetados em moeda real e taxas de desconto nominais (feitas com base nas taxas do mercado norte-americano). Fluxos de caixa em moeda real exigem taxa de desconto real, e fluxos de caixa em moeda nominal exigem taxa de desconto nominal.

Dados os problemas apresentados, é comum em países emergentes calcular o custo do capital próprio das empresas com base no modelo CAPM com dados norte-americanos, ajustados ao chamado risco soberano, como vemos expresso no Quadro 6.6.

Risco soberano

Quando a avaliação está sendo feita para uma empresa fora dos Estados Unidos e os dados básicos do modelo do cálculo do custo do capital próprio são oriundos desse país, faz-se necessária a inclusão de um prêmio pelo risco do país que sedia a empresa objeto da avaliação. No Capítulo 7 serão apresentadas todas as considerações sobre o risco-país, com a forma de cálculo e de projeção desse tipo de risco para fins de análise de projetos de investimento.

Outros riscos

O tamanho é um fator adicional que demanda um prêmio pelo risco e pode ser definido como um risco adicional suportado por investidores em pequenas e médias empresas. Esse risco adicional também é definido como prêmio pela falta de liquidez e pelo risco de investir em empresas menores. No Brasil, alguns avaliadores chegam a utilizar um prêmio de 1% a 6%, dependendo do tamanho da empresa, e o aplicam a empresas com faturamento inferior a R$ 200 milhões.

CUSTO DO CAPITAL DE TERCEIROS

O custo do capital de terceiros pode ser calculado a partir de valores de mercado correspondentes à taxa que a empresa poderia obter ou obtém em empréstimos de longo prazo. Considerando que os juros pagos são dedutíveis do imposto de renda e da contribuição social, o custo da dívida deve ser deduzido da alíquota marginal desses impostos.

No caso das dívidas de curto prazo, os valores contábeis e os de mercado tendem a ser muito próximos ou semelhantes, o que permite o uso dos valores contábeis como equivalentes a seus valores de mercado.

QUADRO 6.6

CAPM DE EMPRESAS DE PAÍSES EMERGENTES

$$R_e = R_f + \beta \cdot (R_m - R_f) + R_S$$

Onde:

R_S = risco soberano ou risco-país

A obtenção do valor presente de mercado das dívidas de longo prazo exige o desconto destas pela taxa média de financiamento vigente no mercado. Essa limitação torna mais fácil obter os valores de mercado das dívidas internamente do que por meio das demonstrações financeiras da empresa — por isso muitos avaliadores usam os valores contábeis que são facilmente visualizados nas demonstrações financeiras.

Para fins de cálculo do custo do capital de terceiros, deve-se usar a taxa de mercado atual, quando se trata de dívidas com riscos equivalentes. A taxa de desconto deve ser equivalente à taxa de mercado praticada para créditos concedidos com risco similar, ou seja, para empresas do mesmo porte, setor e credibilidade bancária.

Em virtude dos efeitos do benefício fiscal e do exemplo internacional, era de esperar que as empresas brasileiras tivessem endividamentos médios, talvez semelhantes aos europeus e norte-americanos, que se situam em torno de 120% e 150% do patrimônio líquido. Entretanto, a maioria escolhe ter endividamento relativamente muito baixo, entre 40% e 60%, segundo dados da ABM Consulting Group, do professor Alberto Borges Matias.

O que sobressai na análise desses números é o baixo nível geral de endividamento no Brasil. Esse comportamento conservador não deve ser atribuído a uma deficiente formação dos decisores, que poderia levá-los a desconhecer as vantagens do endividamento. Na verdade, deve-se exatamente ao contrário: ao aguçado conhecimento da realidade brasileira. Longe de se tratar apenas do reflexo de um maior risco operacional, esse menor endividamento também é originado a partir das restrições na oferta do crédito e do elevado custo de capital de terceiros prevalecentes na economia brasileira.

CUSTO MÉDIO PONDERADO DE CAPITAL

O custo médio ponderado de capital (CMPC) pode ser expresso como mostra o Quadro 6.7.

O CMPC reflete a taxa de atratividade da empresa (e a taxa de desconto a ser utilizada em sua avaliação) na análise de viabilidade de propostas de investimento de capital. É importante ressaltar que essa ponderação de taxas deve ser feita com base em valores de mercado, e não em valores contábeis registrados. O CMPC é a taxa de desconto a ser utilizada para trazer os fluxos de caixa da empresa a valor presente.

ESTRUTURA ÓTIMA DE CAPITAL

As dificuldades na determinação das curvas dos custos de capital próprio e de terceiros trazem incertezas na determinação exata do endividamento ótimo, a ponto de ser mais apropriado referir-se a uma região ótima.

QUADRO 6.7

CUSTO MÉDIO PONDERADO DE CAPITAL (CMPC)

Custo do capital próprio × **Proporção do capital próprio no capital investido**

\+

Custo do capital de terceiros (Considerar o benefício fiscal do IR sobre os juros e encargos financeiros) × **Proporção do capital de terceiros no capital investido**

= **CMPC**

O efeito da incerteza na determinação da estrutura ótima, combinado com o dos custos de transação — necessários para mudar a estrutura de capital de um ponto para outro —, provoca o surgimento de uma faixa ótima, como a mostrada na Figura 6.3, dentro da qual se espera encontrar o endividamento da empresa.

FIGURA 6.3 REPRESENTAÇÃO GRÁFICA DA ESTRUTURA ÓTIMA DE CAPITAL BASEADA NO MÁXIMO VALOR DA EMPRESA

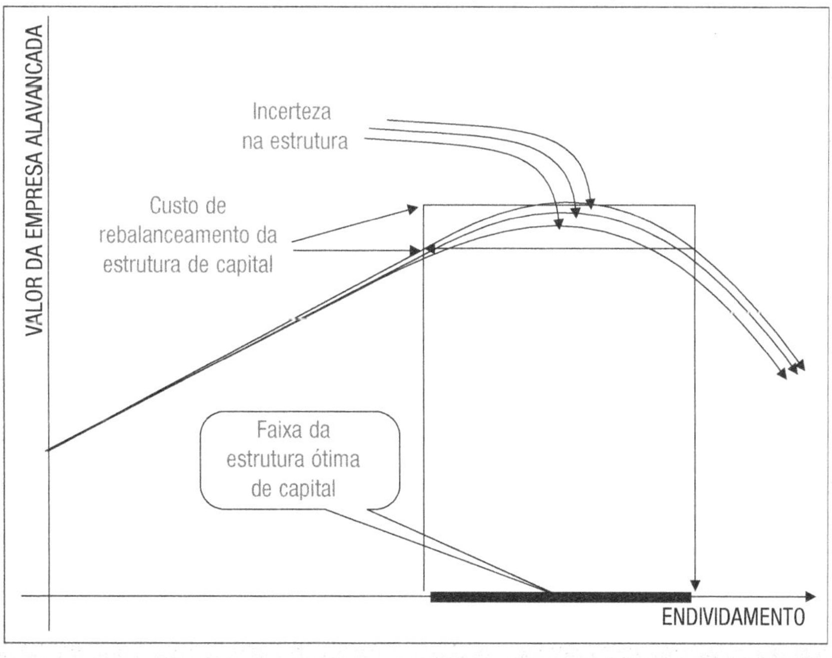

Utilização da estrutura ótima de capital para fins de avaliação de empresas

A utilização de uma estrutura de capital fixa ao longo de todo o período de projeção (assim como a de uma taxa de desconto fixa) é a forma mais rápida de avaliar empresas. Se for esperado que os mesmos proprietários preferirão uma estrutura de capital mais saudável, esta é a que deve ser utilizada, em lugar da atual, pois é a que melhor representa o futuro.

Copeland et al. (2002) sugerem que, em avaliação de empresas, é útil pensar em termos de estrutura de capital alvo, haja vista que a estrutura de capital atual da empresa pode diferir da habitual, ou, não sendo este o caso, pode diferenciar-se da estrutura estratégica pensada pela alta administração para as ações futuras. Por essa razão, pode ser importante questionar a alta administração sobre a existência de uma meta de alcance de uma estrutura ótima de capital, e nesse caso é dever do analista julgar a coerência e a possibilidade de alcance de tal meta.

Outro motivo para usar uma estrutura ótima de capital é o fato de esta resolver o problema de circularidade que envolve a estimativa do CMPC. Essa circularidade surge porque é preciso fazer as ponderações de capital próprio e de terceiros sobre o capital total com base nos valores de mercado para determinar o CMPC. Porém, como fazer isso sem saber qual é o valor de mercado do capital social dos acionistas? Na verdade, não se pode conhecer o CMPC sem saber qual o valor de mercado da parcela dos acionistas, nem conhecer o valor de mercado da parcela dos acionistas sem saber qual é o CMPC.

Custo de capital em moeda real e nominal

A pesquisa feita por Trizi e Pacheco (2006) mostrou que a preferência pelo tipo de moeda (real ou nominal) para a projeção dos fluxos de caixa e para o cálculo da taxa de desconto não está definida, com aproximadamente o mesmo número de praticantes de cada lado, como apresentado na Tabela 6.5.

Os avaliadores que optam pela moeda real o fazem com o intuito de simplificar a avaliação, pela dificuldade de prever a inflação e para aumentar a legibilidade da projeção:

- A projeção do fluxo de caixa livre em moeda real é mais simples. Entretanto, uma série de ajustes deve ser feita no caso da moeda real, como: calcular a perda tributária da não correção da depreciação, calcular a perda ou ganho com capital de giro, calcular a perda ou ganho com defasagens de preços e reconhecer que a inflação embutida nos juros também traz benefícios tributários. Em ambas as abordagens, devem ser adequadamente tratados os componentes de receita ou

TABELA 6.5 MOEDAS UTILIZADAS NO FLUXO DE CAIXA E NA TAXA DE DESCONTO

Moeda utilizada na projeção do fluxo de caixa	Moeda utilizada na taxa de desconto			
	Real	Nominal	Tanto faz	Total
Moeda real	13	2	-	15
Moeda nominal		12	-	12
Tanto faz	1	-	1	2
Total	**14**	**14**	**1**	**29**
Moeda real	44,8%	6,9%	-	51,7%
Moeda nominal	-	41,4%	-	41,4%
Tanto faz	3,4%	-	3,4%	6,9%
Total	**48,3%**	**48,3%**	**3,4%**	**100,0%**

custo que possivelmente tenham evoluções de preços diferentes da inflação geral, em especial os cambiais.

- A projeção da inflação em médio prazo é difícil, podendo resultar em um fluxo de caixa muito distante daquele que efetivamente será encontrado. Em especial em um país com forte memória inflacionária como o Brasil, muitos analistas duvidam da possibilidade de prever a inflação. Como ela é virtualmente impossível de prever para um período de muitos anos, pode ser mais realista considerá-la como neutra em médio prazo.
- A moeda real fornece uma visão mais intuitiva da evolução dos números da empresa. Em uma projeção em moeda nominal, a inflação se mescla com o aumento real de preços e quantidades, dificultando a leitura das projeções. A má compreensão das grandezas projetadas dificulta o surgimento de *insights* e induz à tomada de decisões estratégicas impróprias.

Conceitualmente, tanto faz se o fluxo de caixa e o custo de capital são reais ou nominais, desde que ambos sejam reais ou ambos sejam nominais. Na pesquisa, os autores perceberam que dois dos entrevistados, ambos avaliadores profissionais, cometeram a inconsistência de projetar o fluxo de caixa em moeda real e descontá-lo com uma taxa nominal.

O custo de capital estimado até agora reflete a realidade de um mercado emergente como o Brasil, mas ainda é uma taxa nominal válida para o investidor norte-americano. Em outras palavras, ele contém, além da taxa de desconto real, o padrão histórico de inflação do mercado norte-americano, que é bem diferente do brasileiro. Assim, ao avaliar uma empresa no mercado nacional, é necessário eliminar o efeito da inflação norte-americana sobra a taxa de desconto. Como a taxa encontrada anteriormente (R_e) é para um fluxo de caixa em dólares americanos nominais, o ajuste é realizado transformando esse valor para dólares americanos reais e, em seguida, adicionando a inflação brasileira. As novas taxas, real e nominal, em reais, são definidas por meio das equações do Quadro 6.8.

Como a estimação do custo de capital pelo CAPM considera os retornos nominais passados nos Estados Unidos, é coerente descontar a inflação passada desse país, pelo menos de um período razoável. Como o custo de capital a utilizar para avaliar uma empresa no Brasil refere-se ao fluxo de caixa futuro, é coerente utilizar uma inflação projetada. Assim, os principais indicadores para as taxas de inflação são:

O principal indicador utilizado para a inflação americana é o CPI (Consumer Price Index) passado, normalmente a inflação média dos últimos anos.

Os principais indicadores utilizados para a projeção da inflação brasileira são o IPCA (Índice Nacional de Preços ao Consumidor Amplo) e o IGP (Índice Geral de Preços), cujas projeções medianas podem ser obtidas no site do Banco Central do Brasil, Top5 Projection.

CUSTO DE CAPITAL NA PRÁTICA

A determinação do custo de capital de uma empresa é uma das etapas mais delicadas em um processo de avaliação, seja para fins negociais, de abertura de capital, seja para a elaboração de um laudo de avaliação. Se cem analistas forem chamados para calcular o custo de capital de uma grande empresa de capital aberto, é muito possível que se obtenham cem valores diferentes, que gerarão uma curva normal.

Em grande parte das avaliações, a defesa de uma taxa de custo de capital pode estar viesada pelo avaliador para que se chegue a uma taxa que vá ao encontro de seus interesses. A metodologia do CAPM é tão complexa e com diversas possibilidades de utilização de valores diferentes (Taxa aritmética ou geométrica? Qual histórico? Quais empresas semelhantes? etc.) que motiva muitos avaliadores de empresas experientes a

QUADRO 6.8

		Variáveis
Da taxa nominal para os EUA para a taxa real	$R_r = \frac{1 + R_e}{1 + \pi_{EUA}} - 1$	R_e = custo de capital nominal para os EUA π_{EUA} = inflação projetada para os EUA R_r = custo de capital real π_{BR} = inflação projetada para o Brasil R_n = custo de capital nominal para o Brasil
Da taxa real para a taxa nominal para o Brasil	$R_n = (1 + R_r)(1 + \pi_{BR}) - 1$	

não utilizar a metodologia de modo cego. Alguns analistas chegam a confiar exclusivamente nos valores de custo de capital que podem ser oriundos de pesquisa de mercado, análise de valores utilizados nas instituições financeiras e até mesmo advindos do *feeling* do avaliador. Essa prática pode parecer uma usurpação do modelo, mas na realidade pode decorrer do profundo conhecimento de taxas de desconto utilizadas no dia a dia pelos negociadores de empresas e avaliadores profissionais.

A metodologia do CAPM é a mais utilizada para fins de cálculo de custo de capital em avaliações de empresas; entretanto, cada vez mais estamos nos deparando com uma metodologia bastante peculiar, a do QCCD (Qual é o custo de capital desejado?).

NOTAS

1 Tom Copeland, Tim Koller, Jack Murrin. *Avaliação de empresas: calculando e gerenciando o valor das empresas "valuation"*, 3ª ed. São Paulo: Makron Books, 2002.
2 Home page de Aswath Damodaran (www.stern.nyu.edu/~adamodar).

CAPÍTULO 7

O RISCO BRASIL

Neste capítulo vamos analisar as formas de considerar o risco--país, também conhecido como risco soberano, no custo de capital das empresas.

Também serão apresentadas e analisadas algumas explicações sobre a elevação do risco Brasil em tempos recentes, sua volatilidade, a classificação de risco soberano das agências de *ratings* e como medir a exposição de uma empresa ao risco-país.

O QUE É O EMBI

A metodologia de cálculo dos títulos de dívida soberana de países emergentes foi desenvolvida pelo banco JP Morgan-Chase, com a criação do índice Embi (*emerging markets bonds index* — índice de títulos dos mercados emergentes), que serviu de base para o Embi Global e o Embi+.

O Embi+ representa o retorno médio diário de títulos da dívida. Para que ele seja composto, o país precisa obter *ratings* de crédito

BBB+/Baa1 ou inferiores, de acordo com as agências Standard & Poor's e Moody's. Os países da América Latina cobertos pelo índice eram, em outubro de 2003: Argentina, Brasil, Colômbia, México, Panamá, Peru, Equador e Venezuela. Já os não latinos eram: Bulgária, Egito, Malásia, Marrocos, África do Sul, Turquia, Ucrânia, Polônia, Rússia, Nigéria e Filipinas. Apesar de o índice cobrir os títulos emitidos pelos 19 países citados, os títulos do Brasil, do México e da Rússia, juntos, representavam aproximadamente 63% do indicador (veja a Figura 7.1).

Para a escolha dos títulos, é necessário que estes façam parte de uma emissão mínima de US$ 500 milhões e sejam negociados internacionalmente, além de precisarem ter liquidez. Quando um país recebe uma elevação de *rating*, é eliminado do índice e não pode voltar a fazer parte de sua composição nos 12 meses seguintes. Um título só pode ser acrescentado ao índice se estiver, no mínimo, a dois anos e meio do vencimento na data em que for qualificado para compô-lo. Essa composição é reavaliada mensalmente e o rebalanceamento acontece no final de cada mês.

O Embi Global é calculado da mesma maneira que o Embi+, mas segue um critério diferente de inclusão de países. O critério para inclusão de títulos no Embi Global não é tão rígido quanto o utilizado no Embi+: leva em consideração preços registrados em

FIGURA 7.1 COMPOSIÇÃO DO EMBI+ POR PAÍS

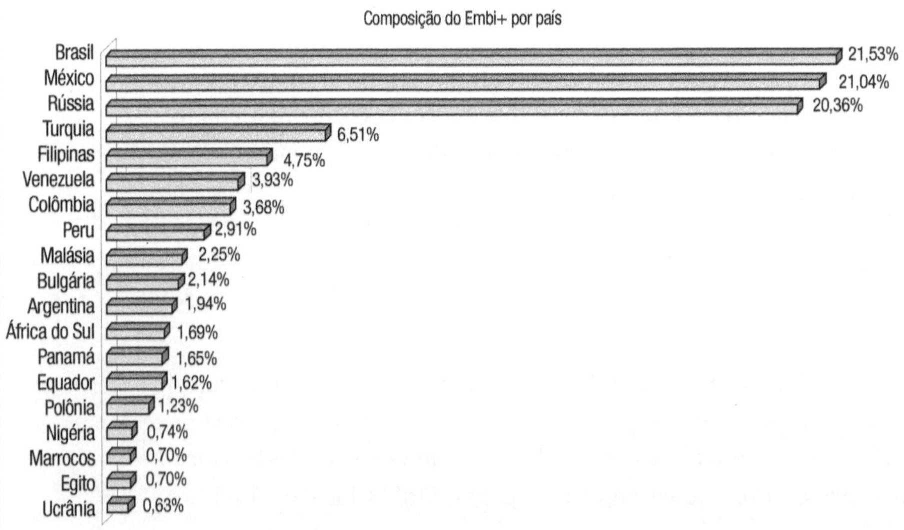

Fonte: Globalinvest (www.globalinvest.com.br). Acesso em out. 2003.

transações, ainda que os títulos a elas associados sejam de pouca liquidez, incluindo países de renda média ou baixa.

TÍTULOS SOBERANOS BRASILEIROS

O C-Bond foi o mais conhecido título soberano do Brasil até sua extinção em 2004. Entretanto, existem outros títulos de longo prazo que podem ser utilizados como referência para o cálculo do risco-país — entre eles, os Republic 20, 24, 27, 30 e 40 (veja a Tabela 7.1).

Na Tabela 7.2, pode ser vista a composição dos títulos brasileiros na formação do Embi+ em abril de 2003.

C-BOND E OUTROS TÍTULOS COMO MEDIDA DO RISCO BRASIL

O C-Bond nasceu em 1994, quando o governo brasileiro assinou um acordo de renegociação da dívida externa, o qual consistiu em trocar uma dívida por outra, de prazo mais longo e juros mais baixos.

Os valores que eram devidos pelo governo brasileiro aos bancos, principalmente norte-americanos, foram transformados em seis tipos de títulos com vencimento de até 30 anos. O C-Bond é um título de 20 anos, com carência de dez anos e vencimento em 14 de abril de 2014. O C-Bond foi um título sem nenhuma garantia e, por isso, é considerado risco Brasil puro.

Os outros títulos que podem ser utilizados como risco Brasil estão relacionados na Tabela 7.1. A escolha do título mais adequado para fins de avaliação de empresas deve ser feita com base em sua liquidez, maturidade e na duração do projeto analisado.

TABELA 7.1 PRINCIPAIS TÍTULOS SOBERANOS BRASILEIROS DE LONGO PRAZO

Título	Cupon[1]	Vencimento
Republic 20	12,75%	Jan. 2020
Republic 24	8,875%	Abr. 2024
Republic 27	10,125%	Maio 2027
Republic 30	12,25%	Mar. 2030
Republic 40	11%	Ago. 2040
C-Bond	8%	Abr. 2014
Média	**10,50%**	

Fonte: Globalinvest (www.globalinvest.com.br). Acesso em jan. 2004.

TABELA 7.2 COMPOSIÇÃO DOS TÍTULOS SOBERANOS BRASILEIROS NO EMBI+

Carteira de títulos do Brasil que compõem o Embi+					
Título	**Peso no índice**	**Preço em 29.04.03**	**Var. mês**	**Var. ano**	**Var. 12 meses**
C-Bonds	3,43	86,867	9,9%	31,2%	9,8%
DCBs	1,62	73,272	10,5%	33,1%	1,3%
Discounts-Z	0,95	71,591	5,7%	18,4%	–2,3%
EI bonds	1,01	93,110	2,1%	15,5%	3,6%
NMB-94	0,69	82,652	4,5%	25,3%	0,2%
Pars-Z	0,93	76,097	6,3%	17,4%	11,0%
Republic 9,625% 05	0,65	103,323	2,4%	15,8%	6,1%
Republic 10,25% 06	0,96	102,673	3,4%	20,0%	5,5%
Republic 11,25% 07	0,91	101,380	7,8%	31,8%	4,2%
Republic 11,50% 08	0,73	100,571	8,3%	31,9%	3,8%
Republic 14,50% 09	1,37	111,554	9,9%	34,5%	3,3%
Republic 11,00% 12	0,69	95,668	11,9%	42,7%	7,3%
Republic 12,75% 20	0,57	99,437	13,5%	40,2%	6,5%
Republic 8,875% 24	0,94	73,776	13,4%	34,3%	8,4%
Republic 10,125% 27	1,66	81,061	13,5%	33,7%	7,5%
Republic 12,25% 30	0,85	94,943	32,6%	46,5%	38,5%
Republic 11,00% 40	2,51	85,517	13,4%	35,2%	7,9%

Fonte: Globalinvest (www.globalinvest.com.br). Acesso em abr. 2003.

A cotação pela qual o C-Bond foi transacionado é dada em forma de deságio sobre o valor de emissão dos títulos. O tamanho do deságio reflete o grau de confiança de que o governo brasileiro vai honrar a dívida no vencimento. Quanto maior o deságio, menor a confiança. Em 9 de janeiro de 2004, esse título foi negociado a 100% do seu valor de face; entretanto, em momentos passados, tal cotação chegou a 48% — um nível de grande desconfiança. Além disso, quanto maior o deságio com que o título é negociado, maior o rendimento prometido, uma vez que o investidor estará desembolsando menos com o mesmo valor de face, sobre o qual incidem os juros pagos.

O mercado financeiro costuma medir o rendimento do C-Bond na forma de prêmio (*spread*) em relação ao juro dos títulos do Tesouro dos Estados Unidos. Os chamados *treasuries* norte-americanos são considerados os títulos com menor risco no mundo — seu risco é considerado nulo — e, por essa razão, servem como referência para os demais. Quanto maior o *spread* que o C-Bond paga sobre o *treasury*, maior risco os investidores estão atribuindo ao Brasil.

Na Figura 7.2 é mostrada a evolução do risco Brasil nos últimos anos, com destaque para as principais crises ocorridas.

O aumento do risco Brasil, que variou entre 4% e 6% entre 1996 e 1997 e atingiu patamares superiores a 7% em 1998, foi consequência da perspectiva de uma desvalorização cambial e de seus riscos — entre eles, o descontrole da inflação, o aumento do endividamento do país e a própria moratória. O aumento da dívida do Brasil após 1998 (dívida líquida em porcentagem do PIB) foi um dos principais fatores do aumento do risco.

A trajetória de queda do risco Brasil observada entre os anos de 2003 e meados de 2008 pode ser explicada por uma série de razões — entre elas, o aumento do volume do fluxo de capital externo para o Brasil e outros países emergentes e a correção do exagero ocorrido em 2002, em função da crise argentina, das eleições presidenciais brasileiras, da crise política da Venezuela e da iminente guerra entre Estados Unidos e Iraque.

RISCO DOS PAÍSES

A Tabela 7.3 mostra o risco-país de todas as nações classificadas pelo índice Embi+. Em 31 de dezembro de 2003, o Brasil possuía o quinto maior risco do mundo, atrás apenas da Argentina, Equador, Nigéria e Venezuela.

FIGURA 7.2 COTAÇÕES E VOLATILIDADE DO C-BOND

Fonte: Globalinvest (www.globalinvest.com.br). Acesso em abr. 2003.

TABELA 7.3 O RISCO DE DIVERSOS PAÍSES

País	*Rating* Moody's	*Rating* S&P	Risco-país 31.12.03	Máxima Bps*	Máxima Data	Mínima Bps	Mínima Data	Var. mensal %	Var. mensal Bps	Var. anual %	Var. anual Bps	Var. 12 meses %	Var. 12 meses Bps
EMBI +	—	—	418	1.675	10/09/98	418	31/12/03	–7,3%	(33)	–44,9%	(341)	–44,9%	(341)
África do Sul	Baa2	BBB	142	425	08/11/02	117	26/11/03	–10,1%	(16)	–39,1%	(91)	–39,1%	(91)
Argentina	Caa1	SD	5.739	7.199	03/07/02	383	23/03/98	–8,1%	(508)	–9,7%	(619)	–9,7%	(619)
Brasil	B2	B+	463	2.443	27/09/02	429	23/03/98	–12,3%	(65)	–67,8%	(976)	–67,8%	(976)
Bulgária	Ba2	BB+	177	1.000	02/06/99	169	23/12/03	0%	0	–38,5%	(111)	–38,5%	(111)
Colômbia	Ba2	BB	431	1.096	23/09/02	394	22/08/03	–5,5%	(25)	–32,7%	(209)	–32,7%	(209)
Egito	Ba1	BB+	138	572	30/09/02	119	10/11/03	7%	9	–64%	(245)	–64%	(245)
Equador	Caa2	CCC+	799	4.712	05/06/00	799	31/12/03	–11,9%	(108)	–55,5%	(995)	–55,5%	(995)
Filipinas	Ba1	BB	415	743	25/10/00	315	03/01/00	–11,5%	(54)	–20,8%	(109)	–20,8%	(109)
Malásia	Baa1	A–	71	330	09/10/02	65	10/10/03	–9%	(7)	–57,2%	(95)	–57,2%	(95)
Marrocos	Ba1	BB	160	891	13/01/99	142	19/12/03	–2,4%	(4)	–59%	(230)	–59%	(230)
México	Baa2	BBB–	199	979	14/01/99	186	06/11/03	–2%	(4)	–38,6%	(125)	–38,6%	(125)
Nigéria	—	—	733	3.931	30/09/02	668	08/10/03	6,9%	47	–66,9%	(1.479)	–66,9%	(1.479)
Panamá	Ba1	BB	335	592	20/08/99	314	16/10/03	–1,5%	(5)	–23,7%	(104)	–23,7%	(104)
Peru	Ba3	BB–	312	897	13/08/02	281	17/10/03	–1,3%	(4)	–48,5%	(294)	–48,5%	(294)
Polônia	A2	BBB+	69	307	14/01/99	5	15/07/03	0%	0	–61,2%	(109)	–61,2%	(109)
Rússia	Baa3	BB	257	6.357	18/12/98	214	08/10/03	–5,9%	(16)	–45,6%	(215)	–45,6%	(215)
Turquia	B1	B+	309	1.197	19/07/01	297	17/12/03	–13,9%	(50)	–55%	(378)	–55%	(378)
Ucrânia	B2	B	258	1.677	21/08/01	134	29/12/03	48,3%	84	–61,4%	(410)	–61,4%	(410)
Venezuela	Caa1	B–	593	1.668	14/01/99	589	30/12/03	–13,8%	(95)	–47%	(525)	–47%	(525)

* Bases points

Fonte: Globalinvest (www.globalinvest.com.br). Acesso em jan. 2004.

VOLATILIDADE DOS TÍTULOS SOBERANOS DO BRASIL

O risco Brasil representa um prêmio, pela possibilidade de o Estado não honrar o pagamento de suas dívidas de longo prazo. Desde que começou a ser medido pelo índice Embi+, o Brasil enfrentou diversas intempéries originárias dos mercados interno e externo, que culminaram em grandes oscilações do risco-país. As escaladas desse risco já tiveram diversas causas e explicações ao longo dos anos, conforme pode ser visto na Figura 7.2.

Considerando que o risco-país representa a possibilidade de *default* dos títulos soberanos, quais crises enfrentadas pelo Brasil e por outros países poderiam influenciar a capacidade de pagamento do governo brasileiro? Certamente, a moratória de um país como a Rússia, com o qual o Brasil não apresentava dependência comercial significativa nem semelhança em relação às condições econômicas, não deveria ter gerado grande aumento do risco Brasil.

Contudo, os problemas de um país podem sinalizar ao mercado que outras nações estão em perigo. A crise mexicana sinalizou ao mercado que os países com sistema de 'câmbio fixo' — Brasil e Argentina — não seriam capazes de sustentar tal regime no longo prazo. Assim, o aumento do risco-país em decorrência dessa crise externa foi 'apreçada' corretamente, já que um problema cambial pode contribuir para a quebra de uma nação.

Outro fenômeno que ocorre em períodos de crise é a concentração dos investimentos em títulos de países desenvolvidos, que são considerados livres de risco. Os investidores rapidamente se desfazem de suas posições em alguns mercados emergentes, o que provoca a desvalorização dos títulos desses mercados. É o chamado *flight to quality*. Para evitar uma fuga de capital muito grande, a solução tradicional, adotada nesses momentos por grande parte dos governos, é aumentar a taxa de juros interna. O inverso também ocorre. Em condições de crescimento econômico e euforia, os investidores destinam uma parcela de suas aplicações aos países emergentes, pois a rentabilidade dos títulos de tais países normalmente é maior.

Em momentos de crise, os fluxos de investimentos internacionais tendem a diminuir, tanto em países desenvolvidos quanto em países emergentes. Para estes últimos, isso pode ser um problema, uma vez que dependem de tais fluxos para manter uma balança de pagamentos positiva. Quando esses fluxos diminuem, ocorre uma pressão por compra de moeda forte, o que pode levar à desvalorização da moeda nacional e à inflação.

Outra razão para os investidores se desfazerem de títulos soberanos em momentos de crise se deve ao fato de que estes estão inclusos nas carteiras de investimentos dos bancos, podendo ser vendidos a qualquer momento quando os bancos precisarem de caixa para fazer frente aos prejuízos incorridos com outros títulos de empresas e países.

Um país pode quebrar quando apresenta uma condição econômica frágil, dependente de investimentos externos, e a situação econômica global se torna recessiva. Entretanto, a moratória de um país está mais associada aos fundamentos econômicos internos do que ao impacto de crises externas. Bons fundamentos permitem aos países serem menos vulneráveis, enquanto os países em situação mais frágil podem quebrar em momentos de crise global.

No Brasil, por exemplo, uma reforma previdenciária que diminua o déficit governamental no futuro, reduzindo, assim, a possibilidade de quebra do país, poderá reduzir o risco do país. Uma reforma tributária que leve equilíbrio para as contas correntes do governo e competitividade para as empresas também poderá contribuir para a menor percepção do risco brasileiro.

A Tabela 7.4, elaborada pelo banco de investimentos Merryl Lynch com dados disponíveis até novembro de 2003, mostra claramente por que o Brasil apresenta mais risco do que países como México e Rússia, por exemplo.

TABELA 7.4 **ANÁLISE COMPARATIVA DO ENDIVIDAMENTO E DAS RESERVAS DO BRASIL E DE OUTROS PAÍSES**

	Brasil	Argentina	México	Rússia	Indonésia	Coreia	Filipinas	Tailândia
Dívida externa/exportações	2,65	4,75	0,81	1,44	1,94	0,62	1,28	0,60
Serviço da dívida externa/exportações	0,52	—	0,16	0,16	0,29	0,09	0,19	0,11
Dívida externa/PIB	0,43	1,19	0,24	0,42	0,61	0,27	0,73	0,40
Reservas (nº de meses de importação)	7,5	5,1	3,8	11	6,4	7,5	3,4	5,1
Risco-país	528	6.247	204	273	—	—	469	—

Fonte: Merryl Lynch, *Seminário de reavaliação do risco Brasil*, nov. 2003. Adaptada pelos autores.

RATINGS DE BANCOS DE INVESTIMENTOS OU DE AGÊNCIAS DE CLASSIFICAÇÃO DE RISCO

Os principais detentores dos títulos de longo prazo de países emergentes são os bancos e os clientes de seus fundos de investimento. Algumas dessas instituições financeiras também divulgam classificações de risco desses títulos, o que faz analistas apontarem a existência de conflito de interesses e questionarem a ética de tais instituições. Afinal, como pode um banco divulgar a avaliação de um título possuindo-o em suas carteiras de investimento? E quando a cotação desse título é fortemente suscetível às classificações de risco feitas por esses bancos? E será que eles não obtêm lucros ou diminuem perdas com a escolha do momento ideal da divulgação de novos *ratings* de tais títulos? Se a 'Muralha da China' — ou seja, a separação e a independência completas das áreas de *asset management*, tesouraria e *ratings* de títulos soberanos — fosse uma verdade inquestionável, esse problema seria reduzido, ou talvez nem existisse.

É por essa razão que os *ratings* das agências internacionais de classificação de risco (como Moody's, Standard & Poor's e Fitch), que são referências independentes para o risco dos países, geralmente são preferíveis.

ESCALA DE *RATINGS* DA STANDARD & POOR'S

A escala global dos *ratings* da Standard & Poor's é apresentada na Tabela 7.5.

De maneira geral, o mercado considera 'grau de investimento' as categorias de *ratings* AAA, AA, A e BBB. As categorias BB, B, CCC, CC e C apresentam ca-

TABELA 7.5 OS *RATINGS* DA STANDARD & POOR'S

Rating	Interpretação
AAA	Capacidade extremamente forte para honrar os compromissos financeiros. *Rating* mais elevado.
AA	Capacidade muito forte para honrar os compromissos financeiros.
A	Forte capacidade para honrar os compromissos financeiros, porém ligeiramente suscetível a condições econômicas adversas e a alterações circunstanciais.
BBB	Capacidade adequada para honrar compromissos financeiros, porém mais sujeita a condições econômicas adversas.
BB	Menos vulnerável a curto prazo, porém enfrenta grandes incertezas com relação a condições de negócios, financeiras e econômicas adversas.
B	Mais vulnerável a condições de negócios, financeiras e econômicas, porém apresenta capacidade para honrar os compromissos financeiros.
CCC	Vulnerável e dependente de condições de negócios, financeiras e econômicas favoráveis para honrar os compromissos financeiros.
CC	Altamente vulnerável.
C	Falência pedida ou ação similar, mas os pagamentos ou os compromissos financeiros continuam sendo honrados.
SD e D	Inadimplente em relação ao pagamento de um ou mais compromissos financeiros.

Fonte: www.standardandpoors.com.br. Acesso em nov. 2004.

racterísticas de especulação significativas. Os *ratings* SD e D indicam situação de inadimplência. Esses *ratings* podem ser acompanhados de um sinal de mais ou de menos, a fim de mostrar seu posicionamento relativo — o sinal de mais indica um *rating* bem estabelecido e forte dentro da categoria, enquanto o sinal de menos indica o contrário. A agência também divulga a perspectiva de movimentação de um *rating* em um futuro próximo. Nesse caso, 'positiva' indica uma possível elevação, 'negativa' indica um possível rebaixamento e 'estável' indica uma possibilidade remota de mudança.

Para o leitor poder se situar melhor, os *ratings* soberanos — *ratings* de longo prazo em moeda estrangeira — dos países da América Latina e do Caribe são apresentados na Tabela 7.6.

O histórico dos *ratings* soberanos do Brasil, nos últimos anos, em moeda estrangeira, é apresentado na Tabela 7.7. A primeira letra (B) da tabela indica o *rating* soberano de longo prazo, enquanto a segunda é o *rating* soberano de curto prazo.

TABELA 7.6 OS *RATINGS* DA STANDARD & POOR'S PARA AMÉRICA LATINA E CARIBE

Rating	País	*Rating*	País
A–	Barbados	B+	Brasil
A–	Chile	B+	Belize
BBB	Trinidad e Tobago	B	Bolívia
BBB–	México	B	Jamaica
BB+	El Salvador	B–	República Dominicana
BB	Colômbia	B–	Suriname
BB	Costa Rica	B–	Uruguai
BB	Panamá	B–	Venezuela
BB–	Granada	CCC+	Equador
BB–	Guatemala	SD	Argentina
BB–	Peru	SD	Paraguai

Fonte: Standard & Poor's, *Seminário de reavaliação do risco Brasil*, nov. 2003.

TABELA 7.7 A EVOLUÇÃO DO *RATING* BRASILEIRO

Data	*Ratings*	Data	*Ratings*
29/04/2003	B+/Estável/B	10/09/1998	BB–/Negativa/B
02/07/2002	B+/Negativa/B	02/04/1997	BB–/Estável/B
09/08/2001	BB–/Negativa/B	19/06/1996	B+/Positiva/—
03/01/2001	BB–/Estável/B	20/12/1995	B+/Positiva
29/02/2000	B+/Positiva/B	18/07/1995	B+/Estável/—
09/11/1999	B+/Estável/B	01/12/1994	B/Positiva/—
14/01/1999	B+/Negativa/B		

Fonte: Standard & Poor's, *Seminário de reavaliação do risco Brasil*, nov. 2003.

CÁLCULO DO RISCO BRASIL PARA FINS DE INCLUSÃO NO CUSTO DE CAPITAL

A forma mais usual de inserir o risco-país no custo de capital das empresas é somar um prêmio por esse risco na fórmula de cálculo do CAPM. Como vimos no capítulo anterior, o CAPM de empresas localizadas em mercados emergentes é comumente calculado como vemos no Quadro 7.1.

QUADRO 7.1

CAPM DE EMPRESAS EM PAÍSES EMERGENTES

$$R_e = R_f + \beta \cdot (R_m - R_f) + R_s$$

Onde:

R_e = o retorno esperado das ações da empresa (utilizado como custo do capital próprio)

R_f = o retorno do ativo livre de risco

β = a sensibilidade da ação em relação ao mercado de ações

R_m = o retorno esperado para a carteira de mercado

R_s = risco soberano

Para um investidor diversificado, os únicos riscos que importam são os não diversificáveis. Esse tipo de investidor tende a ser mais técnico e de porte maior do que os que concentram seus recursos em um ou poucos papéis. Sendo comandado por esse tipo de investidor, o mercado tende a seguir sua racionalidade.

Um investidor que tenha na sua carteira títulos de dívida soberana tende também a ter ações e títulos de dívida de empresas do mundo todo. Portanto, o risco que ele percebe nos títulos soberanos é apenas o não diversificável, que acaba sendo a causa do *spread* de mercado.

Pelo mesmo motivo, o investidor em empresas é afetado apenas pela parcela não diversificável do risco soberano. Ao somarmos um prêmio de risco soberano ao custo de capital da empresa, estamos considerando apenas a parte não diversificável do risco-país.

O movimento de integração global, com formação de blocos econômicos, e a migração de capitais têm aumentado a interdependência entre os mercados financeiros. Muitos países emergentes dependem fortemente do desempenho das economias centrais, o que eleva a correlação que existe entre seus títulos e a carteira de mercado global.

Quando há um aquecimento ou arrefecimento nos países desenvolvidos, é esperada uma reação de mesmo sentido e maior intensidade nos países subdesenvolvidos. Quando a NYSE (New York Stock Exchange) sobe ou cai, espera-se que todas as demais bolsas de valores do mundo a acompanhem, e as de países mais frágeis, em intensidade maior. Uma crise econômica em um país pode afetar outros que apresentem o mesmo tipo de fragilidade — a crise do México em 1995 atingiu o Brasil, assim como a da Rússia em 1998 e a da Argentina em 2002.

Economias emergentes têm os males da instabilidade típicos de economias em desenvolvimento e instituições não solidificadas. Em decorrência, o desvio padrão dos retornos dos investimentos nesses países pode ser substancialmente mais elevado do que nos desenvolvidos. O endividamento excessivo aumenta essa instabilidade.

O risco não diversificável decorre de um elevado desvio padrão relativo e de uma forte correlação positiva com o mercado global, ambos presentes em muitos países emergentes. Assim, é correto inserir um prêmio pelo risco-país no custo de capital das empresas, já que mesmo os investidores que possuem um portfólio global não conseguem diversificar os riscos soberanos a que estão sujeitos.

Considerando que a variação das cotações dos títulos soberanos de muitos países emergentes é bastante elevada — como ocorreu no Brasil entre 1998 e 2002 e na Argentina entre 2000 e 2003 —, quando se calcula o risco de *default* com base no *spread* médio desse período de variação em relação aos *treasuries*, o risco-país obtido é muito alto (fica muito acima do Embi+). Da mesma maneira, países que passam por momentos de grande euforia econômica podem apresentar um risco anormalmente baixo. O rendimento médio do C-Bond de 1996 a 2001 foi de 12,3%, e o risco Brasil foi de aproximadamente 7%, considerando uma taxa livre de risco dos Estados Unidos de 5,3%. Não apresentamos o cálculo incluindo o ano de 2002 porque o prêmio pelo risco-país nesse ano disparou até o pico de 24%, em função de incertezas eleitorais e de uma possível ruptura na continuidade da política econômica, o que não chegou a ocorrer. Em agosto de 2004, com a normalização da situação econômica, o risco Brasil voltou para pouco mais de 5%.

Para resolver esse dilema e sustentar o fluxo de negócios de compra e venda de empresas, muitos analistas, para calcular o risco Brasil, recorrem a expedientes como:

- Utilizar o *spread* médio de um número de anos passados, geralmente de três a cinco anos. A crítica a esse expediente é que o que importa não é o passado, e sim o futuro.
- Utilizar o *spread* projetado por bancos de investimentos e economistas. Em 2004, alguns esperavam que o risco Brasil viesse a cair para algo em torno de 4% até o final de 2005, outros acreditavam que esse risco poderia chegar aos 2% ou 3%, dependendo do desempenho da economia do país. E a queda no risco-país aconteceu até 2008, quando ele chegou a menos de 2%. Entretanto, em decorrência da crise financeira internacional ocorrida em 2008, voltou a subir, sendo de 4,6% em janeiro de 2009, tendo voltado para 2,6%em julho de 2009. Essa abordagem sofre da dificuldade de projetar o risco dos países e da subjetividade dessas projeções. O risco-país do dia da análise já representa o futuro e, por isso, não existe projeção desse risco que seja confiável.

Entretanto, o mais adequado é inserir o prêmio pelo risco-país do dia da avaliação no custo de capital das empresas, pelos motivos que veremos adiante.

O preço dos títulos soberanos, que reflete o prêmio de risco-país, é negociado por investidores profissionais. São equipes com esmerado treinamento, que utilizam as mais avançadas técnicas do mercado, alimentadas por informação colhida na fonte em tempo real, e que negociam bilhões de dólares em títulos de países emergentes todos os dias. Naturalmente, os diversos investidores têm posições divergentes quanto ao risco e, portanto, ao preço dos títulos. No mercado, vendedores e compradores encontram o preço de equilíbrio que representa a expectativa média dos investidores. Não se trata de estimativas voltadas à produção de justificativas ou campanhas de relações públicas, mas sim de apostas milionárias arriscadas, em que o objetivo é produzir um retorno mais que adequado ao risco.

Tanto o retorno quanto o risco do título refletem a percepção do mercado no dia quanto ao futuro do país emissor, até o vencimento do papel.

Dessa forma, o prêmio de risco-país medido no dia reflete a melhor precificação desse mesmo risco pelos dez, 20, 30 ou 40 anos que virão. Não cabe a um analista menos informado, com outro foco de atenção e desprovido do *feedback* de um mercado ativo, tentar superar a qualidade desse tipo de estimativa.

A existência do mercado permite uma operação de arbitragem. Suponhamos um investidor que queira comprar uma empresa e esteja considerando, por absurdo, utilizar um risco Brasil vários pontos abaixo do apontado pelo mercado. Ele estaria pagando um preço excessivo por esse ativo, pois com o mesmo recurso pode comprar ações de uma empresa equivalente em um país desenvolvido mais títulos soberanos brasileiros. Com isso, o investidor tem o mesmo risco, composto da soma do risco da empresa com o do país, e um retorno superior. Afinal de contas, o retorno esperado da empresa é o mesmo, mas aquele trazido pelo risco soberano é superior ao utilizado para comprar a empresa. O prêmio de risco soberano do dia é o que melhor reflete o risco dos próximos anos e, portanto, é o que deve ser utilizado no custo de capital.

EXPOSIÇÃO DA EMPRESA AO RISCO-PAÍS

Após a obtenção do risco do país em que se situa a empresa objeto de avaliação, surgem algumas questões: Qual a exposição de uma empresa ao risco-país? Todas as empresas estão expostas do mesmo modo a esse risco? A forma usual de calcular o custo de capital insere um prêmio pelo risco-país, mas esse risco é igual para as empresas de todas as indústrias da nação?

As pesquisas referentes a esse assunto ainda estão em estágio embrionário. Entretanto, para não deixar nenhuma lacuna, tentaremos mostrar como calcular a exposição das empresas ao risco soberano.

Damodaran (2003)[2] batizou a exposição de uma empresa ao risco soberano de lambda (λ) e enumerou três fatores que a determinam. São eles:

1. **Origem das receitas**. Este é o fator mais óbvio para determinar a exposição de uma empresa ao risco-país — qual percentual das receitas da empresa deriva de seu país de origem. A exposição ao risco-país de empresas como a Vale e a Embraer, cujas receitas advindas de vendas a outros países superam 80% do total, certamente é menor do que a exposição da Companhia Brasileira de Distribuição (Grupo Pão de Açúcar) e da Globex (Ponto Frio), cujas receitas são geradas totalmente no mercado interno. Esse conceito abre a possibilidade de exposição de uma empresa ao risco de diversos países com os quais ela tem relações comerciais.

2. **Localização das instalações**. As condições políticas e econômicas de um país podem influenciar a programação da produção. As oscilações cambiais podem alterar o custo dos produtos e das matérias-primas. Crises institucionais podem ameaçar a propriedade.

3. **Administração do risco**. Algumas empresas que estão expostas a riscos soberanos podem adotar medidas para reduzi-los, seja por meio de apólices de seguros, seja pelo uso de derivativos. Obviamente, esses instrumentos não são gratuitos, mas diminuem a exposição a riscos soberanos.

A forma mais simples e intuitiva de mensurar o λ de uma empresa é baseada no destino de suas vendas. Dessa maneira, teríamos diversos lambdas, que seriam multiplicados pelo risco dos países. O λ_1 seria o percentual das receitas que a empresa obtém em seu principal mercado (país), o λ_2 seria o percentual das receitas que ela obtém em seu segundo mais importante mercado e assim por diante. Vamos supor uma empresa com distribuição de receita como a da Tabela 7.8.

TABELA 7.8 CÁLCULO DA EXPOSIÇÃO DA EMPRESA AOS RISCOS SOBERANOS

País	% das receitas	Risco soberano	Exposição ao risco soberano
Brasil	20%	6%	1,2%
México	30%	2%	0,6%
Estados Unidos	50%	0%	0%
Total			**1,8%**

Por essa abordagem, o prêmio de risco soberano é de 1,8%, e não de 6%.

Esse método merece críticas. Para um exportador de *commodities*, por exemplo, tanto faz qual é o país de destino de suas vendas, pois ele pode redirecioná-las com facilidade. Além disso, a não ser diante de total falência nacional, países em moratória não têm deixado de importar ou de pagar seus fornecedores.

Uma segunda forma de calcular o λ é apresentada por Damodaran (2002) por meio da fórmula do Quadro 7.2. A premissa é que as empresas que exportam menos do que a média da economia estão mais sujeitas aos riscos soberanos, e vice-versa. O índice de exportação do Brasil é de aproximadamente 15% do PIB.

Por essa abordagem, a exposição ao risco Brasil da Vale, que exporta 85% de sua produção, e da Companhia Brasileira de Distribuição (CBD), que vende apenas para o mercado interno, poderia ser calculada das seguintes maneiras:

da Vale = 15%/(1 – 15%) × 6% = (15% / 85%) × 6% = 1,06%

da CBD = 100%/(1 – 15%) × 6% = (100% / 85%) × 6% = 7,06%

Vale destacar que qualquer uma dessas duas abordagens ainda é insuficiente. Uma empresa que exporte 100% de sua produção a países de risco zero ainda assim arcará com parte do risco de seu país-sede, pois tem suas instalações e suas contas bancárias nele.

Uma empresa saudável, em um país em crise econômica, pode não ser integralmente contaminada pelo risco-país, mesmo porque esse risco reflete exclusivamente a probabilidade de o governo não honrar seus compromissos ou aplicar um deságio nos títulos públicos externos que já estão sendo negociados.

Uma empresa operando em um país que esteja em crise institucional, mas que exporte boa parte de seu produto, pode perceber um risco superior ao dos credores do país. Afinal de contas, o país é exportador e acabará sendo compelido a pagar suas dívidas. Mas não há mecanismo semelhante para garantir o respeito à propriedade local.

QUADRO 7.2

FORMA ALTERNATIVA PARA O CÁLCULO DO λ

$$\frac{\text{Vendas no país de origem/vendas totais}}{1 - (\text{Volume de exportações/PIB do país})} \times \text{Risco soberano}$$

NOTAS

1 Cupon é o termo utilizado para 'juros' no mercado de títulos de dívida soberana.

2 Aswath Damodaran, "Measuring company exposure to country risk: theory and practice", 2003. Artigo disponível no site www.damodaran.com.

CAPÍTULO 8

O VALOR PATRIMONIAL DAS EMPRESAS

Os métodos patrimoniais de avaliação normalmente são utilizados em situações específicas — por exemplo, para determinar o valor de liquidação de uma empresa em condição de concordata ou falência e de ativos não operacionais, obsoletos ou fora de uso. Na verdade, esses métodos são usados quando se tem interesse nos ativos da empresa, e não no potencial de geração de resultados.

Os métodos de avaliação de empresas que utilizam a abordagem patrimonial pressupõem que o valor de uma empresa pode ser estimado: (1) pelo valor do patrimônio líquido contábil; (2) pelo valor de liquidação; e (3) pelo valor de reposição ou do patrimônio líquido ajustado.

Esses métodos partem do princípio de que o custo de aquisição dos ativos de uma empresa é a base para determinar o valor dos negócios. Embora essa seja uma das abordagens mais fáceis e simples para avaliar empresas, em raras situações é adequada e pode ser utilizada, já que o comprador de uma empresa ou de um negócio está interessado nos resultados futuros gerados por sua aquisição, e não nos valores investidos por seus acionistas no passado (patrimônio líquido) ou no valor de liquidação dos ativos.

O potencial de geração de resultados futuros, em termos de fluxo de caixa, é o grande impulsionador dos movimentos de fusões e aquisições e o principal objetivo da empresa compradora. É por essa razão que o método contábil é utilizado frequentemente em condições muito específicas, como em casos de liquidação da empresa e de seus ativos não operacionais.

Nas palavras do professor Eliseu Martins (2001),[1] "ninguém venderia uma empresa em funcionamento por menos do que obteria se a fechasse, e ninguém cerraria as portas de uma empresa se ela pudesse ser vendida por valor melhor em pleno funcionamento. Logo, o valor econômico de uma empresa é dado pelo maior dos montantes alcançados nessas duas alternativas: em liquidação ou em marcha".

Este capítulo descreve as condições necessárias para que sejam utilizados métodos patrimoniais para avaliar uma empresa, bem como as limitações metodológicas dessa abordagem.

Dependendo da situação da empresa que se deseja avaliar, o valor de mercado dos ativos tangíveis é o de reposição ou o de liquidação. Uma empresa que continuará funcionando precisa manter seus ativos; portanto, deve estimar o custo de adquiri-los no mercado no estado em que se encontram. Uma empresa menos feliz terá seus ativos vendidos geralmente por um valor inferior ao de reposição. Ativos com mercados secundários líquidos, como veículos e imóveis, costumam ter um único preço de mercado, usado tanto na reposição como na liquidação.

VALOR DO PATRIMÔNIO LÍQUIDO CONTÁBIL

O valor do patrimônio líquido (*book value*) de uma empresa é obtido a partir dos registros contábeis. É um valor conhecido e fácil de ser identificado, necessitando apenas ser checado no balanço patrimonial da empresa. Porém, em virtude das diversas formas de contabilização de contas patrimoniais e de resultados (métodos de depreciação dos ativos permanentes, sistemas de amortização, existência ou não de correção monetária e do índice aplicado, mudanças na legislação etc.), os patrimônios líquidos de duas empresas estabelecidas na mesma data, com os mesmos investimentos e resultados, podem apresentar valores diferentes, induzindo a erros de interpretação.

Apesar de o valor contábil de um ativo ser perfeitamente conhecido quando ele é adquirido e, nesse momento, de ser igual ao valor econômico, com o passar do tempo esses dois valores vão se distanciando cada vez mais. Em países com altas taxas de inflação, fica claro que esse método é frágil para determinar o valor de uma empresa ou de seus ativos. Ele também não leva em conta fatores como obsolescência, depreciação, mudanças tecnológicas e condições mercadológicas.

Em alguns casos, a empresa a ser avaliada não possui balanço patrimonial (isso ocorre com micro e pequenas empresas). Nesse caso, a solução é apurar o 'balanço perguntado' por meio da obtenção dos principais itens de um balanço patrimonial, chegando-se ao valor do patrimônio líquido pela diferença entre o valor dos ativos e o dos passivos.

Outro aspecto a ser considerado é que muitas empresas não contabilizam totalmente suas operações, o que resulta em demonstrações financeiras irreais. A solução para esse problema é trabalhar com demonstrações financeiras gerenciais, tentando apurar o 'balanço patrimonial real' ou, pelo menos, um balanço patrimonial que represente da melhor maneira possível a realidade da empresa.

VALOR DE LIQUIDAÇÃO

O valor de liquidação é aquele que o empreendimento teria se precisasse ser liquidado. Como os recursos podem perder valor em uma situação como essa (podem perder a utilidade para o possuidor), normalmente é uma avaliação do valor mínimo da empresa, unidade de negócio ou ativo. O valor de liquidação é um piso do valor da empresa. Afinal, não há por que vendê-la por um valor inferior ao que pode ser apurado com seu fechamento.

Esse valor também pode ser definido como o montante que cada acionista comum espera receber após a venda dos ativos tangíveis da empresa e da liquidação dos compromissos com os credores. Alguns ativos intangíveis, como a marca, podem ser vendidos quando da liquidação da empresa, embora isso seja pouco provável.

O valor de liquidação depende do grau de controle e de ordenação do processo de venda dos ativos. Ou seja, é importante averiguar aspectos como: Quem está vendendo é a própria empresa vendedora ou um síndico de massa falida? Qual seu grau de controle sobre o processo de venda? Existe urgência na realização dessa venda? Quanto menos poder de decisão tiver o lado vendedor, menor tenderá a ser o valor da venda.

Assim, a abordagem de valor de liquidação pode ser utilizada na avaliação de empresas em situação técnica, mercadológica ou financeira desfavorável, mas que possuem ativos tangíveis e eventualmente intangíveis a serem considerados. Em geral, o uso dessa abordagem pode ser adequado nos seguintes casos:

- A empresa espera interromper suas atividades e não possui expectativas de venda de seus negócios, seja por suas condições, seja pela falta de interessados na aquisição. Assim, a única maneira de obter algum recurso é por meio da venda dos ativos em conjunto, para um único adquirente, ou em partes, para diversos adquirentes.

- Para avaliar empresas com desempenho econômico muito ruim. Em alguns casos extremos, a avaliação da atividade por outro método, como o do fluxo de caixa descontado, poderá indicar um valor para a empresa menor do que o valor de mercado de seus ativos ou mesmo negativo (normalmente, empresas nessas condições apresentam patrimônio líquido negativo). Assim, a liquidação poderá ser mais vantajosa para os acionistas do que a manutenção das operações.
- Para avaliar ativos não operacionais. Quando uma unidade de negócio, uma fábrica, um terreno ou qualquer outro ativo não for interessante para o comprador, mas fizer parte do processo de avaliação da empresa, este poderá avaliá-lo pelo seu valor de mercado e vendê-lo posteriormente.
- As mercadorias ou os ativos da empresa perderam sua utilidade normal (obsolescência, inadequação técnica/produtiva ou outro fator vinculado). Um exemplo recente de obsolescência de ativos ocorreu na indústria de telecomunicações, em que muitas empresas possuíam centrais analógicas que foram trocadas por centrais digitais, que utilizam tecnologia de transmissão de dados por fibra óptica.
- Quando o vendedor está interessado em vender seus ativos, e não seu negócio. Esses ativos podem não ser mais úteis para o vendedor, ou ele pode estar necessitando de recursos para reduzir o endividamento da empresa, podendo até vender os ativos para concorrentes diretos.

Como o valor de liquidação não representa o potencial de geração de resultados dos ativos, essa abordagem é indicada apenas nos casos em que o comprador está interessado nas instalações físicas, nos maquinários, em itens do capital de giro e na capacidade de produção da empresa, e não em sua capacidade de gerar fluxos de caixa no futuro.

VALOR DE REPOSIÇÃO

O valor de reposição é a soma dos recursos financeiros que seriam necessários para constituir uma empresa nova, idêntica à existente (exclui-se, entretanto, o valor dos ativos intangíveis, como marcas estabelecidas, carteiras de clientes e reputação da empresa). É o valor pelo qual podem ser adquiridos os ativos de uma empresa, mais os custos de colocá-los em efetivo funcionamento.

O valor de reposição é um atrator do valor da empresa em funcionamento. Se as empresas de determinada indústria estiverem indo muito bem, haverá a entrada de novos concorrentes (isso ocorre mais rapidamente quando as barreiras à entrada são frágeis), o que diminuirá as margens de todos os competidores. Quando isso acontece, o valor de uma empresa pelo método do fluxo de caixa descontado começa a se aproximar do valor de reposição. Por isso, esse método é tido como atrator do valor das empresas.

Em muitos casos, a dinâmica das regras de mercado faz os concorrentes limitarem os ganhos das empresas e forçarem os fluxos de caixa a apresentar apenas uma remuneração adequada ao valor de reposição. Isso faz do valor de reposição uma das formas a serem consideradas para o cálculo do valor residual das empresas.

Normalmente, o valor de mercado de uma empresa é maior do que seu valor patrimonial. Entretanto, um caso às avessas aconteceu com algumas empresas de *call center* no Brasil em 1998, quando ocorreram a desregulamentação do sistema de telecomunicações no país e a privatização de grande parte das companhias telefônicas. Até essa data, a demanda por linhas telefônicas era muito maior do que a oferta, o que lhes permitia alcançar valores estratosféricos. Na verdade, linhas telefônicas eram investimentos e chegaram a valer US$ 8 mil.

Com a maturação dos investimentos realizados pelas companhias telefônicas, recém-privatizadas, o número de linhas disparou e a oferta superou a demanda. Resultado: os preços desabaram para menos de R$ 50. Assim, as linhas telefônicas das empresas passaram a apresentar valores contábeis mais altos do que os valores de mercado dos ativos. Até hoje existem empresas em cujo balanço se encontram linhas telefônicas ativadas. Essas linhas, entretanto, não possuem valor significativo. Empresas sérias devem efetuar uma limpeza periódica em suas demonstrações financeiras.

O valor de reposição dos ativos da empresa é obtido pelo ajuste do patrimônio líquido (PL) dela após uma reavaliação de seus ativos e passivos. A forma de cálculo do valor de um negócio por esse método é mostrada no Quadro 8.1.

O importante nesse tipo de avaliação — assim como na avaliação contábil, descrita anteriormente — é trabalhar com balanços auditados, ajustando os valores históricos pelos de mercado dos ativos e dos passivos e identificando os passivos contingenciais não reconhecidos contabilmente.

Os principais itens a serem reavaliados são:

- **Títulos mobiliários**. A reavaliação dos títulos mobiliários visa refletir seus preços atuais. Isso porque esses preços podem ser cotados diariamente.

QUADRO 8.1

CÁLCULO DO VALOR DO PATRIMÔNIO AJUSTADO
(=) Valor do patrimônio líquido
(+) Reavaliações
(–) Contingências
(=) Patrimônio ajustado (valor de reposição)

- **Estoques**. Os estoques são contabilizados pelos custos de aquisição e de produção, que diferem dos preços de mercado. É válido lembrar que os estoques também podem estar avariados, obsoletos e não ter valor de revenda.
- **Imóveis**. A reavaliação dos imóveis tem a ver com o fato de que o preço de aquisição menos a depreciação acumulada pode não representar seu valor de mercado.
- **Terrenos**. A reavaliação dos terrenos tem como objetivo converter os valores históricos das aquisições em valores de mercado. Essa reavaliação é bastante importante quando os valores históricos registrados estão desatualizados e quando ocorre uma valorização ou desvalorização do imóvel em função de condições específicas de oferta e demanda.
- **Máquinas e equipamentos**. Aqui, a reavaliação é importante porque máquinas e equipamentos devem ser convertidos em valores de mercado, já que os efeitos da obsolescência, da defasagem tecnológica, dos níveis de utilização e das condições de uso são diferentes para cada um deles, gerando divergências entre o preço de aquisição corrigido menos a depreciação acumulada e o valor de mercado dos ativos.
- **Exigibilidades**. As exigibilidades devem ser reavaliadas principalmente em função da existência de possíveis passivos contingenciais, como os trabalhistas, fiscais, ambientais, fundos de pensão ligados à empresa e disputas judiciais. Esses passivos podem vir à tona em algum momento do futuro, apesar de estarem relacionados a fatos passados da empresa.

A probabilidade de ocorrência e o montante desses passivos devem ser previstos na *due diligence* da empresa-alvo. A *due diligence* é um tipo de auditoria cujo objetivo é checar a veracidade dos dados contábeis e identificar possíveis contingências e problemas que possam comprometer a aquisição de uma empresa por outra, assim como a fusão de empresas.

GOODWILL

A abordagem patrimonial ignora a existência de valiosos ativos intangíveis, como marcas, redes de relacionamento, carteira de clientes, recursos humanos, capital intelectual dos funcionários, reputação da empresa, entre outros itens que não estão refletidos no balanço patrimonial da organização. Esses itens fazem com que a empresa apresente um valor adicional, um *goodwill*.

O *goodwill* deriva de um conjunto de características, qualidades e diferenciais da empresa, expresso por meio de sua capacidade futura de gerar riquezas e retornos superiores aos de novos entrantes e concorrentes estabelecidos no setor.

Chama-se *goodwill* a diferença entre o valor pago em uma transação empresarial (*traded value*) e o valor patrimonial (registrado no balanço) da empresa adquirida.

A diferença entre o valor de aquisição e o valor contábil é dividida em duas partes: a diferença entre o valor contábil e o valor do patrimônio reavaliado (um tipo de ágio) e a diferença entre o valor do patrimônio reavaliado e o valor de aquisição da empresa (outro tipo de ágio — este, sim, o *goodwill*). A primeira é decorrente da defasagem da avaliação do patrimônio líquido em relação ao valor de mercado dos ativos e dos passivos, ao passo que a segunda é resultante da geração de valor dos ativos e dos passivos da empresa e dos ativos intangíveis.

Tecnicamente, define-se *goodwill* como a diferença entre o valor econômico da empresa para seus acionistas e seu valor patrimonial reavaliado a preços de mercado. Antes de uma fusão ou aquisição, pode ser projetado como a diferença entre o valor de uma empresa obtido pelo FCD e o valor patrimonial reavaliado a preços de mercado.

AVALIAÇÃO JUDICIAL DO *GOODWILL*

No ambiente judicial, as avaliações podem ser muito mais tumultuadas, com baixo grau de cooperação entre as partes. Diante dessa dificuldade, o perito frequentemente se refugia na avaliação patrimonial, adicionada de uma parcela que reflete a capacidade da empresa de gerar lucros acima dos normais, chamada de *goodwill*.

A abordagem de avaliação do *goodwill* utilizada judicialmente e descrita por Martinho Ornelas[2] (2000) preconiza que seja utilizada a seguinte expressão do valor da empresa:

$$\text{Valor} = \text{AOL} + \frac{\text{lucro em excesso}}{k} - \text{AOL} + \frac{(\text{Nopat} - k.\text{AOL})}{k}$$

Essa abordagem tem a vantagem de explicitar o *goodwill*, que é a parte menos tangível e mais controversa do valor de uma empresa e o principal objeto de polêmica.

Por vezes, um perito arbitra um custo de capital de 12% para todas as empresas, com base na obsoleta lei da usura. É como se o custo de capital próprio de um empreendimento com risco fosse igual ao de simples operações de crédito. Sabemos que o custo de capital próprio das empresas tende a ser superior ao de empréstimos e que não é igual para todas as empresas.

O exemplo da Tabela 8.1 mostra o erro de utilizar essa taxa de custo de capital quando o correto seria, por exemplo, 18%.

O lucro econômico é o lucro operacional após IR (Nopat) que supere o produto do custo de capital pelo ativo operacional líquido. Quando usados 12%, o lucro econômico foi de \$ 180 (300 – 12% × 1.000) e, quando usados 18%, foi de \$ 120 (300 – 18% × 1.000). O valor presente obtido, considerando o lucro econômico perpétuo, cai de \$ 1.500

TABELA 8.1 ERRO NA AVALIAÇÃO JUDICIAL DO *GOODWILL*

	k = 12%	*k* = 18%
Nopat	300	300
Lucro normal	120	180
Lucro em excesso	**180**	**120**
AOL	1.000	1.000
VP do lucro em excesso	1.500	667
Valor da empresa	**2.500**	**1.667**
Erro		**50%**

(180/12%) para $ 667 (120/18%). Portanto, o valor da empresa cai de $ 2.500 (1.000 + 1.500) para $ 1.667 (1.000 + 667). Sendo mais apropriado um custo de capital de 18%, a empresa estará sobrevalorizada em 50% se for utilizado um custo de capital de 12%.

EXEMPLO DE AVALIAÇÃO PATRIMONIAL

Para que as ideias lançadas não fiquem apenas no campo conceitual, vamos estudar o caso hipotético da empresa Comida Congelada Ltda. (CCL). A partir dele, poderemos ver como a avaliação patrimonial se comporta na prática.

A Comida Congelada Ltda. (CCL) apresentou em 31 de dezembro de 2003 as demonstrações financeiras mostradas no Quadro 8.2.

Cálculo do valor da empresa Comida Congelada Ltda. (CCL) pela abordagem patrimonial

Para calcular o valor da empresa pela abordagem patrimonial, precisamos destacar as premissas. Só então teremos o valor patrimonial ajustado.

Premissas

- O valor contábil do ativo imobilizado da empresa equivale à metade de seu valor de mercado, em virtude da não correção monetária dos bens e do fato de as diferenças oriundas da taxa de depreciação serem maiores do que a taxa de desvalorização do valor de mercado desse ativo. Assim, a reavaliação do imobilizado da empresa é de R$ 500.
- A reavaliação dos estoques importados, após uma oscilação cambial favorável, pode ser obtida pelo acréscimo da variação cambial.

Cálculo de reavaliação dos estoques

O cálculo de reavaliação dos estoques pode ser visto no Quadro 8.3.

QUADRO 8.2

DEMONSTRAÇÕES FINANCEIRAS DA CCL

Ativo		Passivo	
Disponível	100	Fornecedores	200
Estoque	200	Salários e encargos	100
Clientes	200	Empréstimos	200
Total ativo circulante	500	Total passivo circulante	500
Ativo permanente	500	Patrimônio líquido	500
Ativo total	**1.000**	**Passivo total**	**1.000**

DRE	
Receita líquida	**1.500**
Custo dos produtos vendidos	1.050
Margem bruta	450
Despesas operacionais	250
Resultado operacional	200
Despesas financeiras	20
Resultado antes do imposto de renda	180
Imposto de renda e contribuição social	61
Lucro líquido	**119**

QUADRO 8.3

EXEMPLO DE CÁLCULO DE REAVALIAÇÃO DOS ESTOQUES

Valor contábil dos estoques	R$ 200
Variação cambial	1,43
Valor do estoque reavaliado	R$ 200 × 1,43 = R$ 286
Aumento de valor decorrente da reavaliação	R$ 86

Alternativamente, os estoques poderiam ser avaliados por seu valor de mercado, e a diferença gerada entre esse valor e o apurado na contabilidade seria o valor da reavaliação dos estoques.

Em países com fortes oscilações cambiais, a reavaliação dos estoques de empresas importadoras e exportadoras deve ser feita frequentemente, uma vez que os valores de mercado dos ativos podem alterar-se sempre, fazendo com que os valores contábeis tenham pouca importância.

Cálculo do valor da empresa

Enfim, chegamos ao valor do patrimônio ajustado da empresa, cujo cálculo é apresentado no Quadro 8.4.

As contingências devem ser apuradas pela *due diligence*. Para fins de simplificação, elas não foram consideradas aqui.

EXEMPLO DAS LIMITAÇÕES DO MÉTODO PATRIMONIAL

Pela abordagem do valor contábil (ou *book value*) e do valor do patrimônio ajustado, duas empresas com o mesmo patrimônio líquido e/ou ativos idênticos terão o mesmo valor, independentemente de os lucros e os fluxos de caixa projetados para elas serem diferentes.

No exemplo a seguir, as empresas Alfa e Beta têm o mesmo patrimônio líquido ajustado ou patrimônio líquido reavaliado de R$ 1.000.000, e seus lucros e fluxos de caixa projetados são mostrados no Quadro 8.5.

Como visto anteriormente, a empresa Alfa tem uma expectativa de geração de resultados de lucros e fluxos de caixa muito superior à da Beta. A utilização do método contábil, no entanto, poderia indicar um mesmo valor para as duas empresas.

QUADRO 8.4

CÁLCULO DO VALOR DO PATRIMÔNIO AJUSTADO DA EMPRESA

Cálculo do valor	
Patrimônio líquido contábil	500
Reavaliação de estoque	86
Reavaliação de imobilizados	500
Contingências	—
Patrimônio reavaliado	1.086

QUADRO 8.5

LUCROS E FLUXOS DE CAIXA PROJETADOS PARA AS EMPRESAS

Lucros projetados					
Empresa/ano	**2004**	**2005**	**2006**	**2007**	**2008**
Alfa	125.000	150.000	175.000	200.000	225.000
Beta	—	(100.000)	(50.000)	—	50.000

Fluxos de caixa projetados					
Empresa/ano	**2004**	**2005**	**2006**	**2007**	**2008**
Alfa	150.000	175.000	200.000	225.000	250.000
Beta	25.000	(75.000)	(25.000)	25.000	75.000

NOTAS

1 Eliseu Martins. *Avaliação de empresas: da mensuração contábil à econômica*. São Paulo: Atlas, 2001.

2 Martinho M. Goes Ornelas. Balanço de determinação. Anais do XVI Congresso Brasileiro de Contabilidade. Goiânia, 2000.

CAPÍTULO 9

AVALIAÇÃO RELATIVA OU POR MÚLTIPLOS

Este capítulo mostra como calcular o valor de uma empresa pelo método da avaliação relativa, também conhecido como método dos múltiplos. Esse método pressupõe que o valor de uma empresa pode ser estimado em função dos múltiplos de outras empresas (empresas comparáveis). Assim, o valor da empresa A dividido por um indicador de referência — que pode ser o lucro dessa empresa — gerará um múltiplo que poderá ser aplicado ao lucro da empresa B para obter seu valor. A abordagem por múltiplos baseia-se na ideia de que ativos semelhantes devem ter preços semelhantes.

Esse tipo de avaliação consiste na obtenção de valores médios de bens equivalentes negociados no mercado e na utilização desses valores como referência ou justificativa para os preços pedidos por outros bens. Os múltiplos também são utilizados em outros mercados, como o de apartamentos. Nesse caso, o corretor calcula a média do preço por metro quadrado construído apurando transações anteriores no bairro e a aplica ao apartamento de um novo cliente. O mesmo é feito com outros imóveis, como casas, terrenos e fazendas.

De maneira similar, a aplicação de tal metodologia para determinar o valor de uma empresa consiste em encontrar outra empresa idêntica, ou pelo menos comparável, obter seus múltiplos e aplicá-los aos parâmetros da empresa analisada. Por essa abordagem, o valor de uma empresa é determinado pela análise dos valores de transações recentes de fusões e aquisições de empresas semelhantes à avaliada ou pela comparação de valores de mercado das empresas de capital aberto.

Os preços pagos por participações inferiores a 100% nas empresas investidas são ajustados para refletir o valor total da empresa. Esse valor é, então, dividido por valores de referência dos demonstrativos financeiros da empresa, gerando os múltiplos. Os múltiplos de empresas comparáveis são, então, aplicados aos mesmos parâmetros de referência da empresa avaliada, dando como resultado seu valor.

Em alguns casos, quando o avaliador possui apenas alguns dados básicos de uma empresa, tal como lucro líquido ou faturamento, a metodologia de avaliação por múltiplos é a única que pode ser utilizada.

Este capítulo aborda também os principais múltiplos, as vantagens e desvantagens de sua utilização, as formas de selecionar empresas comparáveis e os cuidados a serem tomados para se fazer uma avaliação relativa coerente.

VALOR DE MERCADO E VALOR TOTAL DA EMPRESA

A comparação pura e simples dos preços de ações de diferentes empresas não tem lógica, pois o que interessa não é o preço da ação individual, que depende da quantidade de ações negociáveis, mas sim o valor de bolsa ou de mercado da empresa. Esse valor é calculado multiplicando-se o preço das ações pela quantidade de ações, conforme mostra o Quadro 9.1.

Em um mercado eficiente, o preço de mercado das ações reflete os lucros potenciais da empresa e seus dividendos, os riscos do negócio, os riscos financeiros decorrentes da estru-

QUADRO 9.1

VALOR DE MERCADO DE UMA EMPRESA

Valor de mercado = (cotação das ações ordinárias × quantidade de ações ordinárias emitidas)
+
(cotação das ações preferenciais × quantidade de ações preferenciais emitidas)

tura de capital da empresa e o valor dos ativos, bem como as variáveis ambientais e outros fatores intangíveis que possam afetar o valor da empresa. Ou seja, reflete o valor presente dos fluxos de caixa futuros para os sócios.

O valor total de uma empresa, ou valor empresarial (VE), leva em consideração o valor de mercado das ações — comumente chamado de valor de mercado (VM) —, mais as dívidas financeiras, menos o valor do disponível, que é um redutor do valor das dívidas. Isso pode ser visto no Quadro 9.2.

A inclusão das dívidas financeiras líquidas do disponível no valor da empresa tem como objetivo permitir comparações de valores entre empresas com graus de endividamento diferentes. Duas empresas com valores de mercado iguais podem ter valores empresariais diferentes, dependendo do montante de dívidas financeiras de cada uma. Os múltiplos de valor empresarial são adequados para a análise de valor para fins de fusões e aquisições.

O efeito da alavancagem (grau de endividamento) no cálculo dos múltiplos pode ser visualizado na Tabela 9.1.

Com isso, tem-se os múltiplos mostrados na Tabela 9.2.

Comparando o valor de mercado/lucro operacional das duas empresas, conclui-se que as ações da empresa A estão mais baratas, mas é porque há uma maior alavancagem.

QUADRO 9.2

VALOR TOTAL DE UMA EMPRESA

Valor total da empresa = valor de mercado + valor das dívidas financeiras − valor do disponível

TABELA 9.1 O EFEITO DA ALAVANCAGEM FINANCEIRA NOS MÚLTIPLOS

Item	Empresa A	Empresa B
Dívida líquida	R$ 100	R$ 0
Valor de mercado	R$ 100	R$ 200
Lucro operacional (Nopat)	R$ 50	R$ 50

TABELA 9.2 OS MÚLTIPLOS DAS EMPRESAS

	Empresa A	Empresa B
Valor de mercado/lucro operacional (Nopat)	2	4
Valor empresarial/lucro operacional (Nopat)	4	4

Ao se observar o valor empresarial/lucro operacional das duas empresas, verifica-se que ambas estão com o mesmo nível de preço.

MÚLTIPLOS DE MERCADO E DE VALOR EMPRESARIAL

Só é possível comparar o valor de uma empresa antes do efeito da dívida com indicadores operacionais — também anteriores ao efeito da dívida — como ativos, receita, Ebitda, Ebit, Nopat e fluxo de caixa para a empresa.

Da mesma maneira, o valor de mercado, após o efeito da dívida, só pode ser comparado com indicadores formados após o efeito das dívidas, como patrimônio líquido, lucro líquido e fluxo de caixa para o acionista. O Quadro 9.3 mostra os únicos dois quadrantes, ou duas combinações, de múltiplos válidos.

Os múltiplos de capitalização de mercado, ou simplesmente múltiplos de mercado, levam em consideração o valor das empresas nas bolsas de valores. O mais conhecido deles é o preço/lucro líquido (P/L), amplamente utilizado na análise de desempenho das ações.

Como o valor de mercado representa apenas a parcela do valor dos acionistas em uma empresa, não faz sentido utilizar os múltiplos de preço/lucro para estimar o valor total de uma organização, pois este representa o valor da empresa como um todo, abrangendo o valor para os acionistas e o valor das dívidas. Os múltiplos de valor de mercado não são adequados para análise de valor para fins de fusões e aquisições, exceto se a empresa avaliada e as empresas comparáveis não tiverem endividamento.

Dessa maneira, as principais combinações possíveis de múltiplos de valor empresarial e de valor de mercado são as mostradas a seguir.

Principais múltiplos de valor empresarial:

- VE/ativo total.
- VE/valor patrimonial dos ativos.
- VE/receita.
- VE/Ebitda.

QUADRO 9.3

FORMAÇÃO DOS MÚLTIPLOS

	Valor antes da dívida (valor empresarial)	**Valor após a dívida (valor de mercado)**
Indicadores antes da dívida (ativos, receita, Ebitda, Ebit, Nopat e fluxo de caixa para a empresa)	Múltiplo correto, usado do ponto de vista de todos os investidores (acionistas e credores). Ideal para avaliação de empresas para fins de fusões e aquisições.	Múltiplos irreais (subestimados) por considerarem o efeito da dívida no valor das empresas, e não no indicador.
Indicadores após a dívida (patrimônio líquido, lucro líquido e fluxo de caixa para o acionista)	Múltiplos irreais (superestimados) por considerarem o efeito da dívida no indicador, e não no valor.	Múltiplo correto, usado do ponto de vista somente do acionista. Muito usado para avaliação de desempenho de ações de empresas. Útil para fins de fusões e aquisições somente quando as empresas (avaliada e comparáveis) têm graus de alavancagem semelhantes.

- VE/Ebit.
- VE/Nopat.
- VE/fluxo de caixa para a empresa.
- VE/variáveis específicas do setor: VE/kWh, VE/tonelada, VE/linha telefônica etc.

Principais múltiplos de valor de mercado:

- Preço/patrimônio líquido (P/PL ou P/*book value*).
- Preço/lucro líquido (o famoso preço/lucro (P/L)).
- Preço/fluxo de caixa para o acionista.

MÚLTIPLOS DE MERCADO ACIONÁRIO E DE TRANSAÇÕES

Os múltiplos são indicadores padronizados dos valores das empresas. Eles são utilizados para avaliar uma empresa por meio de outras comparáveis e para identificar companhias sub ou superavaliadas. Podem ser calculados com base em duas fontes: preços vigentes no mercado acionário e preços praticados na compra e na venda de empresas (múltiplos de transações).

Múltiplos de mercado acionário

O valor das empresas calculado pelo método dos múltiplos de mercado acionário pode ser encontrado diariamente, com base em premissas e em informações atuais.

A principal limitação da avaliação por múltiplos de mercado é que estes se limitam ao número de empresas de capital aberto. Outro grande problema dessa metodologia está ligado às características do mercado acionário dos países subdesenvolvidos como o Brasil: baixa liquidez das ações e grande volatilidade.

Os preços do mercado acionário constituem um fator importante para a maior parte das transações de compra, venda e fusões de empresas. Entretanto, como eles costumam variar ao longo do tempo e em diversos graus para diferentes empresas, não é tarefa simples determinar o valor de uma empresa com base somente nesse método. O texto da seção "Na imprensa" trata do valor das companhias energéticas no Brasil, ilustrando como o valor de uma empresa pode variar drasticamente ao longo do tempo, em função da mudança de expectativas.

Os múltiplos do VE/Ebitda das principais empresas brasileiras listadas na Bovespa em março de 2009 são apresentados na Tabela 9.3.

TABELA 9.3 Múltiplos de VE/Ebitda de empresas brasileiras listadas na Bovespa em março de 2009

Ticker	Empresa	Preço/ lucro	Preço/ patrimônio	Valor empresarial/ Ebitda	Valor empresarial/ Ebitda projetado
IBOV	Brazil Bovespa Stock IDX	8,78	1,22		
AMBV4	Cia. de Bebidas DAS Ame.-Pref.	19,37	3,43	6,23	5,79
ARCZ6	Aracruz Celulose S.A.-Pref. B		0,36	8,16	8,48
BTOW3	B2W Com. Global do Varejo	26,88	8,21	5,74	4,87
BBAS3	Banco do Brasil S.A.	3,94	1,16	2,97	2,70
ITAU4	Banco Itaú Holding Fin.-Pref.	9,08	2,09		
BVMF3	BM&F Bovespa S.A.			10,20	11,70
BBDC4	Banco Bradesco SA-Pref.	8,38	1,87		

(Continua)

TABELA 9.3 *(Continuação)*

Ticker	Empresa	Preço/ lucro	Preço/ patrimônio	Valor empresarial/ Ebitda	Valor empresarial/ Ebitda projetado
BRAP4	Bradespar SA-Pref.	5,60	1,51	5,77	6,08
BRTP4	Brasil Telecom Part. S.A.-PR	6,57	0,89	4,25	4,10
BRTP3	Brasil Telecom Part. S.A.	28,17	3,82	4,25	4,10
BRTO4	Brasil Telecom S.A.Preference	6,03	1,00	5,36	5,20
BRKM5	Braskem S.A.-Pref. A		0,38	4,57	4,44
CCRO3	Cia. de Concessões Rodoviária	13,42	5,77	6,53	5,56
CLSC6	Centrais Elétricas de Santa Catarina-PRB	3,29	0,72	2,32	2,94
CMIG4	Cia. Energética de Minas Gerais-PRF	8,45	1,58	4,77	4,64
CESP6	Cia Energética de São Paulo-Pref. B	25,88	0,42	5,28	4,43
CGAS5	Cia. de Gás de São Paulo-PR A	8,45	3,05	4,23	4,21
CPLE6	Cia. Paranaense de Energia-PFB	4,86	0,74	3,05	3,22
CSAN3	Cosan S.A. Indústria Comércio		0,87	9,06	5,20
CPFE3	CPFL Energia S.A.	10,91	2,77	6,44	5,78
TRPL4	Cia. de Transmissão de Energia-PF	7,15	1,59	5,59	4,87
CYRE3	Cyrela Brazil Realty	6,86	1,08	5,32	3,90
DURA4	Duratex S.A.- Pref.	5,23	0,94	3,37	3,11
ELET3	Centrais Elétricas Brasileiras	5,85	0,33	6,45	6,11
ELET6	Centrais Elétricas Brasileiras-PR B	5,44	0,31	6,45	6,11
ELPL6	Eletropaulo Metropolitana-Pref. B	10,26	1,50	3,07	3,02
EMBR3	Empresa Brasileira de Aeronáutica	10,96	0,89	3,27	2,03
GFSA3	Gafisa S.A.	5,69	0,68	7,05	4,38
GGBR4	Gerdau S.A.-Pref.	4,06	0,81	5,72	4,38
GOLL4	GOL Linhas Aéreas-Pref.		1,14	9,41	2,19
ITSA4	Itaú S.A.-Investimentos Itaú-PR	10,02	1,63		
JBSS3	JBS S.A.		0,99	5,10	4,42
KLBN4	Klabin S.A.-Pref.	34,14	0,92	7,79	6,24
LIGT3	Light S.A.	8,61	1,81	5,19	4,58
LAME4	Lojas Americanas S.A.-Pref.	48,65	12,93	6,87	6,03
LREN3	Lojas Renner S.A.	10,37	2,37	5,62	4,76
GOAU4	Metalúrgica Gerdau S.A.-Pref.		0,25	3,54	2,66
NATU3	Natura Cosméticos S.A.	16,66	12,38	9,23	8,12
NETC4	NET Serviços de Comunicações-Pref.		1,85	5,49	4,66
BNCA3	Banco Nossa Caixa S.A.	11,55	2,35	5,30	4,78
PCAR4	Cia. Brasileira de Distribuição-Pref.	26,62	1,28	5,94	5,22
PRGA3	Perdigão S.A.		1,72	7,35	5,94

(Continua)

TABELA 9.3 (Continuação)

Ticker	Empresa	Preço/ lucro	Preço/ patrimônio	Valor empresarial/ Ebitda	Valor empresarial/ Ebitda projetado
PETR3	Petrobras — Petróleo Brasileiro	8,75	1,97	4,73	5,62
PETR4	Petrobras — Petróleo Brasileiro -PR	7,12	1,60	4,73	5,62
RDCD3	Redecard S.A.	12,66	18,29	7,75	6,73
RSID3	Rossi Residencial S.A.	3,90	0,44	8,47	4,56
SBSP3	Cia. de Saneamento Básico de São Paulo	5,13	0,48	3,61	3,44
SDIA4	Sadia S.A.-Pref.		0,75	5,46	4,67
CSNA3	Cia. Siderúrgica Nacional S.A.	10,17	2,65	5,11	5,47
CRUZ3	Souza Cruz S.A.	11,50	6,75	7,53	6,95
TAMM4	TAM S.A.-Pref.		1,57	2,37	2,12
TNLP4	Tele Norte Leste Participações-Pref.	5,98	1,08	3,38	2,76
TNLP3	Tele Norte Leste Participações	7,24	1,30	3,38	2,76
TMAR5	Telemar Norte Leste S.A.-PRA	4,80	1,03	3,53	2,82
TLPP4	Telecomunicações de São Paulo-Pref.	8,59	2,07	3,16	3,10
TCSL3	TIM Participações S.A.	78,71	1,82	3,54	3,11
TCSL4	TIM Participações S.A.-Pref.	40,98	0,95	3,54	3,11
UGPA4	Ultrapar Participações-Pref.	19,56	1,64	8,11	6,46
UBBR11	Unibanco-Units	11,75	2,75		
USIM3	Usinas Siderúrgicas de Minas Gerais	3,47	0,75	3,83	3,07
USIM5	Usinas Siderúrgicas de Minas Gerais-PFA	3,72	0,80	3,83	3,07
VALE3	Vale	7,32	1,70	4,71	4,30
VALE5	Vale -Pref. A	6,40	1,48	4,71	4,30
VIVO4	Vivo Participações S.A.-Pref.	32,60	1,51	3,54	3,21
VCPA4	Votorantim Celulose Papel-Pref.		0,37	5,08	5,64
ALLL11	ALL América Latina Logística	99,04	8,83	6,74	6,00
MÉDIA		**14,83**	**2,34**	**5,37**	**4,67**
MEDIANA		**8,61**	**1,49**	**5,23**	**4,57**

NA IMPRENSA

Garantias do empréstimo valem menos do que o valor pago

As ações da Eletropaulo Metropolitana hoje valem seis vezes menos do que o valor pago pela distribuidora em 1998, no leilão de privatização. Na época, os compradores (Reliant, AES, EDF e CSN) pagaram por 31% do capital da empresa, cerca de US$ 1,8 bilhão. Mas, segundo Sérgio Tamashiro, analista do Unibanco, hoje os papéis da concessionária valem apenas US$ 273 milhões.

A desvalorização das ações da Eletropaulo não é um caso isolado, mas sim de todo o setor elétrico. Boa parte das companhias de energia tem amargado perdas significativas, principalmente após o racionamento em 2001. A privatização das empresas do setor elétrico brasileiro rendeu ao governo, especialmente aos governos estaduais, quase US$ 30 bilhões nos anos 1990.

Mas, se os compradores quiserem revender essas empresas, não conseguirão, em muitos casos, nem 10% do valor aplicado, conforme às cotações atuais das ações nas bolsas de valores. Esse é o caso da Light, que atua na região metropolitana do Rio de Janeiro. A EDF gastou mais de US$ 3 bilhões para assumir o controle da distribuidora. Atualmente, porém, o interessado poderia comprar todas as ações da empresa por US$ 307 milhões, se os controladores concordassem em vendê-las pelo valor de mercado.

As empresas privatizadas foram principalmente as do setor de distribuição, que eram controladas pelos governos estaduais. Apenas algumas empresas de grande porte, como a Cemig (Minas Gerais) e a Copel (Paraná), permaneceram estatais, ao lado de outras menos atraentes, especialmente localizadas no Norte e Nordeste, que não atraíram compradores.

Pelos dados do Banco Nacional de Desenvolvimento Econômico e Social (BNDES), a receita total dos leilões de privatização do setor elétrico, mais as dívidas transferidas das estatais, somou US$ 29.563 bilhões. Desse total, cerca de US$ 22 bilhões são referentes à receita dos leilões de 22 empresas estatais, a maior parte distribuidoras. Além disso, os compradores assumiram mais US$ 7 bilhões de dívidas, que foram transferidas dos governos para os compradores.

As cotações nas bolsas brasileiras nem sempre indicam o valor real das empresas, mas servem como referência da expectativa dos investidores quanto às possibilidades de as empresas ganharem dinheiro. E o exemplo da EDF/Light não é o único. A discrepância mais gritante é encontrada na Centrais Elétricas de Mato Grosso (Cemat), comprada pelo Grupo Rede por US$ 353 milhões, com dívidas de US$ 461 milhões. Com base nas cotações atuais, a distribuidora poderia ser comprada por irrisórios US$ 9 milhões. É evidente que, se fosse possível adquirir, de fato, o controle das empresas com base nas ações negociadas nas bolsas, esse valor seria maior.

Os estrangeiros foram os grandes compradores das empresas brasileiras, ficando com mais da metade das 22 estatais vendidas. É o caso da Gerasul, antiga Eletrosul, comprada pela Tractebel por US$ 1 bilhão e com dívidas de US$ 880 milhões. Hoje a empresa vale US$ 564 milhões. A Coelba, da Bahia, foi comprada pela Iberdrola por US$ 1,598 bilhão e hoje vale em torno de US$ 215 milhões.

Fonte: Alaor Barbosa, Alessandra Saraiva e Renée Pereira, "Garantias do empréstimo valem 6 vezes menos do que o valor pago", *O Estado de S. Paulo*, 1 mar. 2003, p. B-1.

Múltiplos de transações

As transações de fusões e aquisições são a base de dados para a criação de múltiplos de transações. A formação desses múltiplos depende basicamente da obtenção das seguintes informações: valores pagos pela empresa adquirida, valores de dívidas assumidos e informações das demonstrações financeiras.

Não se devem misturar múltiplos oriundos do mercado acionário com múltiplos de transações, em razão da existência do prêmio de controle. Nos Estados Unidos, esse prêmio normalmente fica em torno de 15% a 20% sobre os valores de mercado em aquisições amigáveis; em aquisições hostis (*takeovers*), fica em torno de 35%. Em momentos de maior euforia econômica (exuberância irracional) e em casos de disputa acirrada entre dois ou mais concorrentes pela compra de uma empresa, esses ágios podem atingir valores bem mais altos.

Os múltiplos de transações contemplam perspectivas de valor do momento da fusão ou aquisição que podem apresentar discrepâncias com as perspectivas atuais, gerando grandes diferenças de valor.

A Tabela 9.4 mostra o número de transações ocorridas de 1994 a 2008 para os principais setores da economia, segundo a consultoria KPMG. A tabela indica a maior ocorrência de fusões e aquisições nos setores de alimentos, tecnologia da informação, telecomunicações e mídia e instituições financeiras.

TABELA 9.4 NÚMERO DE FUSÕES E AQUISIÇÕES POR SETOR — 1994-2008

Setor	Nº de transações	% sobre o total
Alimentos, bebidas e fumo	547	10%
Tecnologia da Informação	450	8%
Telecomunicações e mídia	333	6%
Instituições financeiras	318	6%
Companhias energéticas	275	5%
Metalurgia e siderurgia	273	5%
Publicidade e editoras	237	4%
Produtos químicos e petroquímicos	228	4%
Petróleo e gás	184	3%
Seguros	172	3%
Serviços para empresas	152	3%
Elétrico e eletrônico	131	2%
Partes e peças automotivas	131	2%
Produtos químicos e farmacêuticos	116	2%
Transportes	112	2%
Shopping centers	94	2%
Supermercados	94	2%
Construção e produtos de construção	92	2%
Imobiliário	92	2%
Madeira e papel	91	2%
Produtos de engenharia	88	2%
Lojas de varejo	83	2%
Mineração	70	1%
Têxteis	62	1%

(Continua)

TABELA 9.4 *(Continuação)*

Setor	Nº de transações	% sobre o total
Cimento	54	1%
Educação	53	1%
Hotéis e restaurantes	53	1%
Hospitais e laboratórios de análises clínicas	50	1%
Higiene	47	1%
Aviação	45	1%
Serviços portuários e aeroportuários	42	1%
Açúcar e álcool	39	1%
Embalagens	39	1%
Montadoras de veículos	36	1%
Vestuário e calçados	36	1%
Indústrias extrativistas	29	1%
Serviços públicos	27	1%
Fertilizantes	19	0%
Ferroviário	14	0%
Design e projetos gráficos	13	0%
Outros	373	7%
Total	**5.394**	**100%**

Fonte: Pesquisa da KPMG de Fusões e Aquisições 2008

O sistema de informações Bloomberg registrou 574 transações de fusões e aquisições no Brasil entre janeiro de 1997 e março de 2003. Dessas transações, 24 tinham os múltiplos de receitas e/ou de Ebitda disponíveis. A Tabela 9.5 traz a lista dos múltiplos registrados pela Bloomberg nessas 24 transações.

TABELA 9.5 MÚLTIPLOS DE VE/EBITDA E VE/RECEITA DE TRANSAÇÕES DE FUSÕES E AQUISIÇÕES

Data	Empresa Adquirida	Empresa Adquirente	Valor — US$ mil	Múltiplo de Receitas	Múltiplo de Ebitda
13/01/00	Telecomunicações de São Paulo-Pref.	Telefônica S.A.	8.368	4,61	9,01
02/07/99	Cia. Antarctica Paulista Ind.	Cia. Cervejaria Brahma-Pref.	3.955	5,18	
21/05/01	Telesp Celular Particip-Pref.	Portugal Telecom SGPS S.A.-REG	2.630	2,69	
13/01/00	Tele Sudeste Celular Part.-PR.	Telefônica S.A.	2.097	3,55	20,12

(Continua)

TABELA 9.5 (Continuação)

Data	Empresa Adquirida	Empresa Adquirente	Valor — US$ mil	Múltiplo de Receitas	Múltiplo de Ebitda
28/12/00	Banco do Estado de São Paulo-PR.	Banco Santander Central Hisp.	1.167	0,45	
19/06/98	Cia. Riograndense Telecom-Pfa	Consortium	1.020	2,29	
14/04/99	Cia. de Gás de São Paulo-Pra	Joint Venture	991	11,19	
27/03/97	Banco HSBC Bamerindus S.A.	HSBC Holding Plc	945	0,23	
17/10/00	Banco Banestado S.A.	Banco Itaú Holding Fin.- Pref.	869	0,87	
14/01/02	Banco Mercantil de São Paulo-Pref.	Banco Bradesco S.A.-Pref	573	0,88	11,94
19/11/97	Empresa Energ. Mato Grosso do Sul-Prb	Espírito Santo Centrais Elét.	565	3,15	
27/02/01	Celular CRT Particip.-Pref.a	Telefónica Móviles S.A.	563	2,78	8,09
25/08/99	Iven S.A.-Pref.	Eletricidade de Portugal S.A.	535	1,85	6,7
26/09/00	Riocell S.A. – Pref.a	Klabin S.A.-Pref.	374	2,36	5,32
14/07/00	Cia. Riograndense Telecom-Pfa	Brasil Telecom S.A.	316	0,47	
28/04/00	AES Tietê S.A.-Pref.	AES Corp.	313	1,82	
24/05/99	Elevadores Atlas Schindler	Schindler Holding-Part. Cert.	284	2,12	8,1
13/09/00	Santista Alimentos S.A.	Bunge Alimentos S.A. Pref.	212	0,27	
22/12/99	Centrais Tel. Ribeirão Preto/-P	Telefônica S.A.	114	2,74	
31/08/00	Fertilizantes Serrana S.A.-Prf	Bunge Fertilizantes S.A. - Pref	96	0,14	0,63
01/07/99	Cia. Energética de São Paulo-Prf	Duke Energy Corp.	90	0,06	0,11
07/07/00	Metalúrgica Caterina S.A.	Tower Automotive Inc.	42	0,03	0,19
19/11/02	Biobrás S.A. – Pref.	Novo Nordisk A/S-B	16	1,15	3,74
17/11/00	Hotel in Salvador Brazil	Iti-Soc. Inv. Tur.Ilha Madeira	9	0,36	1,12

Fonte: Bloomberg, abr. 2003.

O sistema de informações Thomson Financial, um dos mais usados pelo mercado financeiro, registrou oito transações importantes de fusões e aquisições de bancos no Brasil entre janeiro de 1996 e outubro de 2003, com múltiplos de ativo total, de patrimônio líquido e de resultados. A Tabela 9.6 traz a lista dos múltiplos de bancos no Brasil registrados pela Thomson Financial.

TABELA 9.6 MÚLTIPLOS DE TRANSAÇÕES DE FUSÕES E AQUISIÇÕES DE BANCOS NO BRASIL

Data	Empresa-Alvo	Adquirente	Valor da Transação — US$ milhões	Valor/ Ativo Total	Valor/ Patr. Líq.	Valor/ Lucro Líq.
09/04/2001	Banco do Estado de São Paulo	Banco Santander Central Hispan	8.090	0,77	5,49	1075,95
05/11/1998	Banco Real S.A.	ABN-AMRO Holding NV	2.100	0,45	6,84	66,70
20/01/2000	Banco Bozano Simonsen S.A.	Banco Santander Central Hispan	1.000			
01/04/1997	Banco Bamerindus do Brasil	HSBC Hong Kong	1.000			
07/10/1998	Banco Excel Econômico S.A.	Banco Bilbao Vizcaya S.A.	878			
26/02/2003	Banco BBA Creditanstalt S.A.	Banco Itaú S.A.	876			
17/10/2000	Banco do Estado do Paraná S.A.	Banco Itaú S.A.	868	1,10	31,15	–14,32
19/01/2000	Banco Meridional do Brasil S.A.	Banco Santander Central Hispan	835			
09/06/2003	BBVA Brasil S.A. (BBVA)	Banco Bradesco S.A.	812			
06/10/1998	Banco de Investimentos Garantia	CS First Boston	675			
12/09/1997	Banco Multiplic-Consumer & Cor	Lloyds TSB Group PLC	600			
25/03/2002	Banco Mercantil de São Paulo	Banco Bradesco S.A.	542	0,19	1,72	61,70
02/10/2000	Boavista Inter-Atlântico	Banco Bradesco S.A.	518			
30/03/1998	Banco Noroeste S.A.	Banco Geral do Comércio S.A.	499	0,21	2,41	18,90
14/09/1998	Banco do Estado de Minas	Banco Itaú S.A.	495	0,21	3,46	–6,71
04/01/2002	Ford-Vehicle Financing Unit	Banco Bradesco S.A.	419			
06/04/1998	Banco Bandeirantes S.A.	Caixa Geral de Depósitos S.A.	358	0,08	1,62	–1,88
05/02/2002	Banco Espírito Santo	Banco Bradesco S.A.	73		0,06	16,50
Múltiplo médio				**0,43**	**6,59**	**152,11**
Múltiplo mediano				**0,21**	**2,94**	**17,70**
Desvio padrão				**0,38**	**10,16**	**374,49**

Fonte: Thomson Financial, out. 2003.

A tabela mostra a maior adequação dos múltiplos medianos em relação aos médios. O menor desvio padrão foi obtido pelo múltiplo de ativos totais, seguido pelo múltiplo de patrimônio líquido, ao passo que o maior foi obtido pelo múltiplo de lucro líquido, o que indica que o múltiplo de ativos é mais adequado para avaliar instituições financeiras.

Múltiplos médios ou medianos?

Um problema surge quando se analisa uma amostra de múltiplos de valor: existem múltiplos muito altos e múltiplos muito baixos. A existência de empresas com lucro ou patrimônio líquido minúsculo culmina em múltiplos estratosféricos. Algumas empresas podem estar indo melhor ou pior do que o padrão da sua indústria e, por isso, distorcem esse padrão. Nesse caso, a solução é trabalhar com múltiplos medianos, de modo que a influência de múltiplos extremamente altos ou baixos seja minimizada ou anulada.

Damodaran, em seu curso de avaliação de empresas aplicado no Brasil em abril de 2002,[1] mostrou como os índices médios podem induzir a grandes erros utilizando como referência o valor de mercado de empresas norte-americanas (veja a Tabela 9.7).

Essa tabela indica uma maior coerência dos múltiplos medianos. No caso do P/L corrente (P/L do último relatório anual), a média é quase três vezes maior do que a mediana (45,7 *versus* 16,1).

VANTAGENS DA AVALIAÇÃO POR MÚLTIPLOS

A simplicidade, a rapidez na precificação de novas informações e a necessidade de poucas informações são as principais vantagens da avaliação por múltiplos em relação aos outros métodos.

TABELA 9.7 MÚLTIPLOS MÉDIOS OU MEDIANOS

Item	P/L corrente	P/L últimos 12 meses	P/L projetado
Média	45,7	33,6	29,1
Desvio padrão	8,4	1,7	1,1
Mediana	16,1	17,1	16,3
Moda	14	23	26

Simplicidade

O método de avaliação por múltiplos é o mais simples de todos, porém é o que apresenta o maior número de erros se for mal utilizado. A facilidade desse método reside no fato de serem necessários apenas dois dados para avaliar uma empresa: um indicando o valor de uma empresa semelhante e outro indicando um valor de referência, que pode ser vendas, lucro líquido, Ebitda, patrimônio líquido, ativos etc.

Essa é uma importante vantagem desse método em relação ao do fluxo de caixa descontado (FCD), que exige grande quantidade de projeções (receitas, impostos, custos, despesas, depreciação, Ebitda, investimentos e variações nas contas de capital de giro) para que seja determinado o fluxo de caixa da operação, além do cálculo da taxa de desconto a ser utilizada para trazer os fluxos de caixa projetados a valor presente e do cálculo do valor residual.

As projeções feitas nas avaliações pelo método do FCD são ainda função de uma vasta quantidade de premissas e variáveis, o que faz esse método ser considerado difícil por alguns e pesado e moroso por outros. Por isso, muitos analistas preferem o método da avaliação por múltiplos, que é muito mais simples e rápido de ser aplicado.

Rápida precificação de novas informações

Outra vantagem de utilizar os múltiplos, em detrimento de outras metodologias (neste caso, apenas os múltiplos de mercado), é que essa abordagem, teoricamente, precifica todos os dias o impacto de novas informações no valor das empresas abertas, incorporando de maneira instantânea as mudanças que possam afetar os resultados das empresas. De fato, informações econômicas, setoriais, ambientais e específicas diariamente impactam a cotação das ações de uma empresa e, por consequência, seu valor de mercado.

São vários os exemplos que mostram como o mercado precifica rapidamente o impacto de novas informações no valor de uma empresa. Anúncios de fusões e aquisições, de programas de reestruturação, de descoberta ou introdução de produtos e de demissões de executivos, assim como divulgações de falcatruas contábeis, costumam originar grandes variações no valor de mercado das empresas em um único dia.

Necessidade de poucas informações

A avaliação por múltiplos é uma alternativa útil quando se quer ter ideia do valor de uma empresa, mas se conhecem apenas informações básicas sobre ela, como lucro, Ebitda e faturamento. Esses dados podem ter sido publicados na imprensa, ter sido estimados por especialistas e jornalistas ou ser de conhecimento do avaliador.

DESVANTAGENS DA AVALIAÇÃO POR MÚLTIPLOS

As principais desvantagens da avaliação por múltiplos são: diferença nos fundamentos das empresas comparáveis, qualidade das informações, especificidades de cada transação e efeito manada.

Diferença nos fundamentos das empresas comparáveis

Uma das desvantagens desse tipo de avaliação é o fato de não fornecer, na forma de aplicação usual, um preço único para determinada empresa, nem considerar suas condições específicas no processo de avaliação.

Como as empresas utilizadas na avaliação por múltiplos podem ser semelhantes até certo ponto à empresa avaliada, porém nunca idênticas, o valor calculado com base em múltiplos pode ser referência, servindo como um parecer sobre o preço atual da empresa e oferecendo uma faixa de valores em que pode ser negociada.

Embora os valores divulgados nas transações ocorridas possam ter levado em consideração especificidades e perspectivas futuras das empresas transacionadas, nem sempre a empresa avaliada terá as mesmas características delas, o que pode comprometer a análise por múltiplos.

É válido lembrar que corporações são entidades complexas, identificadas por grande variedade de características. As empresas comparáveis precisam apresentar linhas de negócios, características de risco, crescimento e fluxo de caixa semelhantes. Ignorar a necessidade de similitude em tais fundamentos é como "varrer a sujeira para debaixo do tapete".

Qualidade das informações

Outra desvantagem da avaliação por múltiplos se deve ao fato de que muitas empresas envolvidas em transações de fusões e aquisições não são obrigadas a disponibilizar seus dados para o mercado.

Em virtude da dificuldade de obter informações confiáveis sobre os valores das transações (valor da transação pago aos acionistas, valor de dívidas assumido), esse tipo de avaliação acaba sendo utilizado no Brasil — assim como na América Latina e em outros países cujos mercados de capitais não são desenvolvidos —, na grande maioria das vezes, como uma metodologia complementar, que serve para justificar as avaliações por fluxo de caixa descontado e/ou uma faixa de valores adequada para uma empresa.

Estima-se que 70% das transações de fusões e aquisições no Brasil não tenham seus valores revelados. Considerando que existem apenas 438 empresas de capital aberto no país, a utilização de múltiplos está muito limitada à quantidade e à qualidade de informações sobre valores de transações, preços de mercado e indicadores financeiros e operacionais dessa pequena amostra de empresas. Uma solução para essa questão é utilizar múltiplos de empresas de outros países.

Especificidades de cada transação

Os múltiplos de transações não devem ser usados cegamente, em razão das diferenças entre as formas de transação. As principais diferenças que devem ser levadas em conta quando se utiliza a avaliação por múltiplos são:

- O que foi adquirido? A empresa, uma linha de negócios, uma carteira de clientes, os ativos imobilizados?
- A aquisição foi do bloco de controle, de 100% das ações ou de participações minoritárias de um bloco que não altere o poder entre os grupos investidores?
- Existência de direito de preferência de aquisição.
- Forma de pagamento da aquisição e remuneração dos acionistas.
- Principais cláusulas do acordo de acionistas: existência de direito de compra ou de venda de participações entre os sócios.
- Transações com objetivos não usuais, como interesses pessoais.
- Entrada em um novo ramo de negócios, setor ou país.
- Aquisição de uma linha de produtos complementar.
- Aquisição defensiva para fazer frente à entrada de novos concorrentes na indústria ou para evitar uma oferta hostil.
- Participação em alianças estratégicas ou em outras empresas.

Efeito manada

Outro aspecto que deve ser levado em consideração quando se usa a avaliação por múltiplos é o fato de que um setor inteiro pode estar super ou subavaliado.

O índice Nasdaq — índice de ações de empresas de alta tecnologia dos Estados Unidos — é um bom exemplo de como a utilização da avaliação por múltiplos baseada em valores históricos pode induzir a supervalorização de empresas. Em março de 2000, o índice chegou a 5.000 pontos e, em outubro de 2003, já tinha caído para 1.200 pontos, uma queda de 76%. O índice preço/lucro médio de março de 2000 atingiu a estratosférica faixa de 184 vezes, mostrando a supervalorização das empresas norte-americanas de alta tecnologia nesse ano. Nessa época, muitas empresas ponto–com e *start-ups* de empresas de tecnologia que fizeram IPOs (*initial public offering* — abertura de capitais) foram premiadas com valorizações milionárias, chegando a ser vendidas por 40 a cem vezes o valor de suas receitas. Enquanto empresas tradicionais levaram anos para atingir patamares muito menores do que esses, tais empresas levaram de 12 a 18 meses.

A Tabela 9.8 traz um exemplo de múltiplos de valor/receitas que mostra claramente como as empresas ponto–com perderam valor entre 1999 e 2000.

TABELA 9.8 MÚLTIPLOS DE EMPRESAS DE INTERNET — DESVALORIZAÇÃO DAS EMPRESAS PONTO-COM VISTA PELOS MÚLTIPLOS DE VENDAS

Empresa	12-99	03-00	06-00	09-00	12-00
About.com	60,3	39,5	10,0	7,7	5,0
Amazon.com	16,5	12,4	5,9	5,6	2,2
El sitio	221,2	72,4	15,3	6,2	0,9
Excite@Home	51,2	29,5	15,8	9,9	3,6
Gemstar	140,1	145,8	96,8	128,6	66,8
Homestore.com	97,3	41,8	17,8	21,5	7,2
iGo	9,0	6,0	2,7	1,8	1,0
InfoSpace.com	1351,4	669,8	189,0	75,9	10,9
iTurf	10,6	6,6	1,6	0,7	
Liberate	1260,1	268,6	107,6	92,6	39,2
Promotion.com	27,0	8,0	3,2	0,9	0,2
Quepasa.com	426,7	89,4	11,7	4,9	
Salon.com	11,1	7,6	2,0	2,4	0,8
Sportsline	22,0	10,8	5,4	3,9	1,4
StarMedia	131,2	69,3	32,3	9,9	2,0
Student Advantage	29,0	10,7	0,5	0,0	0,1
Switchboard		77,2	17,8	9,3	3,5
Terra	559,0	462,6	149,1	113,9	34,3
TheKnot Inc.	24,0	12,2	3,7	2,4	0,6
TicketMaster CitySearch	32,3	16,3	8,2	7,4	3,4
Tickets.com	18,4	10,5	3,6	1,1	0,3
Travelocity.com		18,0	7,1	4,7	3,2
Women.com Networks	22,2	9,4	2,0	2,6	0,2
Yahoo	403,8	132,0	79,6	50,2	14,8
Média	**223,8**	**92,8**	**33,1**	**23,7**	**9,3**

Fonte: Pablo Fernández, Valuation using multiples. How do analysts reach their conclusions? Disponível no site http://webprofesores.iese.edu/PabloFernandez/.

MÚLTIPLOS *VERSUS* FLUXO DE CAIXA DESCONTADO

Uma comparação entre as principais características das avaliações por múltiplos e das avaliações por fluxo de caixa descontado é apresentada na Tabela 9.9.

TABELA 9.9 MÚLTIPLOS *VERSUS* FLUXO DE CAIXA DESCONTADO

Características dos múltiplos	Características do fluxo de caixa descontado
Os direcionadores de valor (lucros, receita, ativo etc.) são implícitos, não havendo necessidade de considerar nada além das bases do múltiplo. Não é preciso pensar em nada, a não ser no indicador usado como referência.	Os direcionadores de valor (crescimento do mercado, preços, margens, comportamento da concorrência e da tecnologia etc.) são explícitos. É preciso esclarecer como se comportarão as principais contas do balanço e da demonstração de resultados até chegar ao fluxo de caixa.
As mudanças ambientais estão implícitas nos múltiplos de mercado. Todas as mudanças impactam diariamente o valor de uma empresa.	As mudanças ambientais devem ser explicitadas. O modo como as mudanças afetarão os resultados de uma empresa precisa ser esclarecido e evidenciado nas premissas.
É impreciso para avaliar empresas com características diferentes das utilizadas como comparáveis. Se as empresas comparáveis forem muito diferentes da avaliada, o valor obtido será irreal.	É aplicável tanto às empresas semelhantes à média do mercado como às diferentes da média. Não necessita de comparação.
Trabalham com direcionadores (lucro líquido, Ebitda, receita, ativo etc.) reais, atuais ou passados.	Trabalham com a projeção dos direcionadores até chegar ao fluxo de caixa para a empresa ou para o acionista.
O valor calculado por múltiplos (de transações) está defasado em relação ao valor efetivo, podendo levar a decisões equivocadas de precificação em mercados em mudança. Um setor que apresente margens boas e crescentes pode, em cinco anos, vir a apresentar margens constantes ou decrescentes.	O valor calculado reflete o futuro, o que interessa para um avaliador, chegando ao valor efetivo de uma empresa.
Há um risco de acompanhar a manada, o que, na ausência de líderes (aqueles que acreditam em uma sub ou supervalorização de uma empresa e agem comprando-a ou vendendo-a, contribuindo para a correção do valor), pode levar a preços de mercado descolados do valor efetivo.	Há um risco associado às idiossincrasias do analista, que influencia o preço por meio de suas premissas. Doses de conservadorismo e otimismo fazem os avaliadores chegarem a valores diferentes para a mesma empresa.
É um bom método para os seguidores, que fazem apenas a leitura do valor praticado geralmente por empresas comparáveis e o aplicam à empresa objeto de avaliação, sem precisar como ele é formado ou ao menos saber se está super ou subavaliado.	É um bom método para os líderes, que questionam o padrão do valor passado e se preocupam com o futuro, criando o valor da empresa avaliada com base em suas premissas. Não se importam com o modo como empresas comparáveis são avaliadas.

MÚLTIPLO DE PREÇO/LUCRO LÍQUIDO (P/L)

O múltiplo de P/L é o mais usado pelos bancos de investimento na análise do desempenho de ações. É um múltiplo de valor de mercado e representa a parcela dos acionistas no valor de uma empresa. É interessante observar que, quando se inverte o numerador com o denominador, tem-se o lucro sobre o preço de uma ação, uma das mais conhecidas formas de medir a rentabilidade.

O índice P/L pode ser pensado como o número de anos necessários para reaver todo o capital investido. Isso é válido apenas quando se considera que os lucros são constantes e totalmente distribuídos.

Embora esse múltiplo seja bastante usado, alguns cuidados para sua correta utilização precisam ser tomados. Um analista que apresenta uma tabela de P/L sem explicar como ela foi montada pode mais atrapalhar do que ajudar em uma avaliação por múltiplos. Isso porque tanto o valor de mercado quanto o lucro líquido podem assumir diferentes valores conforme o período considerado.

Assim, o valor de mercado (preço) pode ser: valor de mercado corrente (cotação do dia), valor de mercado médio dos últimos seis meses e valor de mercado médio do último ano. Já o lucro pode ser: lucro do último relatório anual (lucro histórico), lucro acumulado dos últimos 12 meses (lucro acumulado), lucro projetado no ano (lucro projetado), lucro normalizado e estável em um ano qualquer no futuro (lucro futuro).

A Tabela 9.7 deixa claro que o melhor múltiplo de lucro para se utilizar é o de lucros projetados, que apresenta um desvio padrão de apenas 1,1, enquanto o múltiplo de lucros acumulados dos últimos 12 meses apresenta um desvio padrão de 1,7, e o de lucros correntes, de 8,4. Outro estudo[2] apontou que os múltiplos de lucros projetados são melhores do que os de lucros correntes, apresentando menores margens de erros na comparação com os valores de mercado.

Em razão da subjetividade da projeção dos lucros, é aconselhada a utilização de projeções de vários analistas e bancos e a média desses valores como lucro projetado. Usar o lucro futuro de determinado ano adiante para projetar os resultados de empresas com alto crescimento e prejuízos no presente é muito subjetivo e deve ser evitado.

É de se esperar que analistas de mercado tenham dificuldade de emitir projeções de lucros que apontem para preços de mercado muito diferentes dos atuais, sob pena de perderem credibilidade. Essa circularidade exige que os lucros projetados sejam analisados com cuidado.

Normalmente, os múltiplos de lucros futuros são utilizados para empresas novas do setor de tecnologia que ainda não tiveram tempo de apresentar resultados estáveis ou quando a volatilidade dos lucros é muito grande. Já os múltiplos de lucros projetados são, em geral, usados para contemplar as expectativas de variações nos lucros de um ano para outro, tendo em vista as perspectivas econômicas e setoriais, assim como a gestão dos resultados da empresa avaliada.

A estratégia de investimentos para o índice P/L é a seguinte: quanto menor esse índice da empresa, melhores são as oportunidades de ganhos com as ações, visto que a companhia está subvalorizada. Essa visão, no entanto, é errada, pois empresas distintas possuem margens, riscos, taxas de crescimento e índices de *payout* diferentes, não sendo possível afirmar que uma empresa está subavaliada ou sobrevalorizada somente com base no índice P/L. Esse índice não deve ser uma referência isolada para o cálculo do valor de uma empresa: é necessária uma análise dos direcionadores de valor da empresa objeto de avaliação.

Defesa dos múltiplos de lucro — e a crítica

As principais vantagens e desvantagens da utilização dos múltiplos de lucro estão descritas na Tabela 9.10.

Algumas considerações especiais sobre os múltiplos de lucro devem ser feitas:

- É de suma importância o estudo de Liu, Nissim e Thomas (2002),[3] que analisaram uma amostra de 20 mil empresas nos Estados Unidos entre 1982 e 1999,

TABELA 9.10 Vantagens e desvantagens da utilização dos múltiplos de lucro

Vantagens	Desvantagens
• Incorporam as percepções do mercado. • É fácil calculá-los para todas as empresas do setor e compará-los com a média da indústria. • Favorecem empresas que apresentam melhores resultados. Por exemplo: A e B são duas empresas com patrimônio líquido e vendas iguais, porém A tem o dobro da lucratividade de B e, por esse múltiplo, valerá o dobro também. • Podem ser considerados métodos conservadores, pois empresas sem lucros não podem ser avaliadas por essa métrica.	• Sofrem impactos dos juros e das despesas financeiras na redução dos lucros. • Sofrem impactos de itens não financeiros, como depreciação e amortização. • Não têm significado quando a empresa apresenta prejuízos. • São sujeitos às normas de contabilização e aos níveis de conservadorismo adotados. Os principais critérios que os influenciam são: a forma de contabilização dos estoques, as provisões para devedores duvidosos e os métodos de depreciação. • A variabilidade dos resultados torna os múltiplos muito voláteis e com pouco significado. • Dificilmente se encontram empresas comparáveis.

Fonte: Adaptado de J. C. Neves, *Avaliação de empresas e negócios*. Lisboa: McGraw-Hill, 2002.

mostrando que múltiplos baseados em lucros futuros explicavam razoavelmente o preço das ações. Em termos de desempenho relativo, o estudo gerou um ranking dos melhores múltiplos para avaliar as ações norte-americanas. Os resultados obtidos mostraram que, em primeiro lugar, devem-se utilizar os múltiplos de lucros projetados, seguidos pelos múltiplos de lucros históricos; múltiplos de fluxo de caixa e de valor patrimonial ficaram empatados em terceiro lugar; na última colocação, como o pior tipo de múltiplo para avaliar ações, ficaram os de receita.

- De maneira geral, pode-se dizer que as avaliações baseadas em múltiplos de lucro líquido e Ebitda são as mais utilizadas pelo mercado financeiro, porém não existe nenhuma limitação à utilização dos outros tipos de múltiplo e não se pode dizer que um tipo é perfeitamente adequado para todas as empresas.
- Um estudo da Goldman Sachs, realizado em 1999, mostrou que o índice P/L foi a medida de avaliação mais utilizada por 50% dos analistas de investimentos norte-americanos nos anos anteriores.
- Um estudo feito por Alford (1992)[4] testou a precisão das avaliações de P/L do mercado acionário norte-americano e encontrou os menores erros na avaliação de empresas similares pertencentes à mesma indústria e com o mesmo retorno sobre o patrimônio líquido.
- Um artigo[5] mostrou que a empresa base da comparação (*peer company*) e a avaliada devem ser o mais parecidas possível em relação a risco, princípios contábeis, rentabilidade sobre o patrimônio líquido projetado e crescimento do patrimônio líquido.
- Os múltiplos de P/lucro projetados são melhores estimativas de valor do que os de lucros correntes, embora, para grande quantidade de empresas, sejam mais difíceis de obter. Isso se deve ao fato de que as ações são precificadas fundamentalmente com base nos resultados projetados, e não nos correntes.
- Quando se obtêm múltiplos de lucros projetados de uma amostra de empresas, deve-se aplicá-los aos lucros projetados da empresa a ser avaliada, a fim de não gerar comparações de empresas em diferentes períodos.
- Empresas com altos lucros em condições estáveis apresentam múltiplos mais coerentes.
- Tanto os múltiplos de lucros quanto os de Ebit, Ebitda e fluxo de caixa devem excluir os itens extraordinários e não operacionais.
- Em períodos de lucros crescentes, os lucros projetados por ação resultam consistentemente em valores menores do que os dos últimos 12 meses. Assim, um analista otimista vai preferir usar os lucros projetados de P/L para mostrar que as ações estão negociadas por múltiplos baixos, enquanto um analista pessimista poderá usar um múltiplo de lucros do último balanço anual, mostrando que o múltiplo está muito alto.

- Por não existirem múltiplos negativos para formar o múltiplo do setor, todas as empresas com prejuízo são excluídas da amostra. Dessa maneira, o múltiplo não é do setor, e sim das empresas do setor que apresentam resultados positivos. Os múltiplos de lucro só servem para avaliar empresas com resultados positivos. As empresas comparáveis devem ser apenas aquelas que possuem lucro líquido positivo. Se a empresa a ser avaliada não possuir lucro líquido positivo, não poderá ser avaliada por esse tipo de múltiplo.

MÚLTIPLOS DE EBITDA, EBIT, NOPAT E FLUXO DE CAIXA

Os múltiplos de Ebitda, Ebit e Nopat são os mais utilizados para determinar o valor de empresas para fins de fusões e aquisições. São múltiplos de valor empresarial e representam o valor total da empresa. Diferentemente dos múltiplos de lucro líquido, esses múltiplos mais dificilmente apresentam-se negativos, o que aumenta a base de dados de empresas comparáveis.

Os múltiplos de Ebitda, como o próprio nome indica, não consideram os dispêndios com juros, impostos sobre os resultados, depreciação e amortização, ao passo que os de Ebit não levam em conta apenas os dispêndios com juros e impostos sobre os resultados. Os múltiplos de Nopat diferem dos de Ebit por considerarem o imposto de renda sobre o resultado operacional.

Os múltiplos de fluxo de caixa levam em conta os investimentos feitos em imobilizados e em capital de giro e podem ou não compreender gastos com juros e despesas financeiras, dependendo do fluxo de caixa considerado, que pode ser o fluxo de caixa da empresa ou o fluxo de caixa dos sócios, este último líquido dos dispêndios com juros.

Os múltiplos de Ebitda eliminam os impactos decorrentes dos principais itens que não influenciam o caixa (depreciação, exaustão e amortização dos ativos), da estrutura de capital (juros e benefício fiscal) e de amortizações ou obtenções de empréstimos. Por serem independentes da estrutura de capital, empresas com níveis de capitalização distintos podem ser comparadas por esse indicador. Essa é uma grande vantagem desse tipo de múltiplo e uma das justificativas para o fato de ser o mais utilizado para fins de avaliação para compra e venda de empresas.

O Ebitda não deve ser confundido com fluxo de caixa para a empresa, que é a melhor mensuração de quanto caixa uma empresa está gerando, porque leva em conta o lucro, acrescenta as despesas que não impactam o caixa (depreciação, exaustão, amortização, provisões) e inclui as variações dos investimentos em ativos fixos e no capital de giro, as quais também geram ou consomem caixa (variações em contas a receber, contas a pagar, estoques etc.). Assim, é perfeitamente factível uma empresa ter Ebitda positivo e fluxo de caixa negativo.

Sabe-se que o valor da empresa é obtido a partir de seu fluxo de caixa e que este é fortemente relacionado com o Ebitda. A principal vantagem do Ebitda sobre o fluxo de caixa é a simplicidade de sua obtenção a partir dos demonstrativos financeiros. Uma segunda vantagem é o fato de não necessitar de estimativas médias ou projetadas de contas como a de investimentos, que podem oscilar muito em razão dos planos de expansão da empresa. Isso explica o grande emprego do múltiplo de Ebitda e a baixa utilização do múltiplo de fluxo de caixa. Uma ressalva ao uso do múltiplo de Ebitda é que ele pode supervalorizar empresas que precisam de elevados investimentos para crescer.

Um estudo[6] mostrou que o múltiplo de Ebitda é o que oferece maior precisão para avaliar empresas bem estabelecidas que estão abrindo o capital (fazendo IPOs). Esse estudo mostrou também que a avaliação melhora quando se utiliza Ebitda projetado.

MÚLTIPLOS DE VALOR PATRIMONIAL (*BOOK VALUE*)

Os principais múltiplos de patrimônio são: VE/valor patrimonial dos ativos e preço/patrimônio líquido (P/PL ou P/*book value*).

O múltiplo de P/PL é um dos mais usados no mercado acionário. É uma forma de medir quanto os investimentos feitos pelos acionistas ao longo do tempo, a preço de custo de aquisição, estão valorizados, o que auxilia nas comparações de super ou subvalorização de ações de empresas de setores iguais ou diferentes. As empresas que têm P/PL menor do que 1 e as que têm esse índice menor do que a média setorial são comumente consideradas subvalorizadas e sérias candidatas a apresentar boa valorização.

Esse múltiplo pode ser utilizado para empresas com prejuízos, contanto que os prejuízos acumulados não tenham tornado o patrimônio líquido negativo. Outra característica dos múltiplos de patrimônio é o fato de serem fortemente influenciados pelos métodos contábeis adotados e pelos critérios de conservadorismo das empresas, como acontece com os múltiplos de lucros.

Os múltiplos de patrimônio também são pouco representativos para setores de serviços não muito intensivos em termos de capital, que tendem a possuir patrimônio líquido baixo. No entanto, para instituições financeiras, em virtude da natureza dos ativos e do estabelecimento de um nível máximo de alavancagem — determinado pelo índice da Basileia —, esses múltiplos tendem a ser mais precisos.

MÚLTIPLOS DE RECEITAS (VE/RECEITAS)

Até a década de 1980, havia a crença quase generalizada de que vendas maiores correspondiam a lucros maiores, garantidos pelo baixo nível de real competição entre as empresas. Essa crença, aliada ao fato de ser mais fácil medir as vendas do que os lucros, fez as vendas se tornarem a principal base em uma avaliação para muitos. Entretanto, por essa abordagem, o erro pode ser gritante. Como ficou evidente no início dos anos 1990, tentar manter as vendas elevadas sem administrar o lucro pode ser até mesmo fatal. Com as reduzidas margens que predominaram nessa década, a gestão do lucro tornou-se mais difícil. Hoje, são comuns empresas condenadas apenas a sobreviver, sem poder dar frutos a seus proprietários. Essas empresas não podem ser vendidas com base nas suas vendas, mas sim nos resultados financeiros que poderão fornecer. Por outro lado, há empresas excepcionalmente lucrativas que, se avaliadas apenas pelas suas vendas, seriam subvalorizadas.

Os múltiplos de receitas passaram a ser utilizados mais constantemente nos últimos anos em decorrência da grande onda de ofertas públicas iniciais (IPOs) no mercado norte-americano de empresas pertencentes à nova economia. Isso se deve ao fato de as empresas ponto–com, que não possuem lucros nem longos históricos, não poderem ser avaliadas, na grande maioria das vezes, pelos múltiplos de lucros e de Ebitda ou pelo método do fluxo de caixa descontado.

Além disso, entre 2001 e 2002, a utilização dos múltiplos de receitas ganhou um novo propulsor: os escândalos contábeis envolvendo empresas norte-americanas e europeias colocaram em dúvida a qualidade dos balanços de todo o mercado e mostraram a facilidade de manipular os dados contábeis. Como são mais difíceis de manipular do que os lucros, as receitas são mais confiáveis e podem resultar em múltiplos mais precisos. Vale ressaltar, no entanto, que utilizar um múltiplo de vendas para avaliar uma empresa em crise financeira não faz sentido, pois o buraco pode ser maior do que os lucros e a própria receita.

Os múltiplos de receitas têm algumas vantagens em relação aos de lucros, de Ebitda e de valor patrimonial. Para começar, as vendas são mais difíceis de manipular do que os outros dados contábeis. Além disso, os múltiplos de receitas apresentam menor volatilidade, sendo menos afetados pelos efeitos da sazonalidade, e são os preferidos de muitos investidores na avaliação de pequenas empresas. Na verdade, o mercado de pequenas empresas é extremamente rápido para formar seus múltiplos: uma padaria vale tantos faturamentos mensais, um posto de gasolina vale outros tantos e assim por diante. Em geral, em decorrência de peculiaridades na contabilização (ou não contabilização), o lucro declarado é pouco confiável. A prática mais usual para analisar essas empresas é ignorar o lucro desconhecido e auditar a receita. Assim, nada mais razoável do que os múltiplos de pequenas empresas serem de receitas.

Entre as desvantagens desse tipo de múltiplo está o fato de ele não levar em conta os custos, que podem ser crescentes, e gerar um resultado negativo para a empresa, podendo apresentar avaliações enganosas. Por exemplo, podemos ter duas empresas de um mesmo ramo com múltiplos de receitas parecidos que possuem lucros muito diferentes.

MÚLTIPLOS ESPECÍFICOS

Os múltiplos específicos são relativos a uma indústria em particular e se referem normalmente a unidades produzidas/vendidas, como kWh, toneladas, metros cúbicos, linhas telefônicas instaladas, número de visitas a uma *home page*, número de vidas seguradas e assim por diante.

A principal desvantagem dos múltiplos específicos diz respeito ao fato de que, muitas vezes, a empresa não fabrica apenas um tipo de produto. Na verdade, ela pode chegar a produzir grande quantidade de produtos, o que impossibilita o cálculo desse múltiplo. Outra limitação é que os múltiplos de variável específica só podem ser comparados em uma mesma indústria, não mostrando empresas sub ou superavaliadas nem levando em conta seus resultados financeiros.

Na grande maioria das vezes, os múltiplos específicos conduzem a valores bastante distintos, como mostrado no caso do setor energético e no do setor bancário (veja as tabelas 9.11 e 9.12).

COMO SELECIONAR EMPRESAS COMPARÁVEIS

A seleção de empresas comparáveis à que se deseja avaliar deve considerar os seguintes itens:

- Empresas da mesma indústria e área de atuação.
- Empresas do mesmo porte e tamanho.
- Empresas com características e fundamentos semelhantes.
- Tamanho da amostra das empresas comparáveis.

EMPRESAS DA MESMA INDÚSTRIA E ÁREA DE ATUAÇÃO

A maneira mais natural e intuitiva de montar uma amostra de empresas é por meio da escolha de companhias da mesma indústria e área de atuação. Assim, a Sadia

TABELA 9.11 MÚLTIPLOS ESPECÍFICOS DE EMPRESAS DE ENERGIA — RESULTADOS OBTIDOS NA PRIVATIZAÇÃO DAS EMPRESAS DE ENERGIA ELÉTRICA

Empresa	Valor da empresa (R$ milhões)	Valor/consumidor	Valor/GWh
Escelsa	511	708	93.181
Cerj	862	718	157.556
CEEE — Centro-Oeste	1.676	2.087	290.353
CEEE — Nordeste	1.802	2.148	390.729
Coelba	2.836	1.227	355.798
Light	3.695	1.369	164.478
Cemig	3.424	856	127.314
CPFL	7.247	3.104	435.069

Fonte: O Estado de S. Paulo, 9 nov. 1997.

TABELA 9.12 MÚLTIPLOS ESPECÍFICOS DE BANCOS PRIVATIZADOS — RESULTADOS OBTIDOS NA PRIVATIZAÇÃO DE BANCOS ESTADUAIS

Empresa	Valor da empresa (R$ milhões)	Valor/ ativos (%)	Valor/ depósitos (%)	Valor/ agências	Valor/ clientes	Valor/ patrimônio líquido
Banerj/Itaú	159	6	8	0,9	151	0,8
Credireal/Bradesco	103	9	31	0,9	413	0,9
Meridional/Bozano	144	2	10	0,7	221	0,5
Bemge/Itaú	583	19	58	1,3	608	2,1
Bandepe/ABN Amro	186	12	35	3,6	1.248	1,6
Baneb/Bradesco	260	12	23	1,5	667	2,0

Fonte: Banco Bozano Simonsen.

e a Perdigão, que se juntaram em 2009, seriam uma empresa comparável à Seara e às demais empresas do setor, ao passo que a Aracruz seria comparável à Suzano, e assim por diante.

Existem, entretanto, muitos grupos empresariais ou *holdings* que atuam em diversos setores e/ou ramos de diferentes indústrias e até mesmo em diferentes etapas de uma cadeia. É o caso, por exemplo, da Petrobras S/A, estatal brasileira que atua nos setores de exploração, refino e distribuição de petróleo e derivados. Para efeito de comparação, os múltiplos da Petrobras são adequados a empresas atuantes nesses três setores, porém não são parâmetros de referência perfeitos para companhias que atuam apenas em um deles, como a Cia. Ipiranga de Distribuição, que atua apenas na distribuição dos derivados de petróleo.

É válido destacar que os valores resultantes de múltiplos de conglomerados ou de empresas que atuam em diversos setores devem servir como referência, e não como medidas únicas na determinação de valor da empresa avaliada.

Empresas do mesmo porte e tamanho

Acredita-se que a possibilidade de erro em uma avaliação por múltiplos é maior quando a amostra é composta de pequenas e médias empresas. Isso porque essas empresas podem ter sua sobrevivência baseada na diversificação e na especialização. Grandes empresas têm maior quantidade de projetos, o que gera resultados mais estáveis, uma vez que bons projetos compensam os ruins.

Normalmente os múltiplos pagos por grandes empresas são maiores do que os pagos por pequenas e médias empresas. Isso se deve ao fato de as grandes empresas tenderem a possuir posição de mercado mais forte, maior profissionalização, uma base de negócios diversificada, acesso mais fácil a fontes de capital e economias de escala, decorrentes do maior porte.

Empresas com características e fundamentos semelhantes

Para Badenes e Santos (1999),[7] estas são as principais características que empresas comparáveis precisam ter:

- Devem ser empresas transacionadas em bolsa.
- Devem realizar a mesma atividade que a empresa objeto da avaliação.
- Devem ter o mesmo mix de negócios e/ou de produtos.
- Devem ser do mesmo país ou região e/ou operar em uma mesma área geográfica.
- Devem ter tamanho similar (não é aconselhável tomar como empresas comparáveis aquelas que tenham volumes de vendas ou lucros inferiores a 50% da empresa objeto da avaliação).
- Devem ter as mesmas perspectivas de crescimento dos lucros e rentabilidade similar.
- Devem ter uma equipe executiva de qualidade semelhante.
- Devem ter uma posição competitiva equivalente.
- Devem ter os mesmos tipos de ativo e atuação vertical.
- Devem ter uma estrutura e um volume de investimentos em marketing similares.

Para Damodaran (2002),[8] empresas pertencentes a diferentes setores podem ser comparadas e utilizadas na avaliação por múltiplos desde que tenham os mesmos fundamentos, ou seja, os mesmos riscos, fluxo de caixa e crescimento. Para outros especialistas, a comparação deve ocorrer apenas entre empresas do mesmo setor, de tamanho e condições de competitividade semelhantes.

Um estudo feito por Alford (1992)[9] mostrou que a precisão dos múltiplos melhora quando se escolhem empresas *benchmark* baseadas na indústria sozinha, ou seja, múltiplos de empresas concentradas em um único setor ou, alternativamente, em combinação com a rentabilidade e com o ativo total (tamanho da empresa). A precisão também melhora quando se escolhem empresas comparáveis do mesmo setor que tenham atuação semelhante.

Considerando que existem apenas 438 empresas abertas no Brasil, que apenas 65 delas representam mais de 80% de todas as negociações e que poucas transações de fusão e aquisição têm seus valores revelados, não sobram muitas empresas para serem utilizadas como similares ou comparáveis. Na verdade, obter uma amostra de empresas — pertencentes à mesma indústria ou setor, com características de risco, crescimento, fluxo de caixa, tamanho e condições de competitividade semelhantes — em países com mercado acionário subdesenvolvido é uma tarefa muito difícil, o que faz com que os critérios de escolha de empresas comparáveis tenham de ser flexibilizados.

Tamanho da amostra de empresas comparáveis

Uma maneira de reduzir os erros no uso da avaliação por múltiplos é selecionar a maior quantidade possível de empresas comparáveis. Uma amostra ideal, em um mercado acionário desenvolvido, deve conter entre dez e 20 empresas, abrangendo, assim, grande parte do setor de atuação da empresa analisada.

Quando existe grande quantidade de empresas que podem formar a amostra de empresas comparáveis, pode-se fazer uma análise da semelhança das principais características dessas empresas com as da empresa avaliada e descartar as empresas muito diferentes daquela que é objeto da avaliação.

Em países com mercado acionário pouco desenvolvido, dificilmente a amostra contará com mais de cinco observações. Múltiplos formados com amostras de menos de cinco empresas podem ser usados como referência de valor e para balizar outros métodos de avaliação, e não como única forma de avaliar uma empresa. Tal observação poderá ser desconsiderada se existir pequena quantidade de empresas com características muito semelhantes à da avaliada, pois, nesse caso, elas representariam boa estimativa do valor da empresa objeto da avaliação.

COMO USAR OS MÚLTIPLOS DE EMPRESAS DE OUTROS PAÍSES

Além dos múltiplos de transações de fusão e aquisição e dos múltiplos da bolsa de valores do país–sede da empresa objeto de avaliação, é possível utilizar múltiplos de valores de mercado ou de transações de outros países.

A utilização desses múltiplos de empresas de países desenvolvidos como referência para empresas de países em desenvolvimento requer muito cuidado. Os principais fatores que diferenciam os múltiplos desses países são:

- A taxa de crescimento da economia do país, que tende a ser transferida para o crescimento das receitas e dos fluxos de caixa das empresas e, portanto, para seu valor.
- O risco-país, que aumenta o custo de capital das empresas e, portanto, diminui seu valor.
- O grau de desenvolvimento do setor na economia, pois o mesmo setor pode estar pujante em um país e parado/decadente em outro, resultando, respectivamente, em valorização e desvalorização.

De maneira geral, pode-se dizer que os múltiplos de empresas de países desenvolvidos, como Estados Unidos, França, Espanha, Alemanha e Japão, devem ser usados, na grande maioria dos casos, como múltiplos máximos, pois geram valores muito altos e irreais para empresas de países em desenvolvimento, exceto se o fluxo de caixa projetado e o crescimento das empresas de países em desenvolvimento forem substancialmente maiores que os das empresas dos países desenvolvidos, de modo a suplantar o efeito do maior risco que os países em desenvolvimento costumam apresentar.

É válido alertar que essa ponderação entre os fundamentos (crescimento, risco-país e desenvolvimento setorial) de empresas em diferentes países é de grande subjetividade, visto que as mudanças nesses fundamentos não atingem os múltiplos de maneira linear. Se o crescimento das empresas do setor dobrar, dificilmente o múltiplo terá seu valor dobrado.

Uma maneira prática de avaliar empresas com base em empresas comparáveis de outros países é obter os múltiplos de empresas semelhantes e aplicar um ágio ou deságio nesse múltiplo. Uma abordagem que vem sendo utilizada para obter esse ágio ou deságio envolve a comparação do índice de preço/lucros projetados das bolsas de valores dos países.

A Tabela 9.13 apresenta os múltiplos de preço/lucros projetados de algumas bolsas mundiais em novembro de 2003 e janeiro e maio de 2004 e a comparação dos índices com o múltiplo da S&P 500, principal índice de mercado das empresas norte-americanas.

A comparação dos múltiplos do Brasil com os dos Estados Unidos (Ibovespa *versus* S&P 500) em maio de 2004 indica que as empresas brasileiras eram negociadas com um

TABELA 9.13 MÚLTIPLOS DE PREÇO/LUCROS PROJETADOS DAS BOLSAS DE VALORES

País	Bolsa/ Índice	P/L 11/2003	Bolsa / S&P 500	P/L 05/2004	Bolsa / S&P 500	P/L 06/2006	Bolsa / S&P 500	P/L 03/2009	Bolsa / S&P 500
Estados Unidos	S&P 500	18,96		17,32		16,52		10,17	
México	MexBol	14,32	–24,5%	13,75	–20,6%	9,49	–42,6%	10,84	6,6%
Brasil	Ibovespa	12,69	–33,1%	11,20	–35,3%	9,55	–42,2%	8,78	–13,7%
Reino Unido	FTSE100	20,22	6,6%	19,39	12,0%	15,85	–4,1%	15,27	50,1%
França	CAC40	18,39	–3,0%	19,17	10,7%	12,50	–24,3%	8,27	–18,7%
Espanha	IBEX35	15,07	–20,5%	14,68	–15,2%	12,83	–22,3%	6,34	–37,7%
Itália	Milan MIB30	19,58	3,3%	17,10	–1,3%	13,00	–21,3%	4,82	–52,6%
Holanda	AEX	15,29	–19,4%	13,03	–24,8%	10,64	–35,6%	4,76	–53,2%

Fonte: V2 Finance.

deságio, em média, de 35,3% em relação às norte-americanas. Dessa maneira, quando se avaliaram, nessa data, empresas brasileiras pelo método dos múltiplos, tendo como base empresas norte-americanas, o deságio médio aplicado nesses múltiplos foi de 35,3%. É importante observar que essas relações não são tão estáveis e precisam ser analisadas periodicamente. Em novembro de 2003, por exemplo, o deságio médio foi de 33,1% e, em janeiro de 2004, de 23,2%. Em 2009, um ano após a obtenção do *investiment grade* no Brasil, esse deságio caiu para apenas 13%.

Empresas do México, Espanha e Holanda também apresentaram deságios próximos ou superiores a 20% em comparação com as norte-americanas. Apenas as empresas do Reino Unido e da Itália foram valorizadas de maneira semelhante às dos Estados Unidos até 2006, mas não em 2009. Vale observar que o México apresentou múltiplos um pouco maiores que os do Brasil (entre 4% e 22% maiores).

MÚLTIPLOS POR PAÍS E POR SETOR

Para nós, autores, uma forma mais adequada — embora mais trabalhosa — para avaliar empresas de países emergentes com base nos múltiplos das norte-americanas e das europeias é por meio do múltiplo mediano VE/Ebitda mediano de empresas pertencentes ao mesmo setor. A utilização de empresas do mesmo setor permite uma comparação mais fidedigna entre elas. Essa metodologia requer a obtenção do valor empresarial das empresas, do Ebitda e do setor, além da eliminação manual de múltiplos muito altos e negativos.

Após a obtenção de tais dados, o avaliador deve classificar as empresas por país e por setor, extrair os múltiplos medianos do setor de cada país e compará-los, o que possibilita fornecer uma relação de ágio ou deságio das empresas entre os países, conforme observado no Quadro 9.4.

Por exemplo, o múltiplo mediano VE/Ebitda do setor de alimentos no Brasil é de 6,4, nos Estados Unidos é de 10,4 e na Europa é de 8,9, o que indica que as empresas brasileiras desse setor estão 39% subvalorizadas em relação às norte-americanas e 28% em relação às europeias. Assim, o múltiplo mediano VE/Ebitda de empresas de alimentos nos Estados Unidos e na Europa poderia ser utilizado para avaliar empresas brasileiras desse setor, entretanto com os deságios calculados. No Brasil, alguns fundos de *private equity* e *venture capital*, ao utilizar múltiplos de outros países, aplicam um deságio de 25% a 40% nesses múltiplos para avaliar as empresas locais.

O valor relativo das empresas do setor químico, de energia elétrica, alimentos, siderurgia e metalurgia, mineração, petróleo e gás e telecomunicações do Brasil, Estados Unidos, Europa Continental, Reino Unido, Japão, Canadá, México e Argentina é mostrado no Quadro 9.4, assim como a relação de ágio e deságio das empresas desses setores nesses países.

Esse quadro é resultado de uma amostra obtida em abril de 2004, composta de 1.282 empresas listadas em oito índices de bolsa de valores e mais de 40 setores (estamos apresentando apenas os setores com mais de 50 empresas no total).

De acordo com esse quadro, mais especificamente com a linha "Bolsa de valores" — que congrega todas as empresas listadas em determinada bolsa de um país —, as empresas brasileiras valem em média 5,7 o Ebitda do ano anterior; as mexicanas, 5,9; e as argentinas,

QUADRO 9.4

MÚLTIPLO MEDIANO VE/EBITDA EM 2004

Países Bolsas Valor/ Ebitda		Média mundo	Brasil Ibovespa	Estados Unidos S&P 500	Europa Continental S&P 350	Reino Unido FTSE 225	México BMV	Argentina Merval
Bolsa de valores	Mediana	9,8	5,7	10,7	8,7	8,1	5,9	6,5
Química	Mediana	9,2	7,7	10,3	6,9	7,0	5,2	5,2
Energia elétrica	Mediana	8,6	5,3	8,3	8,9	8,5	—	—
Alimentos	Mediana	8,9	6,4	10,4	8,9	5,6	6,8	8,6
Siderurgia e metalurgia	Mediana	6,9	5,4	—	9,1	7,6	5,8	7,1
Mineração	Mediana	13,8	9,3	13,1	—	9,8	4,8	—
Petróleo e gás	Mediana	5,6	6,7	5,4	5,5	6,5	—	7,5
Telecomunicações	Mediana	6,7	3,3	7,0	7,6	5,2	4,9	—

6,5; ao passo que as canadenses valem 9,7; as inglesas, 8,1; as pertencentes à Europa Continental, 8,7; as norte-americanas, 10,7; e as japonesas, impressionantes 15,6, indicando uma possível supervalorização dessas empresas.

O Quadro 9.5 compara os múltiplos, mostrando as relações de ágios e deságios médios. Por exemplo, em abril de 2004 as empresas brasileiras valiam, na média, 47% menos do que as norte-americanas e 35% menos do que as europeias. Para maior precisão setorial, o múltiplo mediano VE/Ebitda dos principais setores para cada país também é mostrado, assim como a comparação de quanto esse múltiplo é maior ou menor que o de empresas do mesmo setor de outros países.

QUAIS MÚLTIPLOS UTILIZAR?

Diante da existência de diversos múltiplos, a dúvida sobre quais utilizar surge naturalmente. Qual seria o melhor? Parece que não há uma resposta clara para essa pergunta. Na verdade, cada caso deve ser analisado em separado.

De fato, uma pesquisa da Apimec mostrou que os múltiplos de Ebitda são os mais utilizados: 91,8% dos avaliadores os usam; em seguida, vêm os múltiplos de P/L, utilizados por 79,6% dos avaliadores, e os de preço/VP, que 38,8% dos avaliadores usam. Essa pesquisa também revelou que 42,9% dos avaliadores usam três indicadores, ao passo que 26,5% utilizam dois, e 18,4%, apenas um.

Outra importante pergunta não respondida claramente pelos pesquisadores: é melhor utilizar múltiplos médios ou medianos de diversas empresas ou o múltiplo de uma única empresa comparável que apresente os fundamentos mais parecidos com os da empresa avaliada?

QUADRO 9.5

ÁGIO E DESÁGIO DAS EMPRESAS POR PAÍS E SETOR EM 2004

	Brasil/ EUA	Brasil/ Europa	Europa/ EUA	Reino Unido/ EUA	México/ EUA	Argentina/ EUA
Bolsa de valores	−47%	−35%	−18%	−24%	44%	−39%
Química	−26%	11%	−33%	−32%	−49%	−49%
Energia elétrica	−37%	−41%	8%	3%		
Alimentos	−39%	−28%	−15%	−46%	−34%	−18%
Siderurgia e metalurgia	−22%	−40%	31%	9%	−16%	2%
Mineração	−29%			−25%	−64%	
Petróleo e gás	25%	22%	2%	22%		39%
Telecomunicações	−53%	−56%	8%	−26%	−30%	

Em virtude da existência de *outliers* e de muitos múltiplos altos ou baixos, fica claro que, se a avaliação for feita com várias empresas comparáveis, o melhor será utilizar múltiplos medianos. Além disso, um estudo[10] mostrou que avaliações feitas com base em uma única empresa comparável que apresentem fundamentos muito similares aos da empresa avaliada conduzem a resultados mais coerentes. Entretanto, a possibilidade de falha na escolha de uma única empresa comparável faz com que os analistas se sintam mais confortáveis utilizando múltiplos medianos.

COMO EVITAR MANIPULAÇÕES DOS MÚLTIPLOS E APLICÁ--LOS ADEQUADAMENTE À EMPRESA AVALIADA

As principais formas de manipulação dos múltiplos e os principais cuidados para combater o uso indevido desse tipo de avaliação estão descritos na Tabela 9.14.

A TEORIA NA PRÁTICA

Uma empresa de consultoria especializada em fusões e aquisições foi contratada por uma seguradora multinacional do segmento 'vida e previdência privada' para avaliar uma empresa brasileira visando a uma eventual aquisição. Os prêmios retidos da seguradora brasileira em 2003 foram de R$ 50 milhões. É válido observar que, em uma seguradora, o prêmio equivale às vendas de um negócio, e parte delas acaba sendo repassada a outras seguradoras e resseguradoras em operações de cosseguro e resseguro.

Após a avaliação pelo tradicional método do fluxo de caixa descontado, cujo resultado foi de R$ 65 milhões, houve a necessidade de checar se o valor obtido por essa metodologia estava dentro da faixa de valores conseguida por meio da aplicação dos múltiplos de valor/prêmios de transações similares ocorridas na América Latina. Os múltiplos de lucros não foram utilizados, pois não foram obtidos pelos autores deste livro.

Os múltiplos de transações similares estão demonstrados na Tabela 9.15.

Após a obtenção desses múltiplos, a empresa de consultoria questionou a semelhança entre as empresas da amostra e a avaliada. Decidiu então analisar quais empresas apresentaram uma margem de lucratividade mais próxima à da seguradora brasileira, que era de 25%, e obteve as estimativas mostradas na Tabela 9.16.

Depois da análise dos índices mostrados nessa tabela, a empresa de consultoria constatou que apenas duas empresas da amostra apresentaram margem de lucratividade semelhante à da empresa brasileira que estava sendo avaliada: a El Roble Vida e a Seguros Monterrey.

TABELA 9.14 OS TIPOS DE MANIPULAÇÃO EM AVALIAÇÃO POR MÚLTIPLOS

Tipos de manipulação	Motivos de ocorrência e formas de combate
Exclusão de múltiplos desfavoráveis	Os avaliadores podem deliberadamente ignorar múltiplos de empresas que não atendam a seus objetivos. O vendedor de uma empresa pode não mostrar os múltiplos baixos, e o comprador não utilizar os múltiplos altos, com o objetivo de atingir os valores que esperam ou lhes são agradáveis. A melhor forma de evitar isso é verificar se nenhuma empresa foi 'esquecida' na montagem da amostra de comparáveis.
Utilização de múltiplos de empresas em períodos diferentes	Decorre da tentativa de utilização do múltiplo máximo ou mínimo (isso varia conforme o interesse do analista), obtido por várias empresas em momentos distintos. Em vez de utilizar o múltiplo médio ou mediano de um período mais próximo, alguns avaliadores usam múltiplos de um ano passado ou de datas diferentes, de forma que atendam a seus objetivos. Verificar a data dos valores de mercado e das transações ajuda a não cair nesse erro. Não se devem utilizar múltiplos de mercado de períodos superiores a um ano, pois os valores das empresas podem cair muito de um ano para o outro. O ideal é utilizar a cotação da empresa no dia em que está sendo avaliada.
Escolher o melhor tipo de múltiplo	Como existem diversos tipos de múltiplos — vendas, lucros, Ebitda etc. —, alguns analistas podem usar os que mais atendam a seus interesses. Um motivo para esse tipo de manipulação é o fato de não existir um consenso entre os analistas e os investidores sobre quais múltiplos são mais indicados para cada tipo de empresa. Em geral, para fins de fusões e aquisições, os múltiplos de valor empresarial sobre Ebitda, Ebit e lucro operacional são mais usuais. Avaliar uma empresa com base em três tipos de múltiplos gera maior margem de possíveis valores.
Alteração deliberada dos múltiplos	Considerando que os múltiplos dependem do valor de uma empresa e de um indicador de referência, que muitos analistas e investidores não 'conferem' as avaliações por múltiplos e que as premissas dessa metodologia são 'implícitas', alguns analistas podem se sentir tentados a alterar deliberadamente os múltiplos obtidos. Checar todos os dados permite ao avaliador identificar possíveis manipulações.
Omitir os dados financeiros e características das empresas da amostra de comparáveis	A falta de transparência das premissas da avaliação por múltiplos é uma desvantagem desse método. Nele, as premissas são implícitas, o que não acontece na avaliação por fluxo de caixa descontado, na qual existem premissas para todos os itens de receitas, custos e despesas, apesar de essas premissas assumirem valores diferentes para dez entre dez avaliadores. Uma forma de 'profissionalizar' a avaliação por múltiplos, ou pelo menos diminuir seu grau de 'ocultismo', é por meio da apresentação dos múltiplos das empresas acompanhados dos principais dados e índices financeiros de cada uma delas. Assim, os analistas podem comparar empresas com fundamentos parecidos e tentar identificar os impactos das diferenças nos múltiplos.

Com isso, a empresa de consultoria resolveu utilizar somente esses dois múltiplos para aplicar aos parâmetros da seguradora brasileira. Os valores obtidos com a aplicação de tais múltiplos indicaram que a seguradora brasileira valia entre R$ 65 milhões (múltiplo de 1,30

TABELA 9.15 MÚLTIPLOS DE PRÊMIOS RETIDOS DE SEGURADORAS QUE ATUAM NO SEGMENTO 'VIDA' — AMÉRICA LATINA

Comprador	Vendedor	País	Data	Valor (US$ milhões)	Valor/ prêmios retidos
Metlife Brasil	Seasul	Brasil	17/05/01	13	0,68
Aetna	Sul América — 49%	Brasil	02/03/97	300	0,51
Consorcio	CNA Vida	Chile	26/03/02	73	1,16
Metlife	Seguros Santander	Chile	19/11/01	258	1,18
Principal Fin.	El Roble Vida	Chile	16/07/98	73	1,34
Metlife	Hidalgo	México	03/06/02	967	0,90
New York Life	Seguros Monterrey	México	12/06/99	570	1,30
Média					**1,01**
Mediana					**1,16**

Fonte: V2 Finance.

TABELA 9.16 LUCRATIVIDADE DAS SEGURADORAS ADQUIRIDAS QUE ATUAM NO SEGMENTO 'VIDA'

Empresa	País	Valor/prêmios retidos	Margem de lucro (%)
Seasul	Brasil	0,68	12
Sul América — 49%	Brasil	0,51	10
CNA Vida	Chile	1,16	19
Seguros Santander	Chile	1,18	18
El Roble Vida	Chile	1,34	26
Hidalgo	México	0,90	8
Seguros Monterrey	México	1,30	24

Fonte: V2 Finance.

da Monterrey) e R$ 67 milhões (múltiplo de 1,34 da El Roble Vida). Se fosse utilizado o múltiplo médio de todo o setor, a seguradora seria avaliada em R$ 50,5 milhões, ao passo que, se fosse usado o múltiplo mediano do setor, seria avaliada em R$ 58 milhões.

Esse caso real de avaliação de uma seguradora brasileira mostra a importância de utilizar os múltiplos apenas das empresas que apresentam os mesmos fundamentos da empresa objeto da avaliação. As avaliações por fluxo de caixa descontado e por múltiplos das empresas bateram somente quando foram comparadas seguradoras com margem semelhante. Os múltiplos, se utilizados de maneira profissional, fornecem avaliações bastante adequadas.

NOTAS

1 Aswath Damodaran, "Valuation in Brazil". Curso ministrado em São Paulo, 12 abr. 2002.
2 Erik Lie e Heide J. Lie, "Multiples used to estimate corporate control", *Financial Analysts Journal*, mar. 2002.
3 J. Liu, D. Nissim e J. Thomaz, "Equity valuation using multiples", *Journal of Accounting Research*, n. 40, 25 jun. 2002.
4 A. W. Alford, "The effect of the set of comparable firms on the accuracy of the price-earnings valuation method", *Journal of Accounting Research*, n. 30, 1992.
5 K. Skogsvik e S. Skogsvik, "P/E-ratios in relative valuation: a mission impossible?", http://swoba.hhs.se. Acesso em 10 jan. 2001.
6 M. Kim e J. Ritter, "Valuation of IPOs", *Journal of Financial Economics*, n. 53, 1999.
7 C. Badenes e J. M. Santos, "Introduccion a la valoracion de empresas por el metodo de los multiplos de compañias comparables, 1999", http://webprofesores.iese.edu/PabloFernandez/.
8 Aswath Damodaran. *A face oculta da avaliação: avaliação de empresas da velha tecnologia, da nova tecnologia e da nova economia*. São Paulo: Makron Books, 2002.
9 A. W. Alford, "The effect of the set of comparable firms on the accuracy of the price-earnings valuation method", *Journal of Accounting Research*, n. 30, 1992.
10 K. Skogsvik e S. Skogsvik, "P/E-ratios in relative valuation: a mission impossible?", http://swoba.hhs.se. Acesso em 10 jan. 2001.

CAPÍTULO 10

O VALOR DO CONTROLE

Neste capítulo vamos tratar do valor do controle de uma empresa. Para isso, abordaremos as causas da existência desse valor — que contribuem para uma maior valorização das ações e das cotas dos sócios controladores da empresa —, assim como a separação da propriedade e do controle nas empresas, a legislação e a concentração do controle e a composição acionária das empresas brasileiras. Abordaremos também o problema da falta de liquidez de empresas de capital fechado, em especial para as ações de minoritários. Serão discutidas ainda as recentes inovações no direito societário brasileiro e as tentativas de equalizar os interesses de minoritários e majoritários por meio da reforma da Lei das S/A no Brasil e da reinstituição do *tag along*.

TIPOS DE AÇÕES NO BRASIL

No Brasil há duas classes de ações: as ordinárias (ON) e as preferenciais (PN). As ações ordinárias conferem a seu detentor o direito de eleger a diretoria da empresa. As ações preferenciais conferem-lhe o direito de receber o pagamento de dividendos antes dos acionistas ordinaristas.

Nos Estados Unidos, os detentores de ações preferenciais têm o direito de receber uma remuneração fixa antes da distribuição dos lucros. Já no Brasil, os preferencialistas têm o direito de receber dividendos por ação não inferiores aos recebidos por detentores de ações ON, possuem prioridade na liquidação da empresa em relação aos ordinaristas e podem escolher, em assembleia, uma das seguintes vantagens: dividendos mínimos equivalentes a 3% do valor patrimonial da ação, dividendos 10% superiores aos distribuídos para as ações ON ou o direito ao *tag along* nas mesmas condições previstas na lei para as ações ordinárias, com a garantia de dividendo igual para ONs e PNs. Em alguns casos — como no caso do não pagamento de dividendos por três anos seguidos —, os possuidores de ações preferenciais podem ganhar o direito ao voto.

A NOVA LEI DAS S/A E O *TAG ALONG*

Até março de 2002, quando a nova Lei das S/A passou a vigorar, os minoritários de ações ordinárias no Brasil não se beneficiavam em ofertas de compra de ações, que normalmente ocorrem após uma fusão ou aquisição, feitas pelos novos donos. Até essa data, as ofertas eram feitas pelo valor de mercado dessas ações mais um adicional variável para incentivar os minoritários a vender suas posições. A instituição do *tag along* em 2002 proporcionou aos detentores de ações com poder de voto o direito de o valor a ser ofertado por suas ações não poder ser inferior a 80% do valor da transação. Nos Estados Unidos e na Inglaterra, esse percentual é de 100%.

PROPRIEDADE DE CONTROLE NAS EMPRESAS BRASILEIRAS

Os objetivos dos acionistas investidores podem contrastar com os dos acionistas controladores, o que cria um problema de agência para a empresa. Para reduzir os conflitos entre essas duas classes de acionistas, devem ser criados alguns mecanismos para que os interesses dos minoritários sejam atendidos (a criação de níveis de governança corporativa na Bovespa é uma tentativa). Caso contrário, o mercado acionário tenderá a ficar vulnerável e a capacidade de captação de recursos das empresas será prejudicada.

Para Valadares (2002),[1] "a fraca proteção aos minoritários acarreta um custo para a sociedade, qual seja, o excesso de risco decorrente da alta concentração da propriedade. O Brasil pertence à tradição do direito francês, que oferece a menor proteção legal aos investidores, tanto em relação às leis existentes quanto ao seu cumprimento. Logo, devemos esperar uma alta concentração de propriedade acompanhada de um alto valor de controle".

Vale ressaltar que a grande utilização de ações sem direito a voto aumenta ainda mais o valor do controle no Brasil.

Valadares (2002)[2] apresentou uma extensa pesquisa sobre a concentração do controle acionário no Brasil e montou uma tabela que mostra claramente a composição acionária direta na Bovespa (veja a Tabela 10.1). Ele não considerou as pirâmides de controle, ou seja, a participação indireta, explícita no seguinte caso ilustrativo: a empresa Alfa possui ações da empresa Gama que, por sua vez, possui ações da empresa Beta, cujos principais acionistas são os da empresa Alfa.

Essa tabela mostra a grande concentração do capital votante em poucas mãos. Isso ocorre porque, no Brasil, as empresas podem emitir até 66% de suas ações sem direito a voto, o que permite certa pulverização das ações sem a perda do controle. Em 325 empresas de capital aberto, 203 (ou 62,5%) possuem apenas um único acionista que detém seu controle, ou seja, que tem mais de 50% do capital votante. O acionista principal detém, em média, 74% do capital votante. Nas 122 empresas cujo controle não está nas mãos de apenas um acionista, o maior acionista possui, em média, 32% do capital votante. Considerando todas as 325 empresas, o maior acionista, os três maiores e os cinco maiores detêm, respectivamente, 58%, 78% e 82% do capital votante. Apenas 35 empresas não tinham ações preferenciais.

Nos Estados Unidos, por exemplo, o principal acionista detém, em média, apenas 5% do capital total da empresa (considerando as maiores corporações norte-americanas

TABELA 10.1 COMPOSIÇÃO ACIONÁRIA DIRETA DAS EMPRESAS BRASILEIRAS EM 2002

	Empresas com acionista majoritário (203)		Empresas sem acionista majoritário (122)		Toda a amostra (325)	
	Capital votante	Capital total	Capital votante	Capital total	Capital votante	Capital total
Média do maior acionista	74%	51%	32%	25%	58%	41%
Média dos três maiores acionistas	89%	63%	67%	49%	78%	58%
Média dos cinco maiores acionistas	90%	64%	76%	56%	82%	61%

Fonte: Silvia Valadares. "Estrutura de controle e propriedade de empresas brasileiras." In: Marco Bonomo. *Finanças aplicadas ao Brasil*. São Paulo: FGV, 2002.

TABELA 10.2 CONCENTRAÇÃO DE CONTROLE DAS GRANDES MULTINACIONAIS NORTE-AMERICANAS

Empresa	Valor de mercado – US$ bilhões	Maior acionista (%)
General Electric	291,5	4,11
Microsoft Corporation	279,4	10,71
Pfizer Inc.	260,8	4,38
Citigroup Inc.	245,4	5,16
Exxon Mobil Corporation	240,5	4,13

por valor de mercado em outubro de 2003 — veja a Tabela 10.2), o que denota uma realidade completamente diferente da do Brasil. Aqui predomina o controle familiar e estatal em grande parte das organizações, por isso o valor do controle para essas empresas é um ativo intangível extremamente valioso, e muitas nem pensam em dividi-lo com outros investidores; alguns preferem ser donos de todas as fatias de um bolo pequeno a ser parte de um bolo grande. Entretanto, na opinião do professor Alexandre Assaf Neto, as empresas brasileiras poderiam ter suas ações significativamente mais valorizadas se aumentassem a quantidade de ações em circulação no mercado.

VALOR DO CONTROLE ACIONÁRIO

Ter participação majoritária não significa possuir 100% das ações ordinárias de uma empresa, mas sim uma quantidade necessária para deter seu controle. Essa quantidade pode equivaler a 20%, 25% ou qualquer outra participação sobre o capital votante, dependendo do número de ações sem direito a voto (preferenciais) em relação ao total de ações emitidas. Para um acionista que precise de 10% para obter o controle de uma empresa, é razoável supor que esses 10% assumam uma importância muito grande e um valor maior do que teriam se não proporcionassem o controle.

Por valor do controle entende-se o valor que é transferido dos sócios minoritários para os controladores, pelo fato de estes terem maior poder sobre as ações da empresa.

FATORES QUE INFLUENCIAM O VALOR DO CONTROLE

Os sócios controladores podem auferir compensações além do fluxo de dividendos, como grandes salários e benefícios, empregar seus familiares, desviar fraudulentamente os recursos da sociedade e receber maior valorização ou status nos ambientes político e social em que a empresa atua. Eles também têm mais informações sobre as principais oportunidades e problemas da empresa, o que lhes permite antecipar-se aos minoritários nas compras e nas vendas de ações, subtraindo-lhes ganhos. O valor do controle advém da possibilidade de expropriação do acionista minoritário pelo controlador.

Caso haja diferenças genuínas em relação a preferências por rumos estratégicos, como divergências quanto a investimentos, dividendos ou nível de endividamento, tendem a prevalecer as posições dos controladores e a serem frustradas as dos minoritários.

Os prêmios pelo controle também dependem das diferenças dos estilos administrativos, das decisões estratégicas e da importância da empresa para a estratégia dos acionistas. Se mudanças significativas puderem ser contempladas entre uma administração e outra e se resultarem em incrementos no valor da empresa, o valor do controle será maior. O poder de dar a última palavra sobre uma decisão importante também é fator essencial para justificar a existência do valor do controle de uma empresa.

Os acionistas controladores são os principais responsáveis pelas decisões estratégicas de nível corporativo. Se os resultados dessas decisões forem pífios, a reputação de tais acionistas poderá ser questionada, assim como a qualidade de todo o corpo diretivo. Embora bastante subjetivo, esse risco de imagem é outro fator que justifica a necessidade de uma remuneração adicional para eles. Os controladores são ainda beneficiados pela possibilidade concreta de demitir os agentes incompetentes (presidente, diretores etc.), aumentando o preço das ações em função da expectativa de uma melhor administração. Já os minoritários, quando insatisfeitos, têm apenas poderes limitados nas assembleias gerais, além da alternativa de vender suas participações.

O poder do voto apenas para ações ordinárias no Brasil é outro fator que justifica o valor do controle, já que as ações que não têm direito a voto (preferenciais) não possuem voz ativa na administração da empresa. O valor do voto, nesse caso, é especialmente válido na tomada de decisões estratégicas — como aquelas tomadas nas chamadas para discussão de fatos relevantes, nas de compra e venda de empresas — ou quando existe uma possibilidade de aquisição ou mesmo uma oferta hostil de aquisição, prática pouco comum no Brasil. Esse valor também será maior quando os acionistas estiverem em litígio.

Possuir o controle de uma empresa significa ter poder para tomar as principais decisões. Até o final da década de 1990, alguns fundos de *private equity* e *venture capital* não exigiam o controle das empresas em que investiam. Entretanto, ocorreram diversos problemas, o que fez essa postura mudar nos últimos anos. Atualmente, grande parte dos fundos exige o controle para investir em uma empresa.

Controle e liquidez

Não são apenas as ações minoritárias de empresas de capital fechado que não possuem liquidez. As participações majoritárias também sofrem desse tipo de problema. Em condições normais, pode-se demorar meses ou até anos para vender uma empresa. Por essa razão, uma empresa que não tenha suas ações negociadas publicamente em bolsa ou que não as possua em volumes satisfatórios carece de liquidez. A falta de liquidez de um investimento faz o investidor aplicar um desconto em seu valor, justamente por não poder transformá-lo com rapidez em caixa.

O desconto que se dá para avaliar uma empresa com baixa liquidez pode não ser suficiente para avaliar uma participação minoritária nela pois, se a empresa toda carece de liquidez, a participação minoritária é ainda menos líquida. Ou seja, os minoritários, além de não terem o poder do controle, detêm ações com liquidez menor que as dos controladores. Isso fica claro quando se verifica que é muito mais difícil vender uma participação minoritária de uma empresa de capital fechado do que a empresa inteira.

Recentemente, a aquisição de uma corretora de valores, composta de três acionistas com 51%, 39% e 10% do total das ações, foi avaliada por múltiplo de faturamento. O acionista controlador recebeu, por sua participação, o múltiplo de 1 vez a receita bruta da empresa, o acionista que possuía 39% recebeu 0,85 vez a receita bruta e o que possuía 10% recebeu 0,7 vez.

Muitos acionistas minoritários acreditam que, se a participação controladora for vendida, eles terão o direito de receber o mesmo preço por ação que os acionistas controladores receberão. Entretanto, isso será verdade apenas se leis ou o estatuto da empresa garantirem esse direito. Na prática, existem diversas situações em que o preço das participações dos minoritários equivale a um percentual do preço das participações dos controladores.

Para evitar polêmicas desse tipo, a união dos acionistas da empresa vendedora e a determinação de vender a totalidade das ações — ou pelo menos a vontade de que todos possuam a mesma participação relativa após uma transação qualquer — são fatores fundamentais para que as participações dos minoritários não sejam depreciadas em relação às dos controladores. No entanto, essa não deixa de ser uma forma de dividir o valor do controle com todos os acionistas. Na prática, quando eles possuem um bom relacionamento e/ou querem que as negociações sigam mais rapidamente, questões desse tipo podem nem ser tratadas.

Transacionar todo o bloco de uma só vez faz o comprador não atentar a essas questões, pois elas deixam de ser importantes. Entretanto, se uma empresa for vendida em partes — primeiro 60% e depois o restante —, o comprador provavelmente imporá um deságio no valor das ações dos acionistas não controladores, e estes não terão poder suficiente para garantir que suas ações sejam negociadas pelo mesmo preço que as dos controladores.

AVALIANDO O VALOR DO CONTROLE

Há duas formas de avaliar o valor do controle: a primeira é medindo o ágio com que as ações ON são negociadas em relação às PN; a segunda é por meio do ágio pago nas transações de blocos de ações ordinárias (aquelas que envolvem mais de 5% do total das ações).

Ambas as abordagens dão informação sobre como o valor do controle se comporta, mas nenhuma delas permite estimar uma medida concreta que possa ser usada em outras empresas.

ÁGIO DAS AÇÕES ORDINÁRIAS SOBRE AS PREFERENCIAIS COMO PRÊMIO PELO CONTROLE

Uma maneira comum de quantificar o prêmio pelo controle no Brasil é medir o *spread* com que as ONs são negociadas em relação às PNs. Esse *spread*, ou ágio, também é consequência das diferenças entre os atributos de cada classe de ação, já que seus benefícios possuem importâncias diversas para os vários tipos de investidores. Entretanto, também é influenciado por outros fatores, por isso não é um indicador puro do valor do controle.

Os principais fatores que influenciam o *spread* das ONs em relação às PNs são:

- *Expectativa de troca de controle.* Quando uma empresa está prestes a sofrer modificações em sua composição acionária, as ações ordinárias têm um acréscimo em seu valor em razão do poder de controle que possuem e da expectativa de *tag along.*
- *Liquidez.* Quanto maior a liquidez, mais vale a ação — caso das preferenciais, que normalmente possuem maior liquidez.
- *Liquidação da empresa.* Nesse caso, obviamente, os preferencialistas serão beneficiados, pois podem receber seus haveres ou parte dos recursos da liquidação antes dos ordinaristas (na prática, esse direito dos preferencialistas não influencia o preço de suas ações).

Quando os acionistas contemplam eventuais melhorias em uma empresa em função de uma nova diretoria ou de uma privatização, ou mesmo quando decisões importantes são esperadas, o preço das ações ONs tende a crescer em relação ao das PNs. Já em momentos de crise econômica ou de baixa confiança na empresa, o preço das PNs tende a crescer em relação ao das ONs. Isso porque as PNs em geral são mais líquidas, podem receber dividendos maiores e têm preferência de distribuição.

A Tabela 10.3 mostra a cotação de ações ONs e PNs em julho de 2003. Das 40 empresas brasileiras que possuíam ONs e PNs na base de dados da Economática, apenas 13 tinham suas ONs valendo mais do que as PNs (*spread* mediano de 9,8%), enquanto 27 apresentavam *spreads* negativos (mediana de –14,1%). Ou seja, o valor do controle seria negativo por essa metodologia, o que é um absurdo. O caso da TCO, empresa que apresentou o maior *spread* das ONs em relação às PNs (169%), é um bom exemplo de como duas classes de acionistas podem receber um tratamento completamente diferente em casos de incorporação e será discutido adiante, na seção "Casos de conflito de controle".

TABELA 10.3 *Spread* ON/PN na Bovespa em julho de 2003 e março de 2009

Julho de 2003

Empresa	ON	PN	*Spread* %
Tele Centro Oeste Cel. (TCO)	0,01469	0,00546	169%
Tractebel	0,0072	0,004	80%
Tele Norte Celular	0,00058	0,00036	61%
Telemig Celular Part.	0,0045	0,00298	51%
Itaúsa	3,25	2,25	44%
AES Tietê	0,01715	0,012	43%
Alpargatas	0,18	0,1639	10%
Petrobras	55,6	50,9	9%
Embratel Part.	0,00627	0,00574	9%
Tele Leste Celular	0,00048	0,00044	9%
Vale	84	78,3	7%
Chapecó	0,4	0,38	5%
Tele Nordeste Celular	0,00235	0,00234	0%
Guararapes	6,9	7	–1%
Bunge Brasil	2,9	3,02	–4%
Brasil Telecom	0,01225	0,01285	–5%
Telemar Norte Leste	0,0375	0,0394	–5%
Telesp Celular Part.	0,00422	0,00444	–5%
Cesp	0,00628	0,0069	–9%
Transmissão Paulista	0,006	0,00665	–10%
Eletrobrás	0,01977	0,02197	–10%
Telefônica Data Holding	0,00032	0,00036	–11%
Acesita	0,0013	0,00147	–12%
Tele Celular Sul	0,0021	0,00238	–11%
Belgo-Mineira	0,418	0,4765	–12%
Ambev	0,5	0,58	–14%
Coteminas	0,17	0,198	–14%
CRT Celular	0,28999	0,339	–14%

(Continua)

TABELA 10.3 (CONTINUAÇÃO)

Empresa	ON	PN	*Spread %*
Bradesco	0,00896	0,01053	–15%
Bradespar	0,00053	0,00063	–16%
Cemig	0,0211	0,02635	–20%
Copel	0,00644	0,00826	–22%
Embraer	10,45	13,48	–22%
Gerdau	25	32,93	–24%
Brasil T Par	0,01588	0,0212	–25%
Cosipa	0,29	0,39	–26%
Usiminas	9,7	13,15	–26%
Telemar	0,0241	0,0331	–27%
Tele Sudeste Celular	0,00515	0,0071	–27%
Telesp Operac.	0,0238	0,033	–23%

Março de 2009

Empresa	ON	PN	*Spread %*
Cemig	25,05	31,77	–21%
Gerdau	12,05	15,06	–20%
Itaú	21,42	26,02	–18%
Ambev	84,46	100,97	–16%
Bradesco	19,98	22,58	–12%
Metalúrgica Gerdau	18,00	20,14	–11%
Cia. Paranaense de Energia	22,00	24,00	–8%
Duratex	13,29	14,39	–8%
Randon	5,80	6,27	–7%
Marcopolo	2,98	3,17	–6%
Bradespar	18,49	19,18	–4%
Usiminas	25,85	26,52	–3%
Braskem	5,57	5,55	0%
Centrais Elétricas Brasileiras	25,89	24,18	7%
Vale	27,69	23,89	16%
Sadia	4,35	3,75	16%
Tele Norte Leste	38,70	32,21	20%
Petrobras	27,49	22,84	20%
Itaúsa	11,29	7,97	42%
União de Indústrias Petroquímicas	1,00	0,66	52%
Aracruz	3,98	2,49	60%
Tim	4,91	2,95	66%
América Latina Logística	3,52	1,70	107%
Unibanco	17,43	7,98	119%
Brasil Telecom Part	58,90	17,41	238%
Brasil Telecom	55,50	13,64	307%

Em março de 2004, após a fusão da Ambev com a Interbrew, o *spread* de suas ações ONs sobre as PNs aumentou de 14% negativos para 78% positivos.[3] Já a Embratel, por ocasião de sua venda à Telmex, viu seu *spread* ON/PN subir de 9% para 73%.

Ágio pago nas transações de blocos de ações ordinárias como prêmio pelo controle

Essa metodologia foi utilizada por Valadares (2002).[4] O valor do controle foi estimado com base no prêmio pago pelo voto nas transações de blocos de ações ordinárias, que envolvem mais de 5% do total das ações. No menor resultado encontrado na pesquisa, esse ágio corresponde a 57%, índice considerado alto. Na Itália, o prêmio pelo controle calculado por Zingales (1995)[5] foi de 30% e, nos Estados Unidos, foi de apenas 4,2%, pois a concentração do controle é muito menor nesse país.

É importante destacar, entretanto, que a pesquisa de Valadares contou apenas com sete transações, em virtude da pequena quantidade de negócios desse tipo e da falta de dados disponíveis, o que impossibilita conclusões mais embasadas sobre o assunto.

Casos de conflito de controle

A seguir são mostrados exemplos de usufruto do valor do controle e da expropriação do minoritário no Brasil.

- Em janeiro de 1998, o governo do Estado de São Paulo preparava a privatização da Elektro, uma empresa constituída de partes da Companhia Energética de São Paulo (Cesp). Na operação, as dívidas da Cesp com o Estado, transportadas para a Elektro, seriam transformadas em ações dessa companhia, liquefazendo a participação dos acionistas que não tinham créditos contra a Cesp e que ficaram, segundo os procedimentos estabelecidos, com um direito intransferível de subscrever, com dinheiro próprio, as novas ações. O Estado declarou que seria seu o ágio pago pelo adquirente da Elektro. Os minoritários tiveram uma vitória singular ao recorrerem à Comissão de Valores Mobiliários (CVM), o que fez o Estado de São Paulo rever sua posição.[6]
- Em março de 1996, o grupo francês SEB comprou o controle da Arno, pagando US$ 890 por ação ordinária. Em seguida, esse grupo ofereceu-se para comprar as ações preferenciais da empresa, no montante de 52% do capital total, a US$ 244 a ação. As negociações culminaram em US$ 300, com gosto de vitória para os preferencialistas. Na bolsa de Paris, os papéis da SEB valorizaram-se

em US$ 300 milhões com a notícia do negócio, que deixou a SEB com 97% do capital total da Arno.[7]

- Em 1997, a Companhia Hering efetuou uma cisão, separando as atividades têxtil e de soja e criando a Ceval Participações como *holding* controladora da Ceval Alimentos. Os controladores da Ceval Participações venderam em seguida suas ações para o grupo Bunge e desfizeram-se das ações que tinham na Ceval Alimentos, saindo do negócio de soja. O valor do controle dessas operações ficou com a família Hering. Os demais acionistas da Hering e da Ceval Alimentos viram o lucro de US$ 50 milhões no primeiro semestre de 1997 da Ceval Alimentos transformar-se em um prejuízo de US$ 250 milhões nas mãos do novo controlador da empresa, depois de ajustes contábeis e de lançamento de contingências.[8]
- Em janeiro de 2003, a Telesp Celular adquiriu a TCO e, no mesmo instante, fez sua oferta de incorporação. Em razão do valor oferecido ao controlador da TCO (R$ 18,23), os ordinaristas, minoritários, receberam R$ 14,58 pelo *tag along*. A Telesp propôs aos preferencialistas, por conta de sua tentativa de incorporação, a oferta de troca de ações PNs da TCO pelas da Telesp Celular. De acordo com a oferta compulsória, para cada ação da TCO, o acionista receberia 1,27 ação da Telesp. Com base nos preços da data do negócio, isso significa que a Telesp pagaria R$ 5,61 por ação PN da TCO. Além da diferença no preço de cada tipo de ação, os preferencialistas questionaram o momento da divulgação da relação de troca e a data da aquisição da TCO, que acabou fixando o preço das ações preferenciais da empresa, não permitindo sua valorização mesmo quando a tendência de alta era evidente. Essa operação da TCO poderia significar um precedente no fechamento do capital das empresas por meio de incorporações, sem a necessidade de fazer uma oferta pública (OPA), que, para ocorrer, exige que pelo menos dois terços dos minoritários concordem com seus termos. A CVM se manifestou contrariamente à operação, e a Telesp Celular cancelou a pretendida incorporação de ações da TCO para evitar o protesto dos minoritários da empresa e para não confrontar a CVM.
- Na aquisição da Oi da TMAR pela Telemar por R$ 4,8 bilhões (configurados em assunção de dívidas), o valor de transferência da empresa foi de apenas R$ 1. Os minoritários da Telemar questionaram essa transação, sugerindo que ela deveria ter sido aprovada via assembleia de acionistas. A empresa alegou não ter convocado a assembleia pelo fato de o valor da transferência ser inexpressivo. Em janeiro de 2009 essa operação foi aprovada pela CVM.

A luta continua. O combate pelo valor entre controladores e minoritários, intermediado pela CVM, está longe de seu fim. Entretanto, a tendência favorece claramente a defesa do interesse dos minoritários, com mais transparência e equanimidade. A seção "Na imprensa" traz mais exemplos.

NA IMPRENSA

Majoritários *versus* minoritários

Em meio a esforços para aumentar a transparência das empresas abertas brasileiras, os minoritários estão mais conscientes e indo à luta para defender seus direitos. Esse movimento ganha importância quando se espera que o mercado registre um aumento das emissões depois da recuperação dos preços de ações. As armas dos pequenos investidores são as ações judiciais e as reclamações à CVM.

As causas mais comuns de problemas entre minoritários e majoritários residem na escolha do comitê fiscal, nos critérios de distribuição dos dividendos e no abuso do poder por parte do controlador. A novidade é o pedido de suspensão de assembleia, criado na nova versão da Lei das S/A. Uma vez feito o pedido por um minoritário, o caso vai para o colegiado da CVM, que o julga rapidamente.

Um reforço na defesa dos minoritários vem da Animec. Criada em 1999, a associação busca atuar junto da CVM e da Justiça. Entre as principais empresas envolvidas com ela estão Sanepar, Embratel, Cataguazes-Leopoldina, Copel, Braskem, Guararapes, Springer e Sudameris.

Na Sanepar, a Animec enviou carta pedindo à CVM que verifique eventual abuso do poder por parte do controlador. O motivo seria o cancelamento de um acordo de acionistas, o processo de aumento de capital aprovado pelo conselho de administração e a troca de uma dívida da empresa com o Estado.

Na Embratel, a reclamação da Animec é referente ao programa de opções para executivos criado pela empresa. A empresa anunciou que, em 2004, recomprará no mercado cerca de 4% das ações preferenciais para repasse a executivos, no valor de R$ 83 milhões. A entidade enviou carta à empresa para saber quem são, exatamente, os beneficiários e como essas ações vão ser pagas.

No caso da Cataguazes-Leopoldina, o presidente da Animec diz que o problema é o controlador querer reduzir o capital da empresa para pagar dividendos, a fim de não perder o controle, uma vez que não há distribuição de dividendos há três anos. Já no caso da Trikem e da Polialden, a Animec pediu à CVM esclarecimentos sobre o processo de incorporação das empresas e da relação de troca das ações com a controladora Braskem.

No caso da Copel, a Animec entregou uma representação à CVM pelo fato de a empresa não ter aplicado o reajuste de tarifas aprovado pelo governo. Outra reclamação da Animec envolve a Guararapes Confecções. A empresa investiu R$ 100 milhões em um shopping center, o que estaria fora de sua área de atividade.

Na Springer, os minoritários estão questionando a eleição dos representantes dos minoritários no conselho fiscal da empresa. Segundo o presidente da Animec, o presidente da companhia votou, o que não seria justo, uma vez que ele é ligado ao controlador. No caso da Rhodhia-Ster, o processo envolve a oferta pública feita pelo novo controlador, de 3 ou 4 centavos por ação, enquanto o papel é negociado a 20 centavos no mercado.

Fonte: Angelo Pavini, "Minoritários vão à luta". *Valor Econômico*, 12 fev. 2004.

FORMAS DE ABUSO DO PODER DO ACIONISTA CONTROLADOR

As formas de abuso do poder do acionista controlador são abordadas neste capítulo porque, de uma maneira ou de outra, contribuem para gerar o valor do controle. Embora a criatividade humana tenha desenvolvido um fluxo praticamente inesgotável de iniquidades, as formas de abuso do poder de controle de administradores e de sócios controladores e as formas de expropriação dos minoritários podem ser tipificadas pelos itens a seguir.[9]

- *Transações da empresa com seus administradores ou com outras empresas em que estes tenham interesses.* Os exemplos típicos, nesse caso, são uma compra excessivamente cara e uma venda barata demais.
- *Remuneração excessiva para os administradores.* Muitas vezes os administradores abusam de seu poder de controle para obter uma remuneração excessiva.
- *Expropriação de valores da empresa por parte dos administradores.* Esse caso é exemplificado pela fixação de mordomias excessivas para os administradores ou mesmo por apropriação indevida.
- *Motivos mesclados.* Aqui, não há interesse pecuniário direto dos administradores, mas sim uma transferência de recursos a terceiros. Um exemplo é a recompra cara de ações em poder de um terceiro para evitar que este adquira o controle da empresa no mercado e se desfaça de seus administradores.
- A exportação ou importação por meio de uma *trading* localizada em um paraíso fiscal, a qual seja de propriedade dos sócios controladores, ou repasse dos lucros para eles.
- A incorporação de capital por meio de ativos supervalorizados dos controladores.
- A compra de matéria-prima — ou mesmo a venda do produto acabado —, sujeita a condições de competição diferentes das que os concorrentes do mercado enfrentam, de uma empresa em que o controlador tenha participação maior.
- A compra ou a venda de ativos permanentes — em especial, terrenos — de controladores ou para eles.
- A fusão com — ou mesmo a aquisição de — empresas dos controladores que se encontrem em dificuldades econômico-financeiras ou por valores privilegiados.
- A concessão de vantagens desnecessárias a cliente ou fornecedor em função de contrapartida deste a outra empresa do controlador.
- O empréstimo de recursos do controlador para a empresa a uma taxa superior àquela que poderia ser obtida para o mesmo risco no mercado.
- O emprego de parentes para aumentar o fluxo de recursos para a família do controlador.

- A contratação de serviços inexistentes ou superfaturados — geralmente são contratados serviços de consultoria que não são necessários.
- O excesso de gastos com representação e locomoção e outras mordomias dos administradores, que também são os acionistas controladores.

Essa relação mostra a grande variedade de possíveis fraudes contra os minoritários e, em consequência, a dificuldade de controlá-las. Como alternativa, resta impossibilitar as fraudes com a diluição do controle e a separação entre controle e gestão.

NOTAS

1 Silvia Valadares. "Estrutura de controle e propriedade de empresas brasileiras". In: Marco Bonomo. *Finanças aplicadas ao Brasil*. São Paulo: FGV, 2002.
2 Idem.
3 Mais informações sobre as queixas dos minoritários acerca dessa transação podem ser obtidas na revista *Capital Aberto*, ano 1, n. 8, abr. 2004.
4 Silvia Valadares. Op. cit.
5 L. Zingales. "What determines the value of corporate votes?". *The Quarterly Journal of Economics*, nov. 1995. 9. 1.047-73.
6 Exemplo extraído de Graciano Sá. *O valor das empresas*. Rio de Janeiro: Expressão e Cultura, 2001.
7 Idem.
8 Idem.
9 R. C. Clark. *Corporate law*. Boston: Little, Brown and Company, 1996, p. 837.

CAPÍTULO 11

AVALIAÇÃO DE EMPRESAS: A VISÃO DOS FUNDOS DE *PRIVATE EQUITY*

INTRODUÇÃO

Private equity (ou 'investimento em participações') é o termo utilizado para designar a modalidade de investimento na qual investidores institucionais investem em empresas por meio da compra de participação societária em uma negociação privada (e não em uma negociação pública em bolsa de valores).

Um fundo de *private equity* é um veículo que pode ser constituído tanto por uma empresa *holding* como por um fundo de investimento propriamente dito e que serve para reunir o capital dos investidores e administrar sua aplicação na aquisição das empresas selecionadas.

Os fundos de *private equity* são administrados por gestores especializados. Esses gestores podem ser bancos ou empresas independentes. No Brasil, os principais gestores independentes, em termos de volume de recursos administrados para investimentos no país, são: Advent, AIG, Gávea, GP, Pátria e Tarpon.

Como podemos ver na Tabela 11.1, outras modalidades de investimento privado em participações são o *venture capital* (no Brasil denominado 'capital de risco' ou 'capital empreendedor'), investido em empresas pequenas, e os *angels*, normalmente investidores individuais (pessoas físicas) que investem em empresas nascentes. A tabela a seguir mostra os principais atributos dessas três modalidades de investimento, assim como faz uma comparação com a modalidade de aquisição de ações em bolsa de valores de empresas de capital aberto, denominada *public equity*.

Nota-se que muitas das diferenças entre os atributos citados são apenas de grau e, portanto, não há uma separação clara e precisa entre essas modalidades de investimento.

TABELA 11.1 PRINCIPAIS ATRIBUTOS DE DIFERENTES MODALIDADES DE INVESTIMENTO

Atributo	*Angel*	*Venture capital*	*Private equity*	*Public equity*
Porte da empresa	Pequeno	Pequeno ou médio	Médio ou grande	Grande
Estágio corporativo	Pré-operacional ou inicial (*start-up*)	Inicial/crescimento acelerado	Reestruturação ou expansão	Empresas maduras/expansão moderada
Setores-alvo típicos	Com alta tecnologia/ inovadores	Com alta tecnologia/ inovadores	Todos	Todos
Objetivo de retorno e risco	Altos retornos e riscos/aportes pequenos	Altos retornos e riscos	Médios retornos e riscos	Médios retornos e riscos
Liquidez	Baixa/venda em negociação privada	Baixa/venda em negociação privada	Baixa/venda em negociação privada	Alta/venda em bolsa de valores
Diversificação para o investidor	Baixa/normalmente investidor individual com portfólio pequeno	Média/normalmente até dez investimentos por fundo	Média/normalmente até dez investimentos por fundo	Alta/carteira de ações de inúmeras empresas
Valor agregado pelo investidor	Capital, apoio estratégico e na gestão e operação	Capital, apoio estratégico e na gestão	Capital e apoio estratégico	Capital
Estratégia de saída	Fundo de *venture capital*, estratégico ou recompra pela empresa/ fundadores	Fundo de *private equity* ou estratégico	Estratégico ou mercado de capitais	Mercado de capitais

Onde termina uma média empresa e começa uma grande? Quando o *start-up* torna-se mera expansão? E quando a alta tecnologia é incorporada e torna-se média? É natural que os nomes das operações variem de acordo com a experiência do interlocutor.

Além disso, as modalidades também podem se mesclar, como ocorre na operação Pipe (*private investment in public equity*), na qual um fundo de *private equity* adquire uma expressiva participação em uma companhia que já é de capital aberto, mas tem baixa liquidez/volume de negócios na bolsa, com o objetivo de implantar melhores práticas de governança e interferir nas definições estratégicas da empresa por meio de seu conselho de administração.

TAMANHO DO MERCADO

A atividade da indústria de *private equity* e *venture capital* tem alta correlação com a quantidade de fusões e aquisições realizadas em determinado mercado, pois grande parte dessas transações conta com um fundo de investimento em participações.

O gráfico da Figura 11.1 apresenta a quantidade de transações de fusões e aquisições superiores a R$ 20 milhões realizadas no Brasil, de acordo com a Anbid.

O movimento de privatizações na segunda metade da década de 1990 foi responsável pela maior parte de transações nesse período. Entre 1999 e 2002, uma série de crises provocou a redução na quantidade de transações, iniciando-se com a crise cambial de 1999, passando pelo 'estouro da bolha' das 'ponto-com', pelo escândalo da Enron, pelos

FIGURA 11.1 FUSÕES E AQUISIÇÕES ACIMA DE R$ 20 MILHÕES

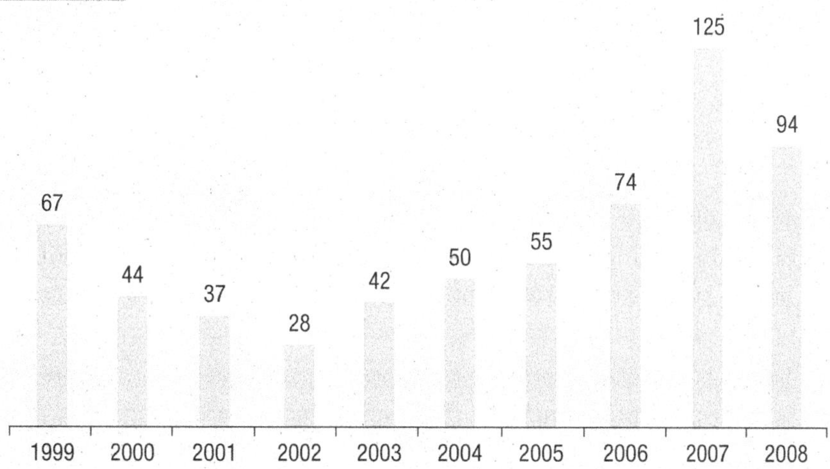

Fonte: Anbid.

atentados terroristas nos Estados Unidos (torres gêmeas) e pela crise da Argentina, em 2001, terminando com a crise da sucessão presidencial no Brasil em 2002, quando o país registrou a menor atividade de fusões e aquisições desde 1999.

A partir de 2003, em razão principalmente do aumento da estabilidade econômica do país, proporcionado pelo Plano Real e pelo controle da inflação, iniciou-se a recuperação das transações de fusões e aquisições, concomitantemente a uma fase de forte expansão do mercado de capitais brasileiro, o que possibilitou o aprimoramento dos mecanismos de governança corporativa e maior liquidez para o desinvestimento dos fundos de *private equity*.

Apesar da crise de crédito global iniciada em 2008, com a crise do mercado de hipotecas norte-americano, vários fundos de *private equity* e *venture capital* que já estavam bem estabelecidos no Brasil e que possuíam recursos em caixa aproveitaram a redução dos preços dos ativos para iniciar um novo ciclo de investimentos (veja a Figura 11.1). Em 2009, provavelmente teremos uma quantidade de fusões e aquisições superior à de 2008.

Um estudo da Pricewaterhouse Coopers mostra que, somente em 2007, os fundos de *private equity* e *venture capital* levantaram mais de US$ 4 bilhões em recursos para investimentos no Brasil. Segundo esse mesmo estudo, a participação dos fundos de *private equity* nas fusões e aquisições envolvendo empresas brasileiras, em 2008, atingiu 20% da quantidade total de transações, enquanto em 2007 essa participação não superou os 15%.

Esse aumento da participação dos fundos de *private equity* nas operações de fusões e aquisições ocorreu principalmente em virtude da estratégia de consolidação seguida por algumas empresas que receberam capital desses fundos. Por exemplo, em 2008, a empresa líder no ranking de aquisições foi a Anhanguera Educacional S.A., companhia investida do Pátria, que comprou 17 empresas ao longo do ano.

AVALIAÇÃO DE EMPRESAS EM TRANSAÇÕES DE *PRIVATE EQUITY*

A principal diferença entre um investimento de renda variável e um investimento de *private equity* é que no primeiro a aquisição ocorre por meio da compra de ações em mercado público (bolsa de valores), enquanto no último o investidor adquire as quotas (ou ações) por meio de uma negociação privada com os sócios da empresa-alvo.

A avaliação da empresa é central em um processo de investimento de *private equity*, dado que as ações da companhia não estão precificadas no mercado e, portanto, seu *valuation* é suscetível a um maior grau de subjetividade. Nesses casos, a avaliação tem por objetivo definir uma faixa de referência que servirá como base para a negociação da quantidade de quotas/ações que o *private equity* receberá em decorrência de seu aporte de capital.

Algumas características específicas observadas em transações de *private equity* fazem que as metodologias tradicionais de avaliação de empresas sofram algumas adaptações, para não perderem sua eficiência.

É comum que o dinheiro do investidor entre na empresa como um aumento de capital (subscrição de novas quotas/ações), em vez da simples compra de participação dos atuais sócios. Na primeira modalidade o dinheiro vai para o caixa da empresa, enquanto, na última, vai para os sócios vendedores.

Em companhias ainda não maduras e que estão passando por uma fase de forte crescimento, normalmente o investidor de *private equity* prefere realizar um aumento de capital na empresa, com o objetivo de que os empreendedores permaneçam como sócios e gestores dela. Afinal, quanto menos dinheiro receberem e quanto maior for a participação dos sócios originais, maior será o comprometimento deles com a valorização futura da empresa.

Nesses casos, o ideal é elaborar dois cenários de projeção de fluxo de caixa: um considerando a empresa da forma como ela é hoje (cenário sem investimento), outro considerando a empresa com os recursos provenientes do investidor (cenário com investimento), ou seja, adicionando-se os fluxos de caixa provenientes dos novos projetos que serão implementados com esse dinheiro.

O valor da empresa no cenário com investimento será maior do que a soma entre (i) o valor da empresa no cenário sem investimento e (ii) o caixa que o investidor irá aportar nela. Isso ocorre porque, normalmente, o retorno esperado dos novos projetos é maior do que a taxa de desconto utilizada para avaliar a empresa no cenário pré-investimento, conforme será detalhado no exemplo a seguir.

Essa situação origina o seguinte dilema: esse acréscimo de valor gerado pelo fluxo de caixa dos novos projetos deve ficar com os sócios originais ou com o investidor que aportou o dinheiro necessário para tornar esses projetos realidade?

O investidor alegará que o acréscimo do valor só ocorrerá se houver seu aporte na empresa e, portanto, tentará avaliá-la no cenário sem investimento para ficar com uma participação maior. Já o empresário defenderá que o retorno esperado sobre o capital do investidor só existirá se esses recursos forem investidos em sua empresa e, portanto, ele tentará ficar com parte desse acréscimo de valor, negociando uma participação menor para o investidor na entrada ou negociando um bônus variável (*earn out*) para si no futuro.

Esse dilema é agravado quando a empresa-alvo possui um plano de negócios muito agressivo, com previsão de forte crescimento, graças a novos projetos transformacionais, com alto retorno esperado, que serão implementados com o investimento captado. Por outro lado, nas empresas já maduras e consolidadas, nas quais o aporte do investidor de *private equity* não transformará de forma relevante sua projeção de fluxos de caixa, esse dilema é menor ou até inexistente e, consequentemente, a negociação tende a ser mais fácil.

Na Tabela 11.2, a empresa tem uma projeção de crescimento anual da receita bruta igual a 5% para os próximos cinco anos. Nesse cenário sem investimento, o valor da empresa é igual a R$ 65.914, considerando um custo médio ponderado de capital (CMPC) de 20% a.a. e crescimento na perpetuidade de 5% a.a.

O sócio da empresa está negociando um investimento com um fundo de *private equity*, disposto a realizar um aumento de capital de R$ 20.000 em troca de uma participação de 23% na empresa, de acordo com a seguinte fórmula:

Participação = Aporte/Valor da empresa pós-aporte
= 20.000/(65.914 + 20.000) = 23%

TABELA 11.2 PROJEÇÃO DE CRESCIMENTO ANUAL DA RECEITA BRUTA DA EMPRESA NOS PRÓXIMOS 5 ANOS

R$ (nominal)	Ano 0	Ano 1	Ano 2	Ano 3	Ano 4	Ano 5
Receita bruta	**55.000**	**57.750**	**60.638**	**63.669**	**66.853**	**70.195**
Crescimento		5%	5%	5%	5%	5%
Deduções	(3.108)	(3.263)	(3.426)	(3.597)	(3.777)	(3.966)
Receita líquida	**51.893**	**54.487**	**57.211**	**60.072**	**63.076**	**66.229**
Custos operacionais	(23.352)	(24.519)	(25.745)	(25.831)	(25.861)	(26.492)
Despesas comerciais	(10.379)	(11.987)	(13.159)	(13.216)	(13.246)	(13.246)
Despesas gerais e administrativas	(7.784)	(7.628)	(7.437)	(7.209)	(6.938)	(6.623)
Depreciação e amortização	(670)	(920)	(1.170)	(1.320)	(1.470)	(1.620)
Resultado financeiro	0	0	0	0	0	0
Lucro antes do imposto	**9.709**	**9.433**	**9.700**	**12.497**	**15.560**	**18.249**
IRPJ/CS	(3.301)	(3.207)	(3.298)	(4.249)	(5.291)	(6.205)
Lucro líquido	**6.408**	**6.225**	**6.402**	**8.248**	**10.270**	**12.044**
Margem lucro líquido	*12,3%*	*11,4%*	*11,2%*	*13,7%*	*16,3%*	*18,2%*
Depreciação e amortização	670	920	1.170	1.320	1.470	1.620
Investimentos	(1.000)	(2.500)	(2.000)	(1.500)	(1.500)	(1.500)
Amortização de passivos	0	0	0	0	0	0
Variação do capital de giro	(238)	(229)	(241)	(253)	(265)	(279)
Fluxo de caixa operacional	**5.840**	**4.416**	**5.331**	**7.815**	**9.975**	**11.886**
VALOR DA EMPRESA	**65.914**					

O dono da empresa discorda e deseja que o investidor fique com apenas 17% de participação no capital social, alegando que, com o aporte de R$ 20.000, a companhia desenvolverá um projeto que aumentará seu valor para R$ 115.331, conforme as projeções do cenário com investimento da Tabela 11.3, ou seja:

Participação = Aporte/Valor da empresa pós-aporte
= 20.000/115.331 = 17%

A diferença entre os dois valores da empresa ocorre porque o valor presente do fluxo de caixa do projeto que será implementado é maior do que o valor de caixa a ser aportado na empresa. E, por sua vez, isso se justifica porque a taxa interna de retorno do projeto é maior do que o CMPC utilizado para avaliar a empresa (veja a Tabela 11.4).

TABELA 11.3 PROJEÇÕES DO CENÁRIO COM INVESTIMENTO

R$ (nominal)	Ano 0	Ano 1	Ano 2	Ano 3	Ano 4	Ano 5
Receita bruta	**55.000**	**66.000**	**79.200**	**95.040**	**114.048**	**136.858**
Crescimento		*20%*	*20%*	*20%*	*20%*	*20%*
Deduções	(3.108)	(3.729)	(4.475)	(5.370)	(6.444)	(7.732)
Receita líquida	**51.893**	**62.271**	**74.725**	**89.670**	**107.604**	**129.125**
Custos operacionais	(23.352)	(28.022)	(33.626)	(38.558)	(44.118)	(51.650)
Despesas comerciais	(10.379)	(13.700)	(17.187)	(19.727)	(22.597)	(25.825)
Despesas gerais e administrativas	(7.784)	(8.718)	(9.714)	(10.760)	(11.836)	(12.913)
Depreciação e amortização	(670)	(920)	(1.170)	(1.320)	(1.470)	(1.620)
Resultado financeiro	0	0	0	0	0	0
Lucro antes do imposto	**9.709**	**10.911**	**13.028**	**19.304**	**27.583**	**37.118**
IRPJ/CS	(3.301)	(3.710)	(4.429)	(6.563)	(9.378)	(12.620)
Lucro líquido	**6.408**	**7.202**	**8.598**	**12.741**	**18.205**	**24.498**
Margem lucro líquido	*12,3%*	*11,6%*	*11,5%*	*14,2%*	*16,9%*	*19,0%*
Depreciação e amortização	670	920	1.170	1.320	1.470	1.620
Investimentos	(1.000)	(2.500)	(2.000)	(1.500)	(1.500)	(1.500)
Amortização de passivos	0	00	0	0	0	0
Variação do capital de giro	(238)	(917)	(1.100)	(1.320)	(1.584)	(1.901)
Fluxo de caixa operacional	**5.840**	**4.705**	**6.668**	**11.241**	**16.591**	**22.717**
VALOR DA EMPRESA	**115.311**					

TABELA 11.4 TAXA INTERNA DE RETORNO DO PROJETO

R$ (nominal)		Ano 1	Ano 2	Ano 3	Ano 4	Ano 5
Fluxo de caixa do projeto		**289**	**1.337**	**3.426**	**6.616**	**10.831**
VALOR DO PROJETO	**49.397**					
Investimento		(20.000)				
Perpetuidade						75.818
Fluxo de caixa final do proieto		**(19.711)**	**1.337**	**3.426**	**6.616**	**86.649**
TIR	**53,61%**					

Somente em um cenário hipotético, no qual a taxa interna de retorno do projeto fosse igual ao CMPC da empresa, é que essa diferença não existiria, mas, como normalmente o retorno de um projeto específico é maior do que o CMPC, a maioria das negociações de investimento consiste em acordar uma participação para o investidor entre os dois valores pós-investimento.

Nesse exemplo, o dono da empresa tentará 'puxar' a participação do investidor para próximo dos 17%, alegando que o valor adicional do projeto é inerente à empresa, enquanto o investidor buscará uma participação maior, justificando que, sem o seu aporte, a empresa não conseguiria desenvolver o projeto.

Ao final, as partes acordarão um valor de participação intermediário, equivalente a um valor da empresa entre os dois extremos mencionados. A partir desse valor será possível calcular o CMPC implícito nessa avaliação, que será maior do que o CMPC inicial da empresa (20% a.a.), pois o fluxo de caixa do novo projeto apresenta uma incerteza e riscos maiores do que o fluxo de caixa das atividades atuais da empresa, ou seja, o custo do capital próprio tem de ser maior.

Empresas que podem ser plataformas de entrada de um fundo em determinado setor costumam ter um patamar de preço superior ao das aquisições posteriores, pois conseguem reunir os atributos que serão a base para as próximas aquisições e normalmente é nelas que as próximas empresas compradas serão integradas, e não o contrário.

ESTRUTURAS DE TRANSAÇÕES DE *PRIVATE EQUITY*

Como as transações de *private equity* ocorrem por meio de negociações privadas, é possível solucionar o dilema anteriormente descrito por meio de estruturas societárias que reduzem a discussão em torno da avaliação dos pontos de vista do investidor e do sócio atual e, ao mesmo tempo, diminuem o risco decorrente da incerteza inerente às projeções de fluxo de caixa utilizadas para avaliar a empresa-alvo.

A estrutura mais utilizada nesses casos consiste em, em vez de avaliar a empresa por um valor fixo, criar mecanismos de ajuste de preço conforme ela vá atingindo (ou não) as metas estabelecidas nas projeções utilizadas na avaliação. Em outras palavras, essa estrutura proporciona uma avaliação dinâmica da empresa.

Utilizando os mesmos números do exemplo anterior, o empresário oferece ao fundo de *private equity* a oportunidade de aportar R$ 20.000 em sua empresa, em troca de uma participação de 17%, enquanto o fundo não aceita uma participação menor do que 23%, pois acredita que o risco de a empresa realmente atingir as projeções do plano com investimento é alto e, por isso, faz sua avaliação considerando o plano sem investimento e adicionando o valor do caixa que será aportado na empresa.

Para contornar esse dilema, o investidor propõe uma estrutura de investimento com um bônus variável (*earn out*) para o sócio atual, vinculado ao desempenho futuro da empresa, conforme ilustrado na Tabela 11.5.

O sócio original da empresa aceita que o fundo fique com 23% dela nos cinco primeiros anos. No entanto, eles acordam contratualmente que, conforme o lucro líquido da empresa no ano 5 se aproxime do valor projetado no cenário com investimento, a participação do investidor será reduzida para até 17% (veja a Tabela 11.5).

O cálculo da participação do investidor será função do lucro líquido do ano 5, conforme descrito na Tabela 11.6.

O múltiplo de 5,09 é a média aritmética entre os múltiplos dos lucros líquidos no ano 5 dos cenários sem investimento (R$ 65.914/R$ 12.044 = 5,47) e com investimento (R$ 115.311/R$ 24.498 = 4,71).

O valor R$ 16.879 é resultante da divisão (i) do valor da empresa no cenário sem investimento (R$ 65.914) somado ao aporte de R$ 20.000 (ii) pelo múltiplo 5,09. Ou

TABELA 11.5 LUCRO LÍQUIDO DA EMPRESA

R$ (nominal)	Sem investimento	A	B	Com investimento
Lucro líquido no ano 5	**12.044**	**16.879**	**20.689**	**24.498**
Valor da empresa	**85.914**	**85.914**	**105.301**	**115.311**
Múltiplo de lucro líquido	*5,47*	*5,09*	*5,09*	*4,71*
Participação do investidor	**23%**	**23%**	**19%**	**17%**

TABELA 11.6 PARTICIPAÇÃO DO INVESTIDOR EM FUNÇÃO DO LUCRO LÍQUIDO

Lucro líquido do ano 5	Participação do investidor
Lucro líquido ≤ R$ 16.879	Participação = 23%
R$ 16.879 < lucro líquido < R$ 24.498	Participação = 20.000/Valor da empresa, onde valor da empresa = lucro líquido × 5,09 + caixa – dívida
Lucro líquido ≥ R$ 24.498	Participação = 17%

seja, é o lucro líquido necessário para o acréscimo do valor da empresa compensar o caixa que foi aportado pelo investidor.

Vale ressaltar que, no exemplo, foi assumido que o valor das ações da empresa é igual ao valor da empresa, ou seja, se ela tiver caixa ou dívida no momento da avaliação, será necessário utilizar a seguinte fórmula:

Valor das ações da empresa = Valor da empresa + Caixa – Dívida

A lógica dessa estrutura, do ponto de vista do investidor, é esta: já que o sócio atual acredita que suas projeções serão atingidas, quando e se isso realmente ocorrer, ele terá a participação que desejava; no entanto, se o negócio não atingir as metas, o sócio original ficará com uma participação inferior à que desejava, protegendo-se, assim, o capital do investidor. A Figura 11.2 mostra como a participação do investidor muda em razão do lucro líquido da empresa.

FIGURA 11.2 MUDANÇA NA PARTICIPAÇÃO DO INVESTIDOR EM RAZÃO DO LUCRO LÍQUIDO DA EMPRESA

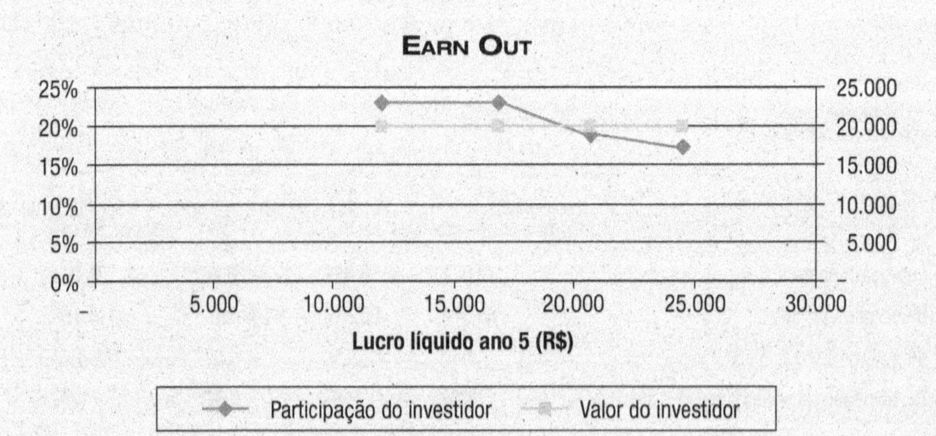

A contrapartida dessa proteção é que, dentro desse intervalo de lucro líquido estabelecido na fórmula, o valor do investidor (isto é, o valor da empresa multiplicado pela participação do investidor) é constante. Ou seja, o investidor só começa a ter ganho quando o valor da empresa ultrapassa o valor projetado no cenário com investimento.

Por isso, a definição das metas e dos intervalos é crítica para qualquer negociação que possua uma estrutura de *earn out*. A meta que servirá como base para o cálculo da participação pode ser faturamento, margens de lucro, taxa de crescimento, Ebitda e lucro líquido, entre outras.

GANHOS COM SINERGIA

Algumas operações de fusão ou aquisição geram um aumento na margem de lucro na empresa resultante, proporcionado pela redução relativa de custos e/ou despesas em razão de maior eficiência operacional das duas empresas unidas. Os fatos geradores desse incremento de eficiência são denominados sinergia.

A sinergia pode ser de natureza comercial, operacional ou administrativa e surge quando as duas empresas conseguem compartilhar um mesmo tipo de insumo gastando um valor inferior ao que gastavam antes de sua união. Normalmente, os insumos geradores de sinergias são aqueles não classificados como custos/despesas diretos ou variáveis, mas sim indiretos ou fixos. Existe também a sinergia de receitas, ou seja, quando duas empresas se juntam e ambas podem melhorar suas receitas por conta do compartilhamento dos canais de distribuição e marcas.

As fontes da sinergia costumam ser:

- despesas de publicidade e propaganda: duas empresas com a mesma linha de produtos e que atuam na mesma cidade podem aproveitar a mesma inserção de propaganda em um canal de TV para fazer seu marketing institucional; ou
- despesas de salário de vendedores: na mesma situação anterior, um mesmo vendedor pode comercializar os produtos das duas empresas;
- compra de matéria-prima: a empresa resultante de uma fusão de duas ou mais companhias terá maior poder de barganha com seus fornecedores e poderá comprar volumes maiores de matéria-prima por preços unitários menores; ou
- custos de produção: em indústrias, a junção de empresas possibilita aproveitar melhor o parque instalado de máquinas, reduzindo sua ociosidade e, consequentemente, diminuindo o custo unitário de produção;
- despesas com salários de funcionários administrativos: dentro de certos limites, a mesma quantidade de funcionários administrativos é capaz de desenvolver atividades para empresas de diferentes tamanhos; por exemplo, quando duas

empresas se unem, o departamento de contabilidade de uma delas pode ser suficiente para realizar os lançamentos contábeis da empresa resultante; ou

- despesas de ocupação: na mesma situação anterior, os funcionários administrativos que permanecerem na empresa resultante poderão ocupar o mesmo imóvel que uma delas já ocupava, compartilhando assim despesas com aluguel, sistemas, taxas municipais, segurança, limpeza etc.

É importante lembrar que a sinergia é mais forte em transações que resultam na união operacional de duas ou mais empresas do mesmo segmento. Normalmente, quanto maior a semelhança entre as operações, maior a sinergia. Existem exceções, quando as empresas não atuam no mesmo segmento, mas possuem complementaridades — por exemplo, uma faculdade (ensino superior) e um colégio (ensino básico) podem ocupar o mesmo imóvel em períodos diferentes.

Em transações de *private equity* nas quais um fundo adquire uma empresa em um novo setor, não existem sinergias, pois não há outra companhia com a qual compartilhar os custos e as despesas. É por isso que, normalmente, em processos competitivos de venda de empresas, os potenciais compradores que atuam no mesmo setor da empresa que está sendo vendida (denominados 'compradores estratégicos') podem apresentar propostas maiores do que as apresentadas pelos fundos (denominados 'compradores financeiros').

A Tabela 11.7 apresenta as projeções financeiras da mesma empresa analisada anteriormente (cenário sem investimento), porém com uma redução de R$ 1.000 por ano nas despesas gerais e administrativas. Essa sinergia poderia ser gerada, por exemplo, com a rescisão do contrato de locação do imóvel que era utilizado pela empresa adquirida, porque a compradora possuía espaço ocioso em seu imóvel para receber os funcionários daquela empresa.

Nesse caso, o valor da empresa que, na análise sem sinergia, era de R$ 65.914 aumentou para R$ 70.511, mantendo-se as mesmas premissas da avaliação (CMPC de 20% a.a. e crescimento da perpetuidade de 5% a.a.).

Caso o comprador consiga adquirir essa empresa pelo preço da avaliação sem sinergias, sua taxa interna de retorno aumentará para 22,53% a.a., enquanto o retorno de um comprador financeiro, que não teria o benefício dessa sinergia, seria de 20% a.a., igual ao CMPC utilizado para avaliar a empresa no cenário sem sinergias.

Um item importante e que não deve ser esquecido na avaliação do comprador é que, para obter os benefícios de alguns tipos de sinergia, é necessário incorrer em algumas despesas adicionais que não estavam contempladas no plano de negócios original da empresa-alvo. Por exemplo, no caso de rescisão de contratos de locação ou com prestadores de serviços ou de demissão de funcionários, não se pode esquecer de incluir nas projeções todas as despesas com multas, avisos prévios e indenizações existentes nesses contratos.

TABELA 11.7 PROJEÇÕES DA EMPRESA COM REDUÇÃO DE R$ 1.000 POR ANO

R$ (nominal)	**Ano 0**	**Ano 1**	**Ano 2**	**Ano 3**	**Ano 4**	**Ano 5**
Receita bruta	**55.000**	**57.750**	**60.638**	**63.669**	**66.853**	**70.195**
Crescimento		*5%*	*5%*	*5%*	*5%*	*5%*
Deduções	(3.108)	(3.263)	(3.426)	(3.597)	(3.777)	(3.966)
Receita líquida	**51.893**	**54.487**	**57.211**	**60.072**	**63.076**	**66.229**
Custos operacionais	(23.352)	(24.519)	(25.745)	(25.831)	(25.861)	(26.492)
Despesas comerciais	(10.379)	(11.987)	(13.159)	(13.216)	(13.246)	(13.246)
Despesas gerais e administrativas	(7.784)	(6.628)	(6.437)	(6.209)	(5.938)	(5.623)
Depreciação e amortização	(670)	(920)	(1.170)	(1.320)	(1.470)	(1.620)
Resultado financeiro	0	0	0	0	0	0
Lucro antes do imposto	**9.709**	**10.433**	**10.700**	**13.497**	**16.560**	**19.249**
IRPJ/CS	(3.301)	(3.547)	(3.638)	(4.589)	(5.631)	(6.545)
Lucro líquido	**6.408**	**6.885**	**7.062**	**8.908**	**10.930**	**12.704**
Margem lucro líquido	*12,3%*	*12,6%*	*12,3%*	*14,8%*	*17,3%*	*19,2%*
Depreciação e amortização	670	920	1.170	1.320	1.470	1.620
Investimentos	(1.000)	(2.500)	(2.000)	(1.500)	(1.500)	(1.500)
Amortização de passivos	0	0	0	0	0	0
Variação do capital de giro	(238)	(229)	(241)	(253)	(265)	(279)
Fluxo de caixa operacional	**5.840**	**5.076**	**5.991**	**8.475**	**10.635**	**12.546**
VALOR DA EMPRESA	**70.511**					
Compra		(65.914)				
Venda						87.820
Fluxo de caixa do comprador		**(60.838)**	**5.991**	**8.475**	**10.635**	**100.365**
TIR	**22,53%**					
Premissas						
CnPC	20%					
Crescimento na perpetuidade	5%					

Além dessas despesas extraordinárias, também é importante estimar corretamente o prazo mínimo para implantação das sinergias. Se para rescindir um contrato de locação a companhia precisa respeitar um aviso prévio de 30 dias, além de serem necessários mais 30 dias para realizar a mudança dos móveis e equipamentos, o comprador não pode contar com a redução dessa despesa de aluguel nos primeiros 60 dias a contar da data da aquisição.

Conhecer e mensurar os ganhos que os compradores estratégicos poderão obter com as sinergias é muito importante para que o vendedor consiga extrair o máximo de valor de sua companhia. Uma estratégia para obter um valor de venda maior é incluir no negócio apenas os ativos que mais interessam ao comprador, como os contratos com os clientes e alguns outros ativos operacionais e estratégicos, excluindo outros itens da estrutura da empresa que está sendo vendida e que não serão necessariamente aproveitados pelo comprador, como funcionários administrativos, alguns contratos com fornecedores e de locação de imóveis.

Se o comprador planeja demitir alguns funcionários da empresa e rescindir alguns contratos após a aquisição, o vendedor pode permanecer com esses funcionários e contratos para aproveitá-los em outras empresas ou para tentar rescindir os últimos por um custo inferior ao que o comprador teria. Dessa forma, essa economia gerada para o comprador pode ser adicionada ao valor da empresa que será recebido pelo vendedor.

Em negócios muito escaláveis, nos quais é possível adicionar mais clientes na empresa sem que seja necessário um aumento significativo de sua estrutura, é comum os vendedores alienarem apenas sua 'carteira de clientes' para outra empresa do mesmo segmento, maximizando, dessa forma, o valor a ser recebido do comprador, que, por sua vez, receberá apenas uma receita adicional, sem necessidade de aumentar seus custos. Ou seja, o comprador estará disposto a pagar um valor maior pela aquisição da carteira de clientes do que pela aquisição da empresa-alvo como um todo.

AQUISIÇÕES ALAVANCADAS

Uma das ferramentas mais utilizadas pelos fundos de *private equity* para aumentar os retornos de seus investimentos em aquisições de empresas é a alavancagem, principalmente nos Estados Unidos e na Europa, onde o mercado de crédito é mais desenvolvido e as taxas de juros são mais baixas. Para um fundo, uma aquisição poderá resultar em retornos significativamente diferentes se o capital investido for próprio ou se for financiado por terceiros por meio de uma dívida.

Por trás dessa constatação estão dois conceitos simples e intuitivos: (i) quanto mais prazo o comprador tiver para pagar a aquisição, maior será seu retorno, e (ii) quanto maior a diferença entre a taxa de captação e a taxa de aplicação (*spread*), maior também será o retorno. Utilizando apenas esses dois conceitos, os fundos de *private equity* conseguem obter bons retornos mesmo comprando e vendendo empresas que não crescem e não melhoram sua lucratividade.

Em uma aquisição podem existir três formas diferentes de alavancagem, dependendo de quem empresta o dinheiro e de como ele é utilizado.

Uma forma simples de alavancar uma aquisição é parcelar seu pagamento com o próprio vendedor da empresa (*sellers finance*), prorrogando as saídas de caixa do comprador e, consequentemente, favorecendo seu retorno. Essa estrutura é muito utilizada quando o comprador não dispõe do valor total necessário para comprar a empresa à vista, mas, com o prazo concedido pelo vendedor, utiliza o fluxo de caixa da própria empresa adquirida para quitar parte da compra das ações.

Na Tabela 11.8, que utiliza a mesma projeção apresentada nos exemplos anteriores, o comprador consegue negociar o pagamento da aquisição em cinco parcelas iguais anuais. Com isso, a taxa interna de retorno, que era de 20% a.a. caso o comprador quitasse a aquisição à vista, aumentou para 46,84% a.a.

Isso ocorre porque, como as parcelas a prazo não foram corrigidas por uma taxa de juros igual ou superior ao CMPC, o valor presente dessas parcelas é menor do que o valor da empresa, e essa diferença é refletida em uma taxa de retorno para o comprador maior do que a taxa utilizada no CMPC.

Se as quatro parcelas a prazo forem corrigidas pela mesma taxa do CMPC, a taxa interna de retorno para o comprador voltaria a ser os mesmos 20% a.a. do CMPC, conforme a Tabela 11.9.

Quando o vendedor não aceita receber a prazo ou impõe uma taxa de juros alta para as parcelas a prazo, a alternativa é buscar outra fonte de capital — esta é a segunda forma de alavancagem. Nesse caso, quanto menores forem os juros da dívida captada, maior será o retorno do comprador.

A terceira forma de alavancagem consiste em endividar a própria empresa adquirida para utilizar esses recursos para financiar a aquisição. Muitos fundos de *private equity* utilizam essa alternativa para comprar empresas sem dispor do capital necessário para a aquisição.

Quando a empresa já está muito endividada e o valor do endividamento é próximo ou igual ao valor da empresa (*enterprise value*), o valor de compra das ações (*equity value*) é próximo ou igual a zero, possibilitando que o comprador concretize o negócio sem fazer pagamentos ao vendedor, apenas assumindo a dívida existente na empresa.

Nesses casos, além de o comprador não precisar de dinheiro para fazer a aquisição, é possível aumentar seu retorno por meio da renegociação da dívida existente na empresa, alongando o prazo e reduzindo juros. Como os fundos de *private equity* têm bom relacionamento com bancos e normalmente possuem mais garantias para oferecer aos credores, melhorar o perfil dessas dívidas é tarefa viável (e muito lucrativa).

Em geral, quanto pior o perfil do endividamento e a liquidez da empresa a ser adquirida, mais fácil será a renegociação dessa dívida com os credores. Em situações de insolvência, quando os credores já não esperam mais recuperar os recursos emprestados,

TABELA 11.8 PROJEÇÃO DA EMPRESA COM PAGAMENTO DA AQUISIÇÃO EM CINCO PARCELAS IGUAIS ANUAIS

R$ (nominal)	Ano 0	Ano 1	Ano 2	Ano 3	Ano 4	Ano 5
Receita bruta	**55.000**	**57.750**	**60.638**	**63.669**	**66.853**	**70.195**
Crescimento		*5%*	*5%*	*5%*	*5%*	*5%*
Deduções	(3.108)	(3.263)	(3.426)	(3.597)	(3.777)	(3.966)
Receita líquida	**51.893**	**54.487**	**57.211**	**60.072**	**63.076**	**66.229**
Custos operacionais	(23.352)	(24.519)	(25.745)	(25.831)	(25.861)	(26.492)
Despesas comerciais	(10.379)	(11.987)	(13.159)	(13.216)	(13.246)	(13.246)
Despesas gerais e administrativas	(7.784)	(7.628)	(7.437)	(7.209)	(6.938)	(6.623)
Depreciação e amortização	(670)	(920)	(1.170)	(1.320)	(1.470)	(1.620)
Resultado financeiro	0	0	0	0	0	0
Lucro antes do imposto	**9.709**	**9.433**	**9.700**	**12.497**	**15.560**	**18.249**
IRPJ/CS	(3.301)	(3.207)	(3.298)	(4.249)	(5.291)	(6.205)
Lucro líquido	**6.408**	**6.225**	**6.402**	**8.248**	**10.270**	**12.044**
Margem lucro líquido	*12,3%*	*11,4%*	*11,2%*	*13,7%*	*16,3%*	*18,2%*
Depreciação e amortização	670	920	1.170	1.320	1.470	1.620
Investimentos	(1.000)	(2.500)	(2.000)	(1.500)	(1.500)	(1.500)
Amortização de passivos	0	0	0	0	0	0
Variação do capital de giro	(238)	(229)	(241)	(253)	(265)	(279)
Fluxo de caixa operacional	**5.840**	**4.416**	**5.331**	**7.815**	**9.975**	**11.886**
VALOR DA EMPRESA	**65.914**					
Compra		(13.183)	(13.183)	(13.183)	(13.183)	(13.183)
Venda						83.200
Fluxo de caixa do comprador		**(8.766)**	**(7.851)**	**(5.368)**	**(3.208)**	**81.903**
TIR	**46,84%**					
Premissas						
CnPC	20%					
Crescimento na perpetuidade	5%					

abre-se uma boa oportunidade para fundos capitalizados promoverem uma negociação conjunta com vendedores e credores, com o objetivo de: (i) comprar a empresa, descontando de seu preço o valor integral da dívida, e (ii) simultaneamente quitar junto aos credores essa mesma dívida à vista, por um valor significativamente menor.

TABELA 11.9 PROJEÇÃO DA EMPRESA COM QUATRO PARCELAS A PRAZO SENDO CORRIGIDAS PELA MESMA TAXA DO CMPC

R$ (nominal)	Ano 0	Ano 1	Ano 2	Ano 3	Ano 4	Ano 5
Receita bruta	**55.000**	**57.750**	**60.638**	**63.669**	**66.853**	**70.195**
Crescimento		*5%*	*5%*	*5%*	*5%*	*5%*
Deduções	(3.108)	(3.263)	(3.426)	(3.597)	(3.777)	(3.966)
Receita líquida	**51.893**	**54.487**	**57.211**	**60.072**	**63.076**	**66.229**
Custos operacionais	(23.352)	(24.519)	(25.745)	(25.831)	(25.861)	(26.492)
Despesas comerciais	(10.379)	(11.987)	(13.159)	(13.216)	(13.246)	(13.246)
Despesas gerais e administrativas	(7.784)	(7.628)	(7.437)	(7.209)	(6.938)	(6.623)
Depreciação e amortização	(670)	(920)	(1.170)	(1.320)	(1.470)	(1.620)
Resultado financeiro	0	0	0	0	0	0
Lucro antes do imposto	**9.709**	**9.433**	**9.700**	**12.497**	**15.560**	**18.249**
IRPJ/CS	(3.301)	(3.207)	(3.298)	(4.249)	(5.291)	(6.205)
Lucro líquido	**6.408**	**6.225**	**6.402**	**8.248**	**10.270**	**12.044**
Margem lucro líquido	*12,3%*	*11,4%*	*11,2%*	*13,7%*	*16,3%*	*18,2%*
Depreciação e amortização	670	920	1.170	1.320	1.470	1.620
Investimentos	(1.000)	(2.500)	(2.000)	(1.500)	(1.500)	(1.500)
Amortização de passivos	0	0	0	0	0	0
Variação do capital de giro	(238)	(229)	(241)	(253)	(265)	(279)
Fluxo de caixa operacional	**5.840**	**4.416**	**5.331**	**7.815**	**9.975**	**11.886**
VALOR DA EMPRESA	**65.914**					
Compra		(13.183)	(15.819)	(18.983)	(22.780)	(27.336)
Venda						83.200
Fluxo de caixa do comprador		**(8.766)**	**(10.488)**	**(11.168)**	**(12.805)**	**67.750**
TIR	**20,00%**					
Premissas						
CnPC	20%					
Crescimento na perpetuidade	5%					

Alguns fundos com atuação global conseguem aumentar ainda mais seus retornos utilizando-se do bom relacionamento com instituições financiadoras para captar dinheiro em países com baixas taxas de juros e aplicar esses recursos na aquisição de empresas em países emergentes, com alto potencial de crescimento da economia real.

Em suma, para o comprador, o acesso a crédito barato tanto gera valor como melhora o desempenho da empresa adquirida.

TAXA INTERNA DE RETORNO (TIR)

Para o investidor de *private equity*, que entra em uma empresa com o objetivo de realizar seu ganho após alguns anos por meio da venda de suas ações, mais importante do que a avaliação da empresa, quando ele realiza o aporte, é o retorno que esse seu investimento proporcionará ao final do projeto e que, em geral, é aferido pela taxa interna de retorno (TIR).

Por exemplo: uma empresa está buscando um investimento de R$ 1.000 e projeta chegar a uma receita de R$ 50.000 no quinto ano após receber esse aporte, quando se espera que haverá um comprador que estará disposto a comprá-la por R$ 100.000. O investidor que aportou esses R$ 1.000 e em troca ficou com 30% de participação da empresa obterá um retorno de 97,44% a.a., pois seu ganho de capital nesse período de cinco anos será de R$ 30.000 (30% × R$ 100.000).

$$\text{TIR} = \left(\frac{Krecebido}{Kinvestido}\right)^{1/n} - 1 = \left(\frac{30}{1}\right)^{1/5} - 1 = 97{,}44\%\ \text{a.a}$$

Quando um investidor está avaliando uma empresa pelo método do fluxo de caixa descontado, é comum ele utilizar sua taxa de retorno requerido para descontar os fluxos de caixa projetados, em vez de empregar o método do CMPC.

Os investidores de *private equity* buscam retornos que variam sobretudo em função do risco da empresa avaliada. Em 2009, as faixas de taxas desejadas variavam aproximadamente como segue:

- projetos novos (*start-ups*): 60% a.a. a 100% a.a.;
- empresas pequenas: 40% a.a. a 60% a.a.;
- empresas médias: 30% a.a. a 40% a.a.;
- empresas grandes: 20% a.a. a 30% a.a.

CASOS DE INVESTIMENTOS DE *PRIVATE EQUITY* QUE CULMINARAM EM IPOs

Seguindo seu ciclo normal de investimentos, os fundos de *private equity* aproveitaram o aumento no volume de negócios e nas cotações das ações na Bolsa de

São Paulo, nos anos de 2004 a 2007, para abrir capital de algumas empresas de seu portfólio.

Nesse processo, alguns fundos, como o brasileiro GP Investimentos, alcançaram retornos excepcionais. No caso da Equatorial Energia, na abertura de capital, a empresa já havia multiplicado seu valor de mercado em mais de 28 vezes; em agosto de 2009, a empresa valia 52 vezes seu valor na época do investimento pelo fundo, o que representaria um retorno de 5.000% em cinco anos, caso o fundo vendesse a mesma participação que adquiriu em 2004, conforme o valor das ações cotado na bolsa em agosto de 2009.

Vale ressaltar que o retorno do fundo não é necessariamente igual à valorização das ações da empresa investida, pois a participação acionária pode variar com a entrada de novos sócios. Em uma abertura de capital, por exemplo, a oferta primária expande o quadro acionário da empresa, diluindo a participação dos antigos acionistas. Além disso, o fundo pode vender parte ou a totalidade de sua participação na abertura de capital por meio de uma oferta secundária. Nessa análise, com o objetivo de simplificação, foi apresentado apenas o incremento no valor de mercado da empresa, independentemente de qualquer variação no quadro societário.

No conjunto das dez empresas analisadas a seguir, a valorização média do valor de mercado, da entrada do fundo até a data da IPO, foi de 1.087% e a mediana, de 473%. Incrementos de valor nesses patamares não podem ser justificados apenas com a entrada do dinheiro do fundo na empresa, principalmente porque, em muitos casos, o dinheiro foi aplicado na compra de participações dos antigos sócios, e não na empresa. Portanto, muito mais que o investimento financeiro, os fundos que obtiveram ganhos significativos foram os que se dedicaram a melhorar a gestão das empresas, reestruturando os custos, melhorando a transparência e a governança, fazendo aquisições e redesenhando as estratégias corporativas.

Nesse cenário, é interessante observar que as duas menores valorizações foram de empresas de fundos que permaneceram menos de um ano na companhia antes de abrir seu capital (Dufry e Providência), enquanto as empresas que fizeram IPOs somente três anos após a entrada do fundo (Lupatech, Metalfrio, Cremer) alcançaram, até agosto de 2009, retornos superiores a 450%, além, obviamente, da vantagem de terem entrado no início da recuperação do mercado financeiro e de terem realizado a IPO no período de maior euforia de lançamentos.

Percebe-se também que, dos dez casos selecionados nessa amostra, de empresas que foram investidas por fundos e em até três anos fizeram suas IPOs, apenas duas apresentaram uma variação negativa entre seu valor na data da entrada do fundo e seu valor de mercado em agosto de 2009: Dufry, com desvalorização estimada de 17%, e Providência, com redução de 49%.

Se a comparação for feita entre o momento da IPO e o valor da empresa em agosto de 2009, nota-se que os valores são bem próximos, ou seja, o valor médio atual é 1% inferior ao valor da IPO, e o valor mediano é 15% inferior. Entretanto, a Metalfrio atingiu desvalorização de 66%, enquanto a BR Malls obteve 100% de valorização, o que revela que existem grandes variações dentro da amostra (veja a Tabela 11.10).

Na Tabela 11.11 são apresentados os múltiplos das empresas em três situações distintas: na entrada do fundo, na IPO e após a abertura de capital, em dois momentos, no auge da crise financeira de 2008 e em um momento pós-crise em agosto de 2009.

Engana-se quem pensa que os fundos de *private equity* são compradores de empresas que sempre pagam preços baixos por suas aquisições. A mediana dos múltiplos 'valor da empresa/Ebitda' da amostra anterior foi igual a 7,8, comprovando a tese de que os fundos não compram empresas baratas ou pelo menos apenas as que estão baratas. A fama de compradores que pagam pouco se deve muito mais aos festejados altos retornos que os fundos obtêm em seus desinvestimentos do que ao preço que pagam em sua entrada.

TABELA 11.10 DADOS DE EMPRESAS E SUA VALORIZAÇÃO/DESVALORIZAÇÃO ATRAVÉS DOS ANOS

Empresa	Fundo	Ano da transação	Valor pago (R$ MM)	% Adquirida	Valor de mercado na transação (em R$ MM)
Gol	AIG Capital Partners	2003	81,0	13%	623,4
Equatorial Energia	GP Investimentos	2004	32,2	95%	33,9
Lupatech	GP Tecnologia	2003	23	13%	176,9
Dufry South America Ltd. (Brasif)	Advent	2006	1.090,0	100%	1.090,0
Anhanguera Educacional	Banco Pátria	2005	82,675	68%	121,6
BR Malls	GP Investimentos	2006	370,0	55%	672,7
Metalfrio	Artesia e Arvin Meritor	2004	16	100%	16,0
Cremer	Merrill Lynch Global Private Equity	2004	102	100%	102,0
Companhia Providência Indústria e Comércio	Gol + Investidores (AIG)	2007	930	100%	930
Le Lis Blanc	Artesia	2007	84	84%	100
Média			281,1	73%	386,6
Mediana			83,3	90%	149,3

(CONTINUA)

TABELA 11.10 (CONTINUAÇÃO)

Empresa	Ano da IPO	Valor de mercado na IPO (R$ MM)	Valor na IPO / valor na transação	Variação
Gol	2004	4.989	8,00	700%
Equatorial Energia	2006	951	28,07	2.707%
Lupatech	2006	1.003	5,67	467%
Dufry South America Ltd. (Brasif)	2006	1.745	1,60	60%
Anhanguera Educacional	2007	2.091	17,20	1.620%
BR Malls	2007	2.106	3,13	213%
Metalfrio	2007	717	44,79	4.379%
Cremer	2007	591	5,79	479%
Companhia Providência Indústria e Comércio	2007	1.284	1,38	38%
Le Lis Blanc	2008	305	3,05	205%
Média		1.578	11,87	1.087%
Mediana		1.144	5,73	473%

Empresa	Valor das ações (25/08/09)	Valor de mercado (25/08/09) (R$ MM)	Valor em 25/08/09 / valor na transação	Variação	Valor no auge da crise de 2008	Variação
Gol	18,31	4.182	6,71	571%	0,84	–16%
Equatorial Energia	16,68	1.766	52,11	5.111%	1,86	86%
Lupatech	21,50	1.025	5,79	479%	1,02	2%
Dufry South America Ltd. (Brasif)	28,33	902	0,83	–17%	0,52	–48%
Anhanguera Educacional	22,75	2.787	22,93	2.193%	1,33	33%
BR Malls	20,80	4.210	6,26	526%	2,00	100%
Metalfrio	5,93	242	15,13	1.413%	0,34	–66%
Cremer	15,23	513	5,03	403%	0,87	–13%
Companhia Providência Indústria e Comércio	5,71	471	0,51	–49%	0,37	–63%
Le Lis Blanc	4,13	236	2,36	136%	0,77	–23%
Média		1.633	11,77	1.077%	0,99	–1%
Mediana		963	6,03	503%	0,85	–15%

TABELA 11.11 MÚLTIPLOS DAS EMPRESAS EM TRÊS SITUAÇÕES DISTINTAS

Empresa	Múltiplos na transação		Múltiplos na IPO		Múltiplos em 28/10/2008		Múltiplos em 25/08/2009	
	Valor/ Ebitda	P/E	Valor empresarial/ Ebitda	P/E	Valor empresarial/ Ebitda	P/E	Valor empresarial/ Ebitda	P/E
Gol	2,5	5,5	8,7	16,5			4,9	5,0
Equatorial Energia	0,4	0,3	3,8	7,6	2,8	3,6	4,4	6,6
Lupatech	12,1	44,2	15,6	34,5	10,8	35,0	17,4	16,9
Dufry South America Ltd. (Brasif)	8,6	14,7	13,8	23,5	2,1	3,0	4,8	8,0
Anhanguera Educacional	9,2	14,6	72,9	205,0	17,4		14,0	27,4
BR Malls	11,0	20,8	40,4	69,5	11,3	20,2	20,5	20,3
Metalfrio	2,3	7,0	38,6	28,8	19,2		6,1	43,0
Cremer	13,4	7,6	13,6	144,0	6,1	8,3	9,1	11,8
Companhia Providência Indústria e Comércio	7,0	9,9	9,6	13,6	6,0	5,4	7,7	10,7
Le Lis Blanc	4,2	7,2	11,2	19,1	9,7	13,4	10,5	57,1
Média	7,1	13,2	22,8	56,2	9,5	12,7	9,9	20,7
Mediana	7,8	8,7	13,7	26,2	9,7	8,3	8,4	14,4

Analisando o caso da BR Malls, quando o fundo entrou na empresa, esta possuía um Ebitda ajustado de R$ 61,4 milhões e uma margem Ebitda de 64,5% (sobre a receita líquida). Dois anos depois, no auge da crise, a empresa, com a ajuda do fundo, havia quase triplicado seu faturamento, aumentando seu Ebitda anual para R$ 203 milhões e sua margem Ebitda para 73,1%. Mesmo assim, seu múltiplo de Ebitda manteve-se no mesmo patamar, próximo a 11, e seu múltiplo preço/lucro líquido registrou pequena queda. Já no período pós-crise, a BR Malls apresentou crescimento de 23,7% no primeiro semestre de 2009, em comparação com o mesmo período de 2008, e sua margem Ebitda apresentou aumento de 6,9 p.p., chegando a 80%. E, apesar dessa branda evolução, quando comparado aos primeiros anos após a entrada do fundo, seu múltiplo Ebitda passou de 11,3 para 20,5. Só para ter uma ideia da valorização desse múltiplo nesse período, o Ebitda da empresa aumentou em 35%, enquanto o valor da companhia cresceu 145%.

Quase todas as empresas da amostra, entretanto, foram compradas em um período de aquecimento do mercado, ou seja, de alta liquidez, o que justifica que, apesar das melhoras implementadas nas empresas, seus múltiplos durante a crise ficaram próximos ou até mesmo abaixo dos múltiplos na entrada do fundo. Esse fato corrobora a estratégia de grande parte dos fundos investidores de não ter data fixa para a realização da saída.

Ao analisar a variação dos múltiplos ao longo dos três períodos apresentados, nota-se que saíram de uma faixa média e mediana de 7,1 a 7,8 vezes o Ebitda na entrada do fundo para 24 e 13 vezes o Ebitda no momento da IPO e, em agosto de 2009, haviam voltado para os patamares de 9,9 vezes e 8,4 vezes o Ebitda.

Como visto nas tabelas de valor de mercado das empresas, esses valores não caíram em decorrência da crise de 2008, apenas seus múltiplos sofreram ajustes, enquanto as companhias apresentaram um crescimento muito grande de seus Ebitdas. Esse crescimento se deveu à realização dos planos apresentados aos investidores nos prospectos, planos que foram executados com os recursos provenientes da IPO.

Quanto aos múltiplos 'valor da empresa/Ebitda' apresentados na pesquisa anterior, vale ressaltar que, antes da abertura de capital, algumas companhias divulgavam ao mercado informações muito restritas e, portanto, não foi considerado o endividamento líquido de algumas delas no cálculo de seu valor na época da transação com o fundo.

O PIONEIRISMO E A DESCOBERTA DE UM NOVO SETOR

O Pátria foi o primeiro fundo de *private equity* a fazer uma transação no setor de educação superior, por meio da Anhanguera Educacional, que virou a locomotiva de um crescimento via aquisições. O mesmo fundo também foi pioneiro junto ao Laboratório Delboni Auriemo, que deu origem à Diagnósticos da América S.A., maior empresa de medicina diagnóstica da América Latina. Já o GP Investimentos foi pioneiro na entrada no setor de shopping center, via BR Malls, e o Advent International, pioneiro no setor de lavanderias industriais e de varejo de material de construção, por intermédio das aquisições da Atmosfera e da Quero-Quero, respectivamente.

Ser o primeiro a identificar uma oportunidade em um setor novo e atrativo pode constituir fator crítico de sucesso para o investidor de *private equity*. A vantagem desse pioneirismo é ser o primeiro a iniciar um movimento de consolidação por meio de aquisições, sem haver outras empresas concorrentes capitalizadas para disputar os mesmos *targets*, possibilitando, assim, aquisições mais rápidas e a preços mais baixos.

CONCLUSÃO

Negociar o valor da empresa que está sendo comprada ou capitalizada é apenas uma das fases do processo de investimento de um fundo de *private equity*. O *valuation* de entrada é importante para o fundo e também para a empresa, em especial se os acionistas estiverem vendendo suas ações, em vez de estarem apenas capitalizando a empresa. Entretanto, tão importante quanto o valor de entrada em si é a análise dos aspectos qualitativos do negócio e seu plano de geração de valor, o qual será aplicado à empresa adquirida.

Nos casos de investimentos de *private equity* nos quais o fundo sabe que conseguirá adicionar valor à empresa por meio de seu apoio nas definições estratégicas e na gestão da empresa, este poderá aceitar um *valuation* de entrada maior, porque terá confiança de que sua taxa-alvo de retorno será atingida. A mesma lógica também se aplica ao empreendedor, que, por sua vez, também terá maior flexibilidade ao negociar o valor de sua empresa na entrada do investidor quando perceber que o fundo poderá agregar muito valor a seu projeto.

Essa adição de valor pode ser gerada não só pelo crescimento da empresa investida, mas também a partir da redução de custos, do aproveitamento de sinergias, da reestruturação e/ou captação de dívidas e da implementação de estruturas mais eficientes na transação de investimento (ou aquisição), como, por exemplo, a utilização de *sellers finance* e/ou *earn outs*.

Os retornos financeiros para os fundos de *private equity*, que fizeram IPOs entre 2004 e 2007 em sua maioria, foram muito altos, pois aproveitaram o bom momento do mercado de capitais brasileiro para realizar seus desinvestimentos. A atividade de *private equity* tende a ser anticíclica, ou seja, nos momentos de economia fraca, os fundos correm para realizar seus investimentos a preços mais baixos, ao passo que, nos momentos de recuperação ou aceleração da economia, preparam-se para vender suas participações.

Para o empreendedor, a decisão sobre aceitar ou não um investidor em sua empresa causa o mesmo frio na barriga sentido pelos executivos dos fundos ao decidir qual empresa será sua plataforma em determinado setor. Essa decisão costuma ser mais emotiva (menos racional) para os empreendedores, que muitas vezes sentem que estão abrindo mão de parte de seu patrimônio, em vez de estarem fazendo um movimento importante para valorizar seu ativo. Os empresários que entendem que é melhor ficar com uma fatia percentualmente menor de um bolo que pode se tornar muito grande são os que têm maior compatibilidade nas associações com investidores de *private equity*.

O aprimoramento da governança corporativa, mesmo antes de a empresa receber um investidor ou abrir o capital, pode contribuir sobremaneira para reduzir a incerteza do investidor e facilitar seu processo de análise e decisão. Também ajuda a diferenciar a empresa que está mais bem preparada para se tornar uma plataforma de crescimento e, consequentemente, pode contribuir de modo marginal para obter um preço de entrada mais alto. Além disso, uma boa governança corporativa pode ser determinante quando se quer vender apenas uma parcela minoritária do capital social, pois, apesar de muitos fundos de *private equity* só investirem em participações de controle, alguns aceitam ser minoritários em empresas que já possuem boa governança corporativa.

Aplicar o kit básico de governança corporativa é relativamente fácil, em especial se ele serve apenas para cumprir os requisitos mínimos de governança para listagem no nível 2 ou no novo mercado do Ibovespa. Difícil é ter a cultura de governança corporativa se as práticas passadas forem discrepantes em relação às novas, assim como é difícil ceder o poder, em especial se o dono sempre foi acostumado a ter comando pleno sobre a empresa, e não um acionista preocupado com a criação de valor.

CAPÍTULO 12

ESTUDO DE CASO: ANHANGUERA EDUCACIONAL S.A.

INTRODUÇÃO

A Anhanguera Educacional é certamente um dos casos de *private equity* mais interessantes do Brasil. Apesar de ser um investimento recente, trata-se de um projeto inovador, que teve uma implementação complexa, passou por diferentes fases de desenvolvimento e resultou em um negócio de sucesso, com alto retorno tanto para seus empreendedores quanto para seus investidores.

Como será visto adiante, o investimento, em 2005, de um dos fundos de *private equity* administrados pelo Pátria Investimentos na Anhanguera não foi nem um pouco óbvio. Pelo contrário, não se enquadrava nas tradicionais configurações de um bom projeto de *private equity*. Não se tratava de um clássico *buyout*, não havia dívida a ser reestruturada, não havia um grande contrato sendo negociado. Tratava-se apenas de uma pequena instituição de ensino superior com unidades no interior de São Paulo, às margens da Rodovia Anhanguera.

A captação de recursos com os investidores foi difícil. Muitos não entraram alegando que o investimento era muito arriscado e que não acreditavam no potencial de consolidação do mercado de ensino superior no Brasil.

O Fundo de Educação para o Brasil, nome do Fundo de Investimento em Participações — FIP — que foi constituído para o investimento na Anhanguera Educacional, contou com recursos de poucos investidores, somados a uma dívida captada no Banco Mundial por meio do IFC (International Finance Corporation).

Foi graças à confiança e visão desses poucos investidores, ao empreendedorismo dos professores Antonio Carbonari Netto e José Luis Poli e à capacidade de gestão do Pátria Investimentos que foi possível transformar uma pequena faculdade do interior de São Paulo no maior grupo de educação do Brasil em apenas quatro anos.

TESE DE INVESTIMENTO

Os primeiros contatos do Pátria com o mercado de educação superior ocorreram em 2004, por meio de alguns trabalhos de consultoria realizados para empresas desse setor, incluindo a assessoria na venda de 51% da Universidade Anhembi Morumbi para o grupo norte-americano Laureate International.

Após alguns meses de análise, foi possível visualizar a oportunidade que existia no mercado de educação superior no Brasil, em razão principalmente (i) do marco regulatório da Lei de Diretrizes e Bases da Educação Nacional (LDB) e (ii) da grande demanda reprimida por parte da população pertencente às classes de menor renda.

A LDB, sancionada pelo presidente Fernando Henrique Cardoso e pelo ministro da Educação Paulo Renato de Souza, em 1996, regulamentou o setor de educação no país e estabeleceu diretrizes para incentivar maior investimento privado na educação superior, de modo a complementar os investimentos públicos, prioritariamente direcionados aos ensinos fundamental e médio.

De 1997 a 2007, as matrículas em cursos de ensino superior aumentaram de 2,0 milhões para 4,9 milhões, segundo dados do Ministério da Educação (MEC), representando uma taxa composta de crescimento anual de 9,4% (veja a Figura 12.1). As matrículas em instituições privadas aumentaram de 1,2 milhão para 3,6 milhões nesses dez anos, representando uma taxa composta de crescimento anual de 11,6%.

Segundo dados da Unesco[1], o Brasil representa o quinto maior mercado de ensino superior do mundo e o maior mercado de ensino superior da América Latina, em quantidade de alunos matriculados. Apesar desse crescimento da quantidade de alunos, somente 25% dos jovens em idade teórica de cursar o ensino superior estão matriculados

FIGURA 12.1 EVOLUÇÃO DO NÚMERO DE ALUNOS MATRICULADOS NO ENSINO SUPERIOR (EM MILHÕES)

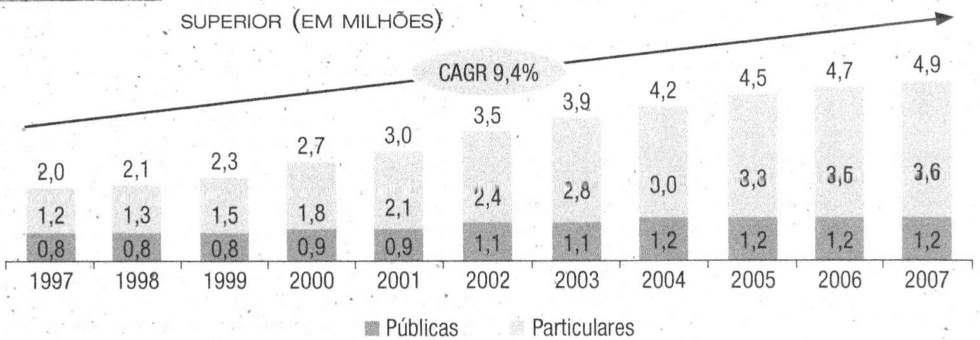

Fonte: MEC/Inep.

em algum curso superior no Brasil, enquanto em países como Argentina e Chile esse índice chega a 64% e 47%, respectivamente (veja a Figura 12.2).

A grande maioria desses alunos era originária de classes com renda mais alta e, portanto, teve a oportunidade de estudar em bons (e caros) colégios particulares e cursos pré-vestibulares, o que lhes possibilitou o ingresso em faculdades públicas ou, em último caso, em instituições privadas.

Já os alunos das classes sociais com renda mais baixa não tiveram acesso a uma boa educação básica — é sabido que o sistema de ensino público do Brasil carece de boas escolas de ensino fundamental e médio — e, portanto, não estavam aptos a serem aprovados nos processos seletivos para as concorridas vagas em universidades públicas e também não possuíam renda disponível para arcar com as caras mensalidades das faculdades privadas.

Esse contexto resultou em uma grande quantidade de pessoas que, após completar o ciclo de ensino básico em uma instituição pública, entravam direto no mercado de trabalho, sem cursar uma faculdade, gerando, assim, um contingente de 'jovens trabalhadores' ávidos por um diploma de curso superior. Em 2005, apenas 11,3% da população entre 18 e 24 anos estava matriculada em instituições de ensino superior, conforme estimativa do MEC — índice muito inferior à meta de 30% do governo federal estabelecida na LDB.

Desse modo, a população de média e média-baixa renda, que historicamente não tinha acesso ao ensino superior, foi a maior responsável pelo aumento no número de alunos matriculados nos últimos dez anos, representados, em sua maioria, por jovens trabalhadores em busca de melhores salários e oportunidades de emprego. De acordo com a consultoria Hoper Educacional, a quantidade de 'jovens trabalhadores' pertencentes às classes sociais C e D matriculados em curso de ensino superior chegará a 3,0 milhões em 2010.

FIGURA 12.2 MATRÍCULAS E ALUNOS

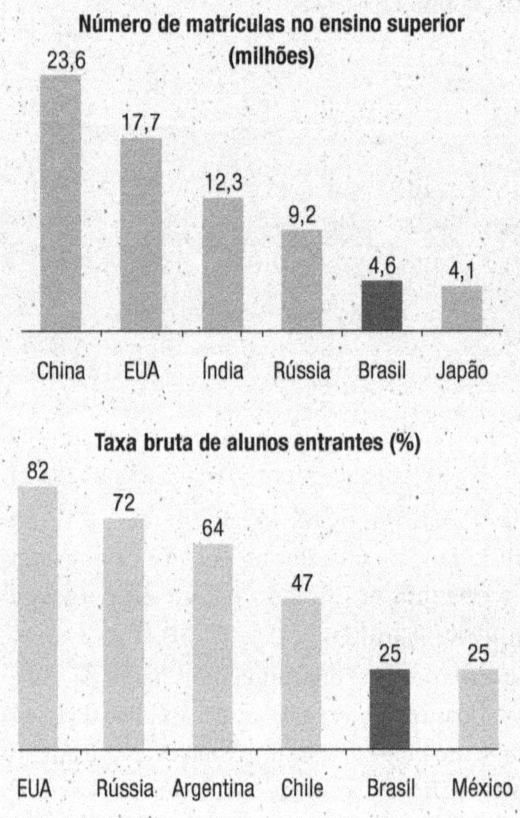

Fonte: Unesco — *The Global Education Digest*, 2008.

A perspectiva de ascensão profissional e o aumento salarial significativo para os trabalhadores com diploma de curso superior são dois fatores centrais associados à expansão do setor de ensino superior brasileiro. De acordo com a Hoper Educacional, o Brasil é um dos países em que o fato de possuir um diploma superior exerce uma das maiores diferenças salariais no mundo, aumentando em média em 2,7 vezes a renda daqueles que o detêm (veja a Figura 12.3).

Após concluir que existia uma demanda reprimida para o produto 'ensino superior', era necessário estudar a fundo a dinâmica desse setor para avaliar a possibilidade de criar uma empresa com fins lucrativos que pudesse crescer rapidamente oferecendo esse produto a um preço viável para um público de renda média e baixa, com boa qualidade de ensino e capaz de transformar a demanda reprimida em faturamento e lucros para o investidor.

FIGURA 12.3 AUMENTO SALARIAL E JOVENS TRABALHADORES

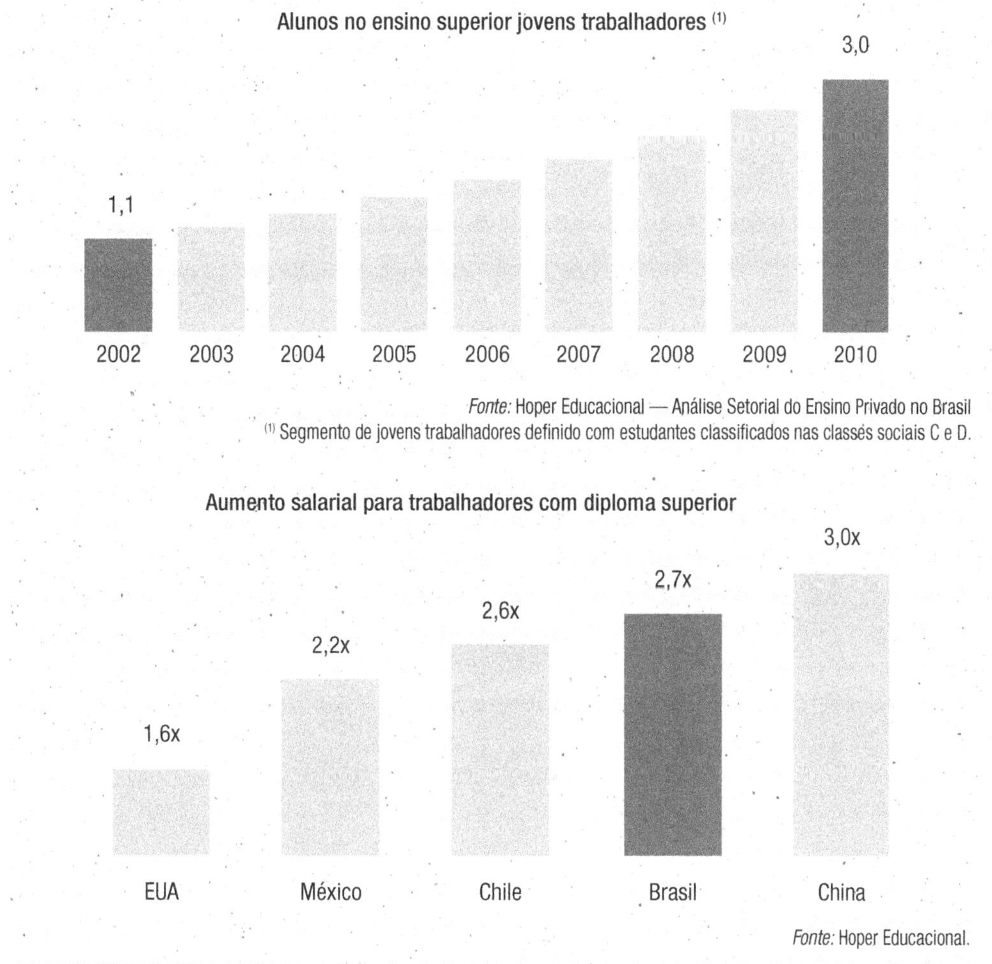

O aumento no número de instituições privadas de ensino superior no Brasil nos últimos dez anos resultou em um mercado fragmentado, composto preponderantemente por faculdades locais de pequeno porte. Em 2007, havia mais de duas mil instituições privadas de ensino superior, de acordo com o MEC, conforme ilustra a Figura 12.4.

Em 2007, as 20 maiores instituições privadas de ensino superior no Brasil (responsáveis por 24,5% do total de alunos matriculados) apresentavam uma média de cerca de 44,5 mil alunos matriculados, ao passo que as outras 2.002 instituições privadas (responsáveis por 75,5% do total de alunos matriculados) apresentavam uma média de 1,4 mil alunos matriculados, de acordo com dados do MEC (veja a Figura 12.5).

FIGURA 12.4 EVOLUÇÃO DO NÚMERO DE INSTITUIÇÕES PÚBLICAS E PRIVADAS (EM MILHÕES)

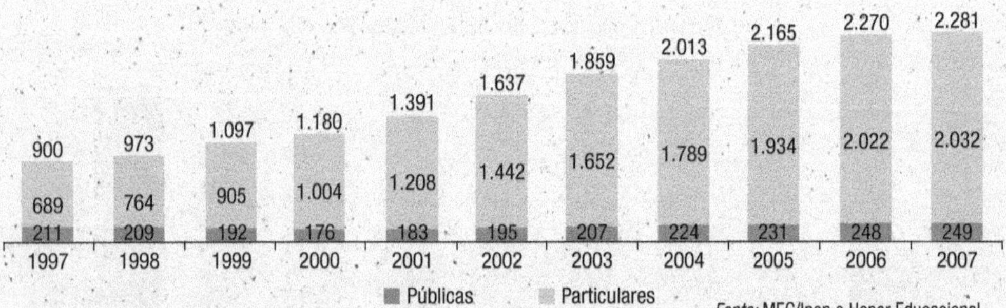

Fonte: MEC/Inep e Hoper Educacional.

FIGURA 12.5 CONCENTRAÇÃO DE *MARKET SHARE*

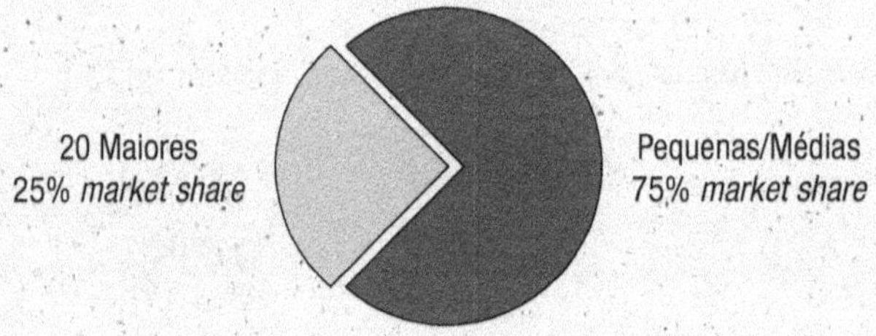

O perfil da maior parte dessas faculdades pequenas é o de empresas familiares, normalmente criadas por ex-professores ou pequenos empresários, sem gestão profissional e governança corporativa. Pelo pequeno número de alunos, não obtêm os benefícios de economia de escala e em geral não são rentáveis. Têm acesso limitado a recursos de capital e menor condição de atrair e reter profissionais qualificados, tanto no corpo docente quanto na área administrativa.

Essas características formaram um mercado com concorrência fraca e alvos para aquisições, favorecendo a entrada de um novo *player* — que já nascia com gestão profissionalizada, capacidade financeira e governança corporativa.

Nesse cenário, a tese de investimento definida pelo Pátria para o Fundo de Educação para o Brasil foi "criar a maior empresa de educação do Brasil, focada em cursos de ensino superior com alta demanda para o segmento de jovens trabalhadores".

Para sustentar essa tese, foi definida uma estratégia de crescimento calcada em quatro frentes de expansão: (i) crescimento em decorrência da maturação natural dos cursos já existentes; (ii) crescimento em razão da abertura de novos cursos nas unidades

FIGURA 12.6 ESTRATÉGIA DE CRESCIMENTO CALCADA EM QUATRO FRENTES DE EXPANSÃO

já existentes; (iii) crescimento pela construção de novas unidades e (iv) crescimento por meio de aquisições (veja a Figura 12.6).

HISTÓRIA DA ANHANGUERA EDUCACIONAL

A história da Anhanguera Educacional tem início em 1994, quando um grupo de professores, liderados pelo professor Antonio Carbonari Netto, criou o Centro Universitário Anhanguera, na cidade de Leme, no interior do estado de São Paulo, com o intuito de oferecer ensino superior de qualidade a preços acessíveis ao público da região. Em três anos, o bom desenvolvimento da escola possibilitou a criação de um novo *campus* na cidade de Pirassununga e outro na cidade de Valinhos.

Entre os anos de 2000 e 2002, foram inauguradas mais duas faculdades, nas cidades de Jundiaí e Campinas. Em 2003, as seis unidades, todas mantidas por instituições sem fins lucrativos, possuíam, em conjunto, cerca de nove mil alunos.

Ainda naquele ano, as instituições mantenedoras das faculdades Anhanguera foram transformadas em sociedades com fins lucrativos e seus fundadores receberam um sócio investidor: a Anhembi Morumbi, uma das maiores universidades de São Paulo, fundada em 1970 pelo professor Gabriel Rodrigues, que realizou um aporte de capital na Anhanguera Educacional.

Em 2004 e 2005, a Anhanguera inaugurou mais três *campi*, um em Campinas, outro em Limeira e outro em Santa Bárbara, totalizando nove unidades de ensino.

Em 2005, o Pátria Investimentos constituiu o Fundo de Educação para o Brasil — FIP, que teve como seu primeiro investidor o professor Gabriel Rodrigues, que transferiu para o fundo a participação que a Anhembi Morumbi detinha na Anhanguera Educacional, tornando-se diretamente cotista do FIP. Essa transferência das cotas da Anhanguera para a pessoa física de seu fundador ocorreu em razão da venda da Anhembi Morumbi para a Laureate International, dado que a participação na Anhanguera não fez parte dessa transação.

Além do professor Gabriel Rodrigues, outras pessoas físicas investiram no Fundo de Educação para o Brasil, que também captou uma dívida do Banco Mundial, por meio do IFC (International Finance Corporation). O professor Antonio Carbonari Netto, com outros fundadores, continuou como acionista da Anhanguera, além de ocupar o cargo de diretor-presidente da empresa.

A Figura 12.7 apresenta a composição acionária da Anhanguera e suas unidades de ensino em 31 de agosto de 2006.

Em 2006, com a inauguração da unidade de Taubaté, a Anhanguera passou a contabilizar 11 *campi* e aproximadamente 23 mil alunos. Adicionalmente, foram iniciadas as obras de seis novos *campi* no estado de São Paulo.

Nesse mesmo ano, o grupo acrescentou mais duas unidades à sua rede, mediante a aquisição da Faculdade Latino-Americana, localizada em Anápolis, no estado de Goiás, e da Faculdade de Jacareí, no estado de São Paulo.

Em 7 de fevereiro de 2007, adquiriu o Centro Hispano-Brasileiro, mantenedor do Centro Universitário Unibero, na cidade de São Paulo.

Em 12 de março de 2007, a Anhanguera tornou-se a primeira empresa de educação a abrir o capital na América Latina. Com sua primeira oferta pública (*initial public offering* — IPO) e uma segunda oferta (*follow-on*) realizada em abril de 2008, a instituição captou mais de R$ 800.000.

FIGURA 12.7 COMPOSIÇÃO ACIONÁRIA DA ANHANGUERA E SUAS UNIDADES DE ENSINO (AGOSTO DE 2006)

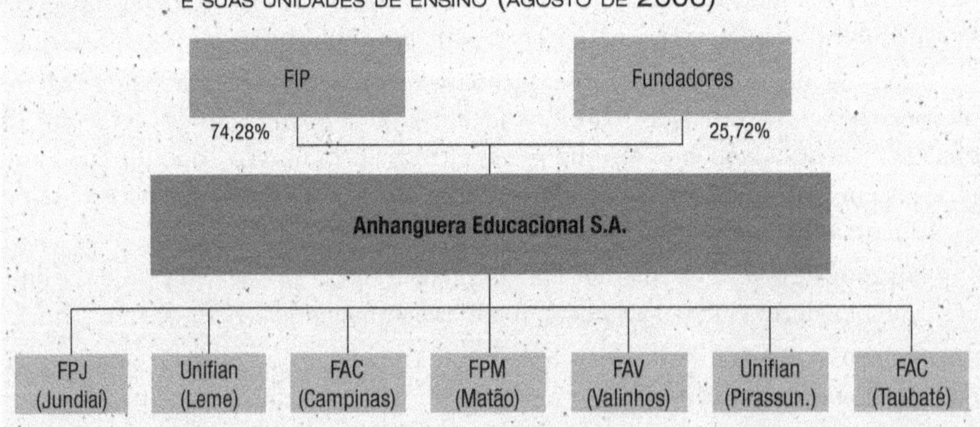

Os recursos obtidos no mercado de capitais permitiram a execução de uma intensa estratégia de aquisições. Até o final de 2008, a Anhanguera já havia adquirido instituições que somavam mais de cem mil alunos de graduação, além de duas redes de ensino a distância (a Uniderp Interativa e a LFG) e da aquisição parcial da maior empresa de ensino profissionalizante do Brasil, a Microlins. Ao todo, foram duas aquisições em 2006, 14 em 2007 e 15 em 2008, todas executadas pela equipe de fusões e aquisições do Pátria (veja a Figura 12.8).

Em paralelo às aquisições, a Anhanguera continuou executando sua estratégia de crescimento orgânico, que resultou na abertura de mais 13 unidades entre 2006 e junho de 2009. No início deste ano, a empresa contava com aproximadamente 260 mil alunos matriculados em cursos de ensino superior, distribuídos em 54 *campi* e mais de 450 polos de educação à distância, além de mais de 500 mil alunos por ano em cursos de ensino profissionalizante oferecidos em uma rede com 600 franquias (Microlins).

Dessa forma, a Anhanguera Educacional passou a atuar em três segmentos do mercado de educação, mantendo seu foco no segmento de jovens trabalhadores que buscam qualificação profissional para o mercado de trabalho. Para atender ao potencial completo desse segmento, a empresa foi organizada em três divisões de negócios, com a administração centralizada focada em aproveitar sinergias operacionais e oportunidades de vendas cruzadas entre as três divisões (veja a Figura 12.9).

(i) A divisão '*Campus*' é composta por uma rede de unidades próprias, com 54 *campi* em operação, onde são ministrados cursos presenciais de graduação, pós-graduação e extensão.

FIGURA 12.8 EVOLUÇÃO DO NÚMERO DE *CAMPI*

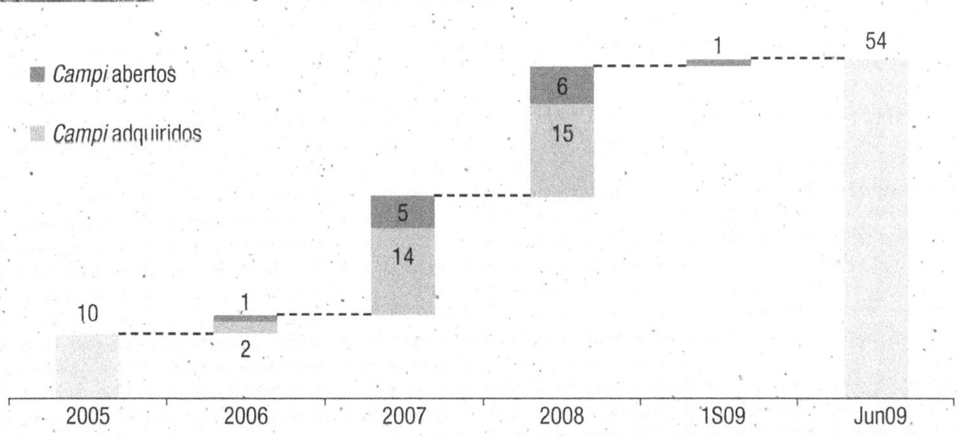

Fonte: Anhanguera Educacional Participações S.A.

FIGURA 12.9 ANHANGUERA EDUCACIONAL: TRÊS SEGMENTOS DO MERCADO DE EDUCAÇÃO

	Centros de formação profissional	Polos de ensino superior	Campus
Marcas	Microlins	LFG/ ANHANGUERA EDUCACIONAL	ANHANGUERA EDUCACIONAL
Cursos	• Preparação para 1° emprego • Curta duração • TI, Negócios, Vendas, Costura	• Graduação, pós e extensão • Cursos presenciais e a distância • Forte crescimento de educação executiva • Tradicionais cursos de Direito & Carreiras Públicas	• Graduação, pós e extensão • Cursos presenciais e a distância • 2-5 anos • Gerenciais, Sáude, TI, Engenharias, Educação
Unidades	• Mais de 650 franquias	• Mais de 450 Polos	• 54 Campi
Alunos	• 500 mil/ano	• 104 mil	• 151 mil

(ii) A divisão 'Polos' é formada por uma rede de mais de 450 polos de ensino à distância. Nesses polos são ministrados cursos telepresenciais de graduação, pós-graduação e extensão, incluindo a rede LFG, especializada em cursos preparatórios para concursos públicos.

(iii) A divisão 'Formação profissional' é formada por mais de 600 franquias da rede Microlins, maior empresa de formação profissional do país, atendendo a mais de 500 mil alunos por ano.

Acompanhando o crescimento do número de discentes, a quantidade de funcionários da Anhanguera aumentou de 1,8 mil em 2006 para10,7 mil colaboradores em 2009, incluindo professores e funcionários administrativos (veja a Tabela 12.1).

Em 2009, a marca Anhanguera Educacional foi eleita a 37ª marca mais valiosa do Brasil, avaliada em R$ 193 milhões, segundo levantamento da consultoria Brand Analytics. Desconhecida até quatro anos atrás, a marca foi adotada para nomear a pequena rede de faculdades que nascia no interior de São Paulo porque a maioria das unidades ficava próxima à Rodovia Anhanguera.

A escolha do nome para a maior rede de ensino do país não seguiu nenhum manual de publicidade. Pelo contrário, o nome *Anhanguera*, uma palavra do tupi-guarani

TABELA 12.1 QUADRO DE FUNCIONÁRIOS DA ANHANGUERA EDUCACIONAL

	31 de dezembro de 2006	31 de dezembro de 2007	31 de dezembro de 2008	30 de junho de 2009
Docentes — polos e campus	1.039	3.300	6.585	7.263
Equipe de apoio acadêmico e administrativo — polos e campus	591	2.615	2.817	2.337
Equipe do escritório central — emissora	21	29	38	42
Equipe do escritório central — polos e campus	128	277	1.374	1.038
Total da equipe	1.779	6.221	10.814	10.680

Fonte: Anhanguera Educacional Participações S.A.

comprida, impronunciável fora do Brasil e sem nenhum vínculo com o conceito de educação, nunca seria recomendado por um profissional de marketing.

Durante o processo de preparação para abertura de capital, chegou-se a pensar em substituir o nome da empresa, pela dificuldade que os potenciais investidores estrangeiros teriam para entender e pronunciar a palavra 'Anhanguera'.

Mesmo assim, o grupo adotou a mesma marca para todas as unidades, inclusive as adquiridas, e conseguiu construir uma boa imagem a partir de um modelo de negócios focado na formação profissional de jovens e adultos das classes C e D e com investimentos em publicidade próximos a 7% de sua receita líquida.

QUALIDADE DE ENSINO *VERSUS* LUCRO DA INSTITUIÇÃO

O processo de expansão do setor privado no mercado de educação superior brasileiro foi tardio, se comparado ao de outros países. Até o início da década de 1990, esse mercado era dominado pelas instituições públicas. Havia poucas instituições privadas e, ainda assim, elas estavam concentradas nas grandes capitais e eram mantidas por empresas sem fins lucrativos, filantrópicas ou fundações.

Posteriormente, com a proliferação acelerada das instituições privadas com fins lucrativos, que culminou, no ano de 2007, com a IPO de quatro empresas de ensino superior, começaram a surgir inúmeras discussões e notícias veiculadas na mídia geral sobre o suposto 'mercantilismo no ensino superior'. Essas discussões estão sustentadas no preconceito de que ensino de qualidade não pode andar junto com lucro financeiro.

Antes de entrar no mérito da qualidade das instituições de ensino privadas com fins lucrativos, vale ressaltar que foram justamente essas instituições que permitiram que os cidadãos com renda mais baixa pudessem ter acesso a uma faculdade. Antes do aumento de vagas proporcionado por essas instituições, a maioria dessa população não conseguia ingressar em uma instituição pública, dado que as vagas dessas universidades eram, em sua maioria, ocupadas por pessoas de classes mais altas, que tinham renda para estudar em boas escolas particulares de ensino básico.

O principal motivo do grande aumento da quantidade de alunos matriculados em cursos superiores no Brasil foi a redução no valor das mensalidades das instituições privadas com fins lucrativos, saindo de patamares de R$ 1.000, no início da década de 1990, para R$ 350, em 2009. Essa diminuição de preço só foi possível justamente porque essas novas empresas com fins lucrativos passaram a administrar suas faculdades com uma visão empresarial orientada para resultados. Assim, quanto mais eficiente for uma faculdade, maior margem de lucro ela terá e, portanto, maior será a redução que conseguirá realizar em seus preços.

Esse movimento fez muitas instituições tradicionais sem fins lucrativos, que não tinham essa visão orientada para resultados, perderem alunos (em razão das altas mensalidades), entrarem em dificuldades financeiras e, consequentemente, apresentarem problemas de qualidade, por não conseguirem reter seu corpo discente.

Quanto à qualidade, no Brasil, o aprendizado dos alunos de ensino superior é avaliado de forma padronizada e independente. Desde 1996, o MEC aplica uma prova para medir a qualidade dos cursos superiores, denominada Exame Nacional de Desempenho dos Estudantes (Enade).

Em 2008, esse exame gerava dois indicadores. O primeiro é a própria nota da prova Enade e mede o nível de conhecimento dos egressos (formandos), com notas que vão de 0 a 5 (eixo vertical). Já o segundo, denominado IDD (Indicador de Diferença entre o Desempenho Observado e Esperado), é uma nota que mede a evolução do aprendizado obtido pelo aluno durante o curso (eixo vertical). O porte da instituição foi medido como o número de cursos avaliado (eixo *X* dos dois gráficos).

A Figura 12.10 mostra os resultados do Enade e do IDD em 2008 de todas as instituições privadas de ensino superior, em uma escala de 1 (pior) a 5 (melhor). O ponto maior mostra a posição da Anhanguera.

Fica claro que a dispersão das notas do Enade das instituições menores é significativamente maior do que a das notas das instituições maiores, entre as quais se encontra a Anhanguera, por exemplo. Ou seja, é improvável encontrar grandes instituições com performances muito superiores ou inferiores à média setorial. Ao mesmo tempo, é mais arriscado apostar o próprio futuro em uma instituição desconhecida de pequeno porte, que pode ter uma avaliação muito abaixo da média do setor.

FIGURA 12.10 RESULTADOS DO ENADE E DO IDD EM 2008

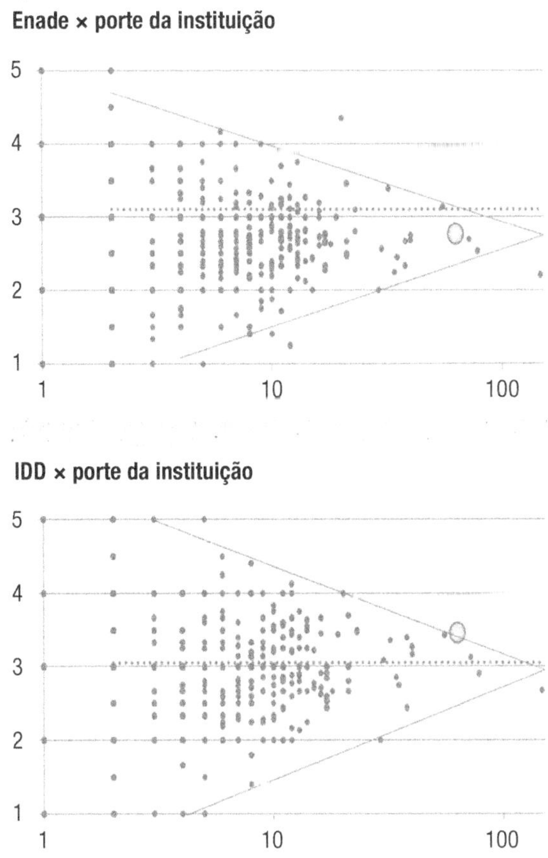

A Anhanguera é uma das maiores instituições em número de cursos avaliados e seus egressos têm qualidade próxima da média do setor privado. Já o aprendizado obtido na instituição, medido pelo IDD, é o maior dentre as instituições de mesmo porte. Em outras palavras, o alunado da Anhanguera é formado por egressos que têm uma base de conhecimento considerada mediana, mas que, com o aprendizado proporcionado pela instituição, apresentam uma evolução relativa acima da média do mercado.

Para comparação, a linha pontilhada reflete a média das notas para todas as instituições públicas. O gráfico mostra que o conhecimento médio do egresso da Anhanguera é inferior ao da média das instituições públicas, mas o aprendizado obtido é significativamente maior.

A TRANSAÇÃO

O investimento na Anhanguera Educacional foi realizado por meio de um Fundo de Investimento em Participações (FIP) constituído em 31 de março de 2005, denominado Fundo de Educação para o Brasil (FEBR) e administrado pelo Pátria Investimentos, um dos principais gestores de *private equity* do país.

Pela administração e gestão do FIP, o Pátria faz jus a uma taxa de administração equivalente a 1% ao ano sobre o valor investido no fundo e a uma taxa de desempenho de 20% sobre o valor retornado aos investidores que exceder o capital integralizado corrigido pelo IPCA e acrescido de 8% ao ano.

Esse fundo foi constituído especificamente para realizar o investimento na Anhanguera e contou com 14 investidores que eram pessoas físicas residentes no Brasil e um investidor residente no exterior.

O FEBR também captou, em meados de 2006, um empréstimo de US$ 12.000 do IFC (International Finance Corporation). Esse empréstimo foi captado com juros correspondentes à Libor, acrescida de 3,25% ao ano, e prazo de vencimento previsto para 2015, com pagamento dos juros e do principal em parcelas semestrais.

Entre 2005 e 2006, o FEBR realizou aportes na Anhanguera que somaram aproximadamente R$ 88.700, em troca de ações que representavam uma participação de aproximadamente 80% do capital da companhia.

Em 14 de março de 2007, a Anhanguera Educacional foi a primeira empresa do setor de educação a abrir o capital por meio de uma oferta pública inicial (IPO) na Bovespa, quando captou R$ 360.000. As units[2] foram precificadas a R$ 18 e apenas nove meses depois chegaram a R$ 38,99, em novembro de 2007.

Um ano depois da IPO, a Anhanguera Educacional captou, em 23 de abril de 2008, mais R$ 442.000 por meio de uma segunda oferta primária (*follow-on*) de 17 mil units, que foi emitida ao preço de R$ 26 por unit. Com essa emissão de ações, o FEBR ficou com 59,5% do capital da Anhanguera Educacional (veja a Figura 12.11).

Os recursos da IPO e do *follow-on* foram utilizados em 28 aquisições, realizadas em 2007 e 2008, e também na construção de 11 novas unidades.

De 2005 a 2008, a Anhanguera foi a companhia de capital aberto do setor de ensino no Brasil que mais cresceu em termos de receita líquida, apresentando taxa média de crescimento anual de 100,4%, atingindo receita líquida de R$ 654,2 milhões em 2008 (veja a Figura 12.12).

O número de alunos em seus *campi* e polos cresceu, em média, 107,5% ao ano desde 2005, atingindo 258 mil alunos em 2009[3] (veja a Figura 12.13).

FIGURA 12.11 CAPITAL SOCIAL DA ANHANGUERA EDUCACIONAL

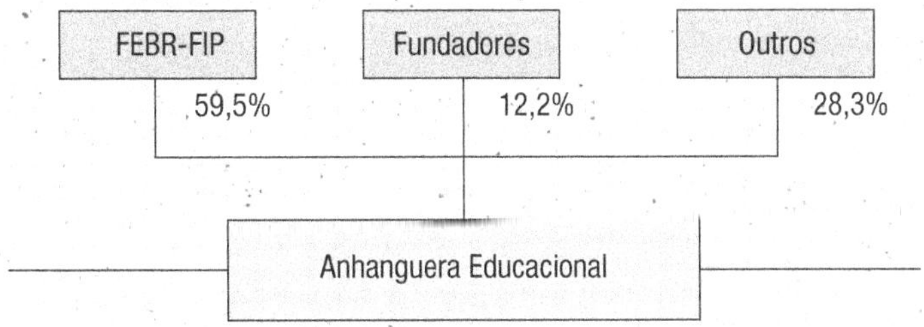

FIGURA 12.12 EVOLUÇÃO DA RECEITA LÍQUIDA

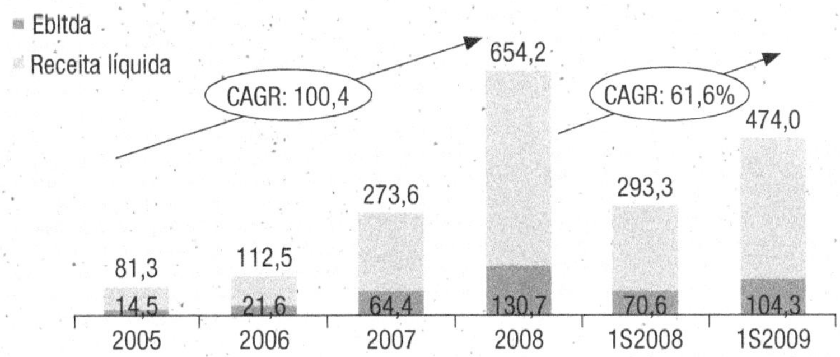

Fonte: Anhanguera Educacional Participações S.A.

FIGURA 12.13 EVOLUÇÃO DO NÚMERO DE ALUNOS

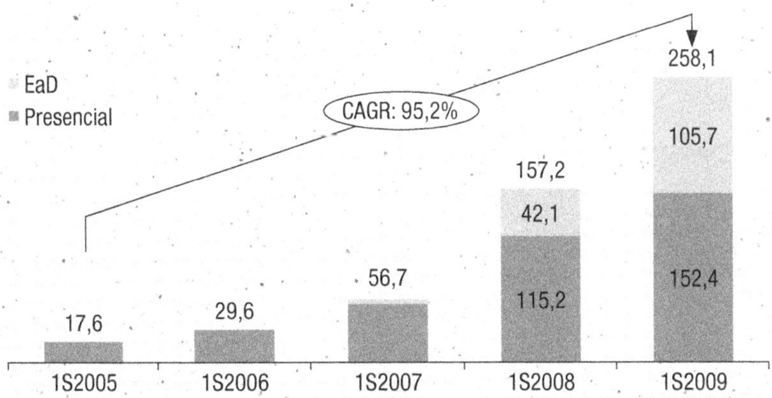

Fonte: Anhanguera Educacional Participações S.A.

Além do forte crescimento da receita, a Anhanguera também obteve expressivo aumento de seu Ebitda, que chegou a R$ 130,7 milhões em 2008, representando crescimento de 103% em comparação com o ano anterior, e a margem Ebitda de 20% da receita líquida. O Ebitda do primeiro semestre de 2009 foi de R$ 104,3 milhões (22% da receita líquida), 47,7% acima do apresentado no primeiro semestre de 2008 (veja a Tabela 12.2).

O grande crescimento e a expressiva melhora nos resultados, desde a data do investimento realizado pelo Pátria, fizeram o valor da Anhanguera multiplicar seu valor inicial por várias vezes, proporcionando alta taxa interna de retorno para o fundo de *private equity* e também para os sócios fundadores da empresa.

Se considerarmos o período entre 12 de março de 2007 (data da IPO, quando cada unit foi vendida a R$ 18) e 6 de novembro de 2007 (quando as ações atingiram seu valor máximo, cotadas a R$ 38,99 por unit), os investidores obtiveram uma valori-

TABELA 12.2 DEMONSTRAÇÃO DO RESULTADO

Em milhões de R$	2007	2008	Δ%	1S2008	1S2009	Δ%
Receita bruta	**347,2**	**905,1**	**161%**	**407,3**	**691,0**	**70%**
(–) Deduções	(73,7)	(250,9)	240%	(114,0)	(216,9)	90%
Receita líquida	**273,6**	**654,2**	**139%**	**293,3**	**474,0**	**62%**
Custo dos serviços prestados	(151,6)	(389,4)	157%	(163,0)	(267,4)	64%
Lucro bruto	**122,0**	**264,8**	**117%**	**130,2**	**206,6**	**59%**
Despesas com vendas	(26,8)	(73,0)	172%	(28,9)	(54,9)	90%
Despesas administrativas	(30,7)	(67,1)	119%	(31,6)	(56,4)	78%
Resultado financeiro operacional	-	6,0	na	0,9	9,0	na
Ebitda	**64,4**	**130,7**	**103%**	**70,6**	**104,3**	**48%**
Depreciação e amortização	(10,3)	(30,8)	199%	(12,7)	(13,1)	3%
Resultado financeiro	12,9	(14,7)	na	(4,6)	(26,0)	465%
Resultado não operacional	-	-	na	0,8	-	na
IR e CS	(3,5)	(4,9)	40%	(1,9)	(2,0)	5%
Participação dos cotistas minoritários	-	(0,9)	na	-	(0,3)	na
Lucro líquido ajustado	**63,5**	**79,4**	**25%**	**52,3**	**62,7**	**20%**
Amortização de ágio	(33,6)	(106,1)	216%	(40,8)	(11,8)	na
Despesas de oferta de ações	(29,5)	-	na	(30,7)	-	na
Lucro líquido	**0,4**	**(26,7)**	**na**	**(19,2)**	**50,9**	**na**

Fonte: Anhanguera Educacional Participações S.A.

zação de 116,61% em apenas oito meses, ou seja, um retorno de 10,14% a.m. (veja a Figura 12.14).

Já o fundo, que investiu aproximadamente R$ 88.700 na Anhanguera, entre 2005 e 2006, detinha 464.641.975 ações antes da IPO, em 2007, vendeu 23.208.416 ações (ou 3.315.488 units) por R$ 59.679, e obteve um retorno estimado de 13 vezes o capital investido, ou 267% a.a., sobre essas ações, considerando as tabelas 12.3 e 12.4.

Assumindo que parte do capital integralizado pelo FEBR na Anhanguera não era dos próprios investidores, mas sim do empréstimo do IFC, a estimativa de retorno desses investidores é ainda maior, em virtude do efeito dessa alavancagem.

A seguir, apresentamos uma simulação de cálculo da taxa interna de retorno desses investidores, considerando as seguintes premissas simplificadas (veja a Tabela 12.5):

- venda da totalidade das ações remanescentes do FEBR em 11 de setembro de 2009 (prazo em torno de quatro anos);
- preço da cotação de fechamento das ações na Bovespa em 11 de setembro de 2009 (R$ 19,90);
- inexistência de comissões devidas ao fundo e outras despesas e tributos para os investidores;
- empréstimo de R$ 27.770 (US$ 12 milhões a um câmbio de 1 USD para 2,31 BRL);
- inexistência do custo financeiro (juros) do empréstimo e
- ausência de distribuição de dividendos para os investidores.

FIGURA 12.14 VARIAÇÃO DE AÇÕES, SEGUNDO A BOVESPA

Fonte: Bovespa.

TABELA 12.3 Valores investidos na Anhanguera Educacional em 2007

Antes da IPO				
Ações	ON	PN	TOTAL	%
FEBR	365.606.855	99.035.120	464.641.975	82,3%
TOTAL	439.903.565	124.842.725	564.746.290	100,0%

Depois da IPO[1]				
Ações	ON	PN	TOTAL	%
FEBR	362.291.367	79.142.192	441.433.559	62,6%
TOTAL	459.903.56	244.842.725	704.746.290	100,0%

Ofertas					
Ações	ON	PN	TOTAL	**Units**	**R$ mil[2]**
SECUNDÁRIA	3.315.488	19.892.928	23.208.416	3.315.488	59.679
PRIMÁRIA	20.000.000	120.000.000	140.000.000	20.000.000	360.000

(1) Sem considerar o exercício da opção de units suplementares e da opção de GDSs suplementares.

(2) Valor bruto das despesas com comissões da IPO.

Fonte: Prospecto.

TABELA 12.4 Premissas e cálculo da TIR do FEBR na IPO

Investimento total (R$)	88.700.000
Quantidade de ações pré-IPO	464.641.975
Investimento por ação (RS)	0,19
Quant. ações vendidas na IPO	23.208.416
Valor investido (R$)	4.430.479
Valor recebido (R$)	59.678.784
Prazo (anos)	2
× Capital investido	**13**
TIR (a.a.)	**267%**

TABELA 12.5 PREMISSAS E CÁLCULO DA TIR DOS INVESTIDORES

Investimento total (R$)	88.700.000
Quantidade de ações pré-IPO	464.641.975
Investimento por ação (R$)	0,19
Quantidade de ações pós-IPO	441.433.559
Investimento pós-IPO (R$)	84.269.521
Empréstimo (R$)	27.720.000
Investimento próprio (R$)	56.549.521
Valor recebido (R$)	1.260.608.121
Prazo (anos)	4
× Capital investido	**22**
TIR (a.a.)	**117%**

Sob a ótica dos fundadores da Anhanguera, eles deixaram de ser donos de 100% de uma empresa que valia pouco mais de R$ 100.000 para se tornarem donos de parte das ações de uma companhia de capital aberto com valor de mercado próximo a R$ 3 bilhões. Ou seja, tanto o investidor de *private equity* quanto os empreendedores obtiveram um ótimo retorno.

Entre fevereiro e abril de 2009, o Pátria comprou no mercado secundário (Bovespa), por meio de um novo fundo de *private equity* denominado Pátria Brazilian Private Equity, 40 mil ações da Anhanguera[4], aumentando sua participação total na empresa para 54%, sendo 49% das ações detidas pelo Fundo de Educação para o Brasil e 5% pelo Pátria Brazilian Private Equity.

Em agosto de 2009, o FIP detinha 74,5% das ações ordinárias da Anhanguera e 48,7% de seu capital social total, estando o restante disperso na bolsa (veja a Tabela 12.6).

CONTROLE ACIONÁRIO *VERSUS* VALOR

Tomar decisões importantes e definitivas não é simples. É natural sentir insegurança ao escolher uma profissão, casar, ter filhos, trocar de emprego, abrir um negócio próprio, expandir a empresa ou vendê-la.

TABELA 12.6 COMPOSIÇÃO ACIONÁRIA (1S2009)

(em mil)	Ações ON	%	Ações PN	%	Total	%
Fundo de Educação para o Brasil — FIP	358.889	78%	58.729	15%	417.618	49%
Lone Pine Capital LLC	9.539	2%	57.232	14%	66.770	8%
Pátria Brazilian Private Equity — Fund III	5.715	1%	34.288	9%	40.002	5%
Outros	83.650	18%	249.588	62%	333.238	39%
Total	**457.792**	**100%**	**399.836**	**100%**	**857.628**	**100%**

Fonte: Anhanguera Educacional Participações S.A.

A dúvida gerada pela insegurança pode ser paralisante e, consequentemente, uma boa oportunidade pode passar e nunca mais voltar. Um empresário pode ficar parado e ver o investidor desistir de comprar sua empresa para adquirir a de um concorrente, ou pode ser que a empresa entre em uma fase difícil e seu valor caia. Do outro lado, o comprador pode ver o empresário fechar o negócio com outro investidor que tomou uma decisão com maior rapidez.

O outro lado da moeda da insegurança é o excesso de autoconfiança. Pessoas bem-sucedidas, acostumadas a tomar decisões importantes e a acertar, podem ter uma autoavaliação exageradamente positiva de suas capacidades. Ser autoconfiante é bom, mas em excesso pode levar à tomada de decisões precipitadas e equivocadas.Para seus fundadores, a transação da Anhanguera foi uma troca de controle societário por uma aposta no aumento de valor de seu patrimônio. Em transações de *private equity*, é inevitável que o novo sócio investidor tenha ingerência na administração da empresa. Afinal, apesar de o empresário ser quem mais entende dos detalhes de seu negócio, o investidor terá muito a dizer e agregar à gestão da empresa, já que, no mínimo, deseja proteger seu capital investido e, no máximo, quer sair com um belíssimo retorno.

O fundo pode pagar um bom preço pela participação na empresa, mas o principal ganho para os empreendedores pode vir depois, com o apoio dos gestores do fundo na estruturação e expansão acelerada da companhia. Ou seja, o ganho maior do empresário pode estar na valorização das ações que ficaram com ele após a entrada do *private equity*.

CONCLUSÕES

Ao longo de sua trajetória, a Anhanguera Educacional vivenciou diversas fases de desenvolvimento: a primeira, de criação da empresa e expansão inicial dos seus cursos e unidades, até 2004; a segunda, de otimização e qualificação de seus currículos e projetos pedagógicos, aliadas à reorganização administrativa e financeira com o apoio do Pátria Investimentos, até 2006; e a terceira e atual, de forte expansão orgânica via aquisições, viabilizada pela captação de recursos no mercado de capitais.

Em apenas quatro anos após o investimento do fundo, a Anhanguera chegou ao posto de maior empresa de educação do Brasil, com aproximadamente 260 mil alunos e também ao de maior empresa de capital aberto do setor no país, em termos de valor de mercado, avaliada em R$ 2,8 bilhões[5].

Além de maior, a Anhanguera tornou-se a única empresa no Brasil a oferecer cursos, presenciais ou a distância, focada na classe de jovens trabalhadores, para todas as etapas do ciclo de educação, desde a formação profissional para o primeiro emprego até cursos de extensão e pós-graduação, passando pelos cursos de graduação e de tecnólogos (veja a Figura 12.15).

O Pátria teve papel fundamental nesse projeto, não só ao definir uma tese de investimento inovadora no mercado de educação superior, após visualizar o potencial de crescimento e consolidação desse setor, mas também ao apoiar a Anhanguera em seu processo de estruturação, de expansão orgânica via aquisições e abertura de capital.

FIGURA 12.15 A ANHANGUERA EDUCACIONAL

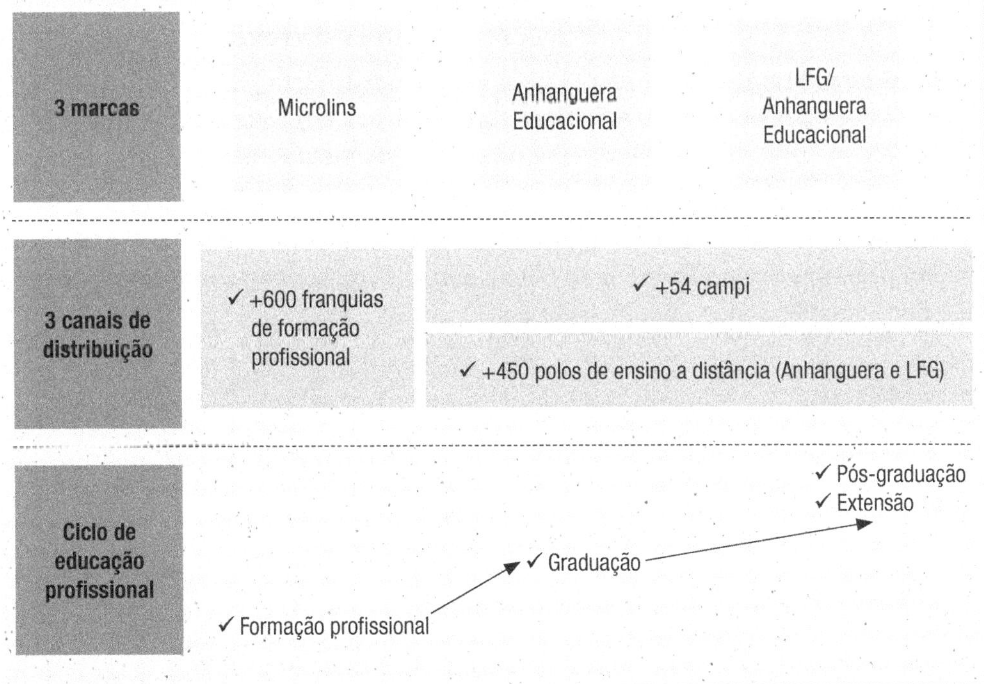

O investimento do Pátria na Anhanguera está entre os casos de *private equity* brasileiros com maior expectativa de retorno, tanto para os fundadores da empresa quanto para os investidores do fundo, que tiveram sua taxa interna de retorno turbinada pelo efeito da alavancagem proporcionada pelo empréstimo do IFC.

Nos últimos três anos, vivenciamos importantes movimentos no setor de educação brasileiro que provavelmente serão o marco de uma nova fase desse mercado, que até então contava com investimento de apenas um fundo de *private equity* — o Fundo de Educação para o Brasil, administrado pelo Pátria.

Após a IPO da Anhanguera, outras três instituições de ensino realizaram suas emissões no mercado de capitais: Estácio de Sá, Kroton (grupo Pitágoras) e Sistema Educacional Brasileiro (grupo COC).

Em 2007, o Pátria viu seu pioneirismo ser ameaçado quando outro fundo de *private equity*, administrado pelo UBS Pactual, investiu na Fanor, uma instituição de ensino na região Nordeste. Em 2008, o GP Investimentos também apostou no mercado de educação ao comprar 20% das ações da Estácio de Sá. Em 2009, um terceiro gestor de *private equity* embarcou nesse setor — o Advent adquiriu parte das ações da Kroton.

Esses movimentos transformaram o despercebido mercado de educação da década de 1990 em um setor disputado por investidores nacionais e estrangeiros de *private equity* . Além disso, o Brasil tornou-se um dos alvos preferidos para expansão por parte de grupos de ensino multinacionais, como a Laureati, que realizou oito aquisições no país, e a Devry, que adquiriu o controle da Fanor.

Muitos empresários tiveram ou terão oportunidades semelhantes aos fundadores dessas instituições de ensino. Alguns aceitarão deixar de ser donos absolutos de suas empresas para replicar histórias de sucesso como a da Anhanguera.

Criticar o passado é fácil. Deixar de aceitar oportunidades como a que surgiu diante dos fundadores da Anhanguera é muito comum, embora cada vez mais deparemos com empreendedores que preferem ter uma fatia saborosa de um bolo grande a permanecerem donos de 100% de um bolo pequeno.

NOTAS

1 United Nations Educational, Scientific and Cultural Organization (Unesco).

2 As ações da Anhanguera estão agrupadas em units, e 1 unit possui uma ação preferencial e seis ordinárias.

3 S = início do período letivo do primeiro semestre do ano.

4 Esse tipo de investimento, quando um fundo de *private equity* adquire uma participação expressiva de uma companhia de capital aberto por meio de compra de ações no mercado secundário (*free float*), é denominado Pipe (*Private Investment in Public Equity*).

5 Valor de mercado da Anhanguera de 24 de agosto de 2009, segundo dados da Bloomberg.

CAPÍTULO 13

A PIRÂMIDE DO VALOR

Agora que já apresentamos os principais conceitos e métodos de avaliação de empresas, chegou a hora de entrarmos em um assunto polêmico: o impacto crucial que a incerteza e a subjetividade exercem no valor das empresas. Este capítulo foi dividido em duas partes: "A pirâmide do valor", que discute como se compõe o valor de uma empresa, levando em conta ativos tangíveis e intangíveis, certos e incertos, e "Controle da subjetividade e da influência do avaliador", que aborda a subjetividade dos métodos e das projeções e a necessidade de uma assessoria independente em projetos de avaliação de empresas e fusões e aquisições.

A PIRÂMIDE DO VALOR

O valor de uma empresa pode ser decomposto em parcelas escalonadas, como representado na Figura 13.1. O dinheiro vivo da empresa é o mais certo, e o valor dos projetos desconhecidos, o mais incerto.

FIGURA 13.1 A PIRÂMIDE DO VALOR

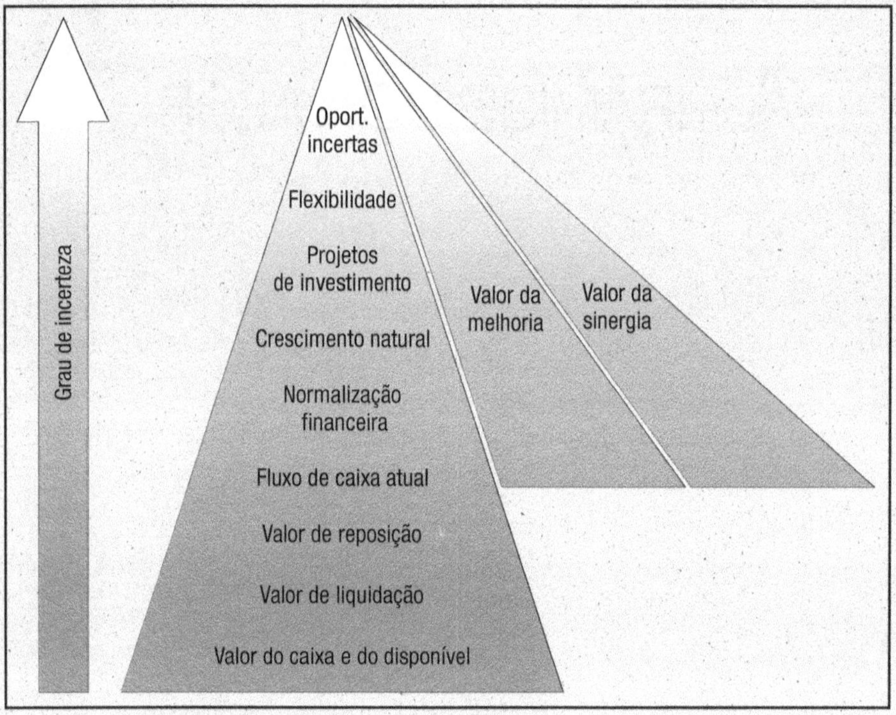

Convenciona-se dizer que o ativo tangível é o valor de reposição, que inclui o valor de liquidação, que por sua vez inclui o caixa. As demais parcelas, cada vez menos certas, formam o ativo intangível. Assim:

- O *caixa* da empresa, dinheiro vivo ou equivalente, é sua parcela mais concreta de valor. A menos que o caixa da empresa esteja legalmente bloqueado, é difícil argumentar que ela não vale, pelo menos, o valor depositado no caixa — contas bancárias e demais aplicações financeiras líquidas. É usual que pelo menos a parte do caixa que supera as necessidades operacionais da empresa seja somada ao valor estimado de uma empresa em funcionamento. No caso de exacerbação do risco — na véspera de alguma crise econômica ou política, por exemplo —, não é incomum esse caixa excedente da empresa ser depositado em local mais seguro. Diante de uma provável concordata ou falência, é possível que os sócios retirem e salvem todo o dinheiro possível. O caixa é a parte do valor da empresa menos sujeita à incerteza.
- Um pouco menos concreto do que o caixa é o *valor de liquidação* dos ativos. O valor de liquidação é aquele que pode ser alcançado com o encerramento das atividades e da monetarização dos ativos.

Há fatores de incerteza — como contingências trabalhistas e tributárias, que costumam se apresentar simultânea e agressivamente; imprecisão das avaliações imobiliárias e, pior, do maquinário; despesas com a equipe de liquidação —, mas mesmo assim o valor de liquidação é razoavelmente conhecido e passível de realização desde que haja compradores para os ativos. O valor de liquidação inclui o caixa e, a não ser que as contingências ou as despesas sejam muito elevadas, é superior a ele.

- Como provavelmente a empresa não será liquidada, seu ativo tangível é mais bem avaliado pelo *valor de reposição*, que indica quanto se gastaria para montar uma empresa semelhante. A diferença entre o valor de reposição e o de liquidação geralmente é positiva, porque o preço de compra de bens novos, mesmo que reconhecida uma depreciação, é maior do que o valor obtido com a venda dos bens.

  Além disso, as despesas com a montagem da empresa fazem parte do investimento necessário e são somadas ao seu valor, enquanto as despesas com a desmontagem são descontadas. E, é claro, nesse ponto ainda não há contingências legais.

  Na ausência de fortes barreiras de entrada ou saída do setor, o valor das empresas intensivas em capital é atraído pelo valor de reposição: se o setor for rentável a ponto de as empresas valerem mais do que o custo necessário para montá-las, muitos investidores se interessarão, o que reduzirá o lucro e fará com que o valor das empresas se aproxime do valor de reposição; se o setor for fraco, os investimentos serão suspensos até que o valor das empresas seja, pelo menos, o de reposição dos ativos e valha a pena tornar a investir. Com critérios de contabilização realistas e o imobilizado devidamente reavaliado, o valor contábil pode ser próximo do valor de reposição da empresa. Por ser uma base indiscutivelmente sólida do valor da empresa e um forte atrator do valor de empresas intensivas em capital, além de ser metodologicamente simples, a reposição do patrimônio tangível é muito usada para estimar o valor da empresa. Entretanto, somente reflete o ativo tangível.

As parcelas apresentadas a seguir na pirâmide do valor representam o valor intangível de uma empresa. São elas:

- O valor de uma empresa é a soma do ativo tangível, patrimonial, e do intangível. O *valor presente do fluxo de caixa atual* da empresa representa a forma mais simples — e geralmente conservadora — de estimar o valor da empresa em funcionamento. Compreende os valores de ativos tangíveis e intangíveis. O presente, mensurado a partir do passado recente, é o que melhor estima o futuro. Uma projeção divergente do passado recente, não alicerçada em fatos novos fortes, é apenas a expressão injustificada da vontade do analista. Em mercados saudáveis, o valor presente do fluxo de caixa atual, mesmo sem crescimento ou outros fatores de acréscimo de valor, é superior ao valor patrimonial. Entretanto, o intangível é menos seguro do que o tangível. A carteira de clientes pode ser instável, os concorrentes podem aumentar sua agressividade, os custos podem subir sem possibilidade de repasse, o governo pode resolver dificultar as coisas e assim por diante.

Em resumo, o nível de geração de caixa livre pode oscilar e, com ele, o valor da empresa, o que torna sua parcela intangível menos certa do que a tangível.

- O *valor da normalização da estrutura financeira* reflete o valor gerado pela mudança da estrutura de financiamento da empresa para valores saudáveis. Uma empresa que carrega uma dívida cara passa a valer mais se esta for trocada por uma fonte mais barata. Se a dívida é elevada e de curto prazo, substituí-la por uma de prazo mais longo pode trazer alívio para o caixa e risco menor. O problema também pode ser resolvido se o comprador injetar seu próprio capital e eliminar a dívida. Uma empresa excessivamente endividada tem um custo de capital elevado em razão da probabilidade e do custo de insolvência, ao passo que uma pouco endividada aproveita mal o benefício fiscal e o baixo custo possivelmente associados ao endividamento.

  Se a empresa possui uma estrutura de capital inadequada, tem a ganhar com uma normalização. Como o fato de o comprador proceder a uma reestruturação financeira — mesmo que de efeitos imprecisos — é previsível, seu valor é considerado parte da empresa. É por esse motivo que a estrutura de capital e o custo de capital utilizados em uma avaliação são os médios de mercado, que refletem uma situação financeira normalizada. Portanto, o cálculo do valor presente do fluxo de caixa é feito com um custo de capital normalizado.

- Algumas empresas conseguem apresentar um fluxo de caixa livre crescente, o que lhes confere um valor maior do que o das demais, o *valor do crescimento natural*. O crescimento dos clientes atuais, assim como a capacidade de lançamento de negócios e de atração e conquista de novos clientes, é o que propicia essa parcela do valor de uma empresa. Não se trata de mero crescimento de receita, obrigatoriamente acompanhado de aumento de custos, despesas e investimentos. No caso geral, a empresa não despreza a oportunidade de crescer junto com o mercado, mas a concorrência pode fazer com que esse crescimento vegetativo não gere um retorno maior do que o custo do capital empregado. Se isso acontece, o crescimento não gera valor.

  De fato, somente cria valor o crescimento natural da receita que não só paga os custos, as despesas, os tributos e os investimentos, mas também fornece um retorno superior ao custo do capital empregado no crescimento. Isso é mais frequente em setores não intensivos em capital, em que a geração de caixa é só parcialmente decorrente dos investimentos, ou naqueles em que há barreiras de entrada sustentáveis, que garantem um retorno excepcional a longo prazo. Entretanto, o valor do crescimento natural é mais incerto do que o do fluxo de caixa atual, pois o mercado pode crescer menos do que o previsto ou a um custo maior.

Na verdade, o valor do crescimento natural é um valor potencial — caso um alto crescimento não se materialize, a empresa vendedora terá sido beneficiada no cálculo de seu valor se este tiver sido considerado; por outro lado, se o crescimento real for maior do que o projetado, o comprador é que terá sido beneficiado. Assim, fica claro que um grande passo se dá entre as partes quando o crescimento projetado é discutido e acertado.

Algumas aquisições de empresas têm um valor fixo, pago pela compra do patrimônio e dos negócios atuais, e um valor variável, que depende dos resultados auferidos em decorrência de novos clientes conquistados (ou participação de mercado, faturamento, lucro) até uma determinada data — se novos clientes são obtidos e estes geram resultados positivos, o vendedor recebe um valor adicional. Entretanto, alguns clientes podem ser conquistados por mérito do novo controlador da empresa, e não por prospecções do antigo dono. Por essa razão, devem ser definidos critérios objetivos para o cálculo de uma eventual parcela variável do valor da empresa.

- É normal a empresa ter projetos de investimento em diferentes estágios de implantação — alguns já na fase pré-operacional, outros ainda ideias vagas de como melhorar ou expandir as operações. O *valor dos projetos de investimento* depende de quão concreta é a oportunidade em que esses projetos se baseiam.

  Uma empresa com elevada capacidade técnica, mercadológica e financeira que tenha programado um projeto de investimento dentro de sua zona de conforto pode ter boa parte do valor presente líquido do projeto reconhecida e acrescida a seu valor. Um bom exemplo é o acréscimo no valor das ações da Petrobras quando é anunciada a descoberta de um novo campo — esse acréscimo ocorre mesmo sem ainda haver um projeto formal de investimento. Por outro lado, uma empresa que precise do capital ou do *expertise* do comprador terá dificuldade em convencê-lo a pagar por um projeto de valor incerto, cuja materialização depende basicamente dele. A dúvida é tão forte nesses casos que o mais comum é apenas projetos já iniciados serem considerados no valor, e ainda assim é levada em conta somente uma parte do valor já investido. Afinal, trata-se de um valor potencial que só será gerado se efetivamente ocorrer o investimento.

  O poder de barganha do vendedor quanto ao valor dos projetos de investimento é maior quando estes proporcionam uma vantagem competitiva sustentável e relativamente exclusiva. Havendo muitas empresas com projetos semelhantes, dificilmente estes serão considerados na avaliação do comprador.

- Algumas oportunidades já estão formatadas, mas sua ativação depende de condições que fogem ao controle da empresa, como a evolução de um mercado, a conclusão de um desenvolvimento tecnológico e um sinal verde governamental. Normalmente, essas oportunidades apresentam uma flexibilidade, que pode consistir em expandir operações existentes, reduzi-las, abandoná-las, modificar seu escopo ou adiar uma decisão. O *valor da flexibilidade* existe quando projetos de investimento podem ser adaptados e revisados *a posteriori*, porém de forma já conhecida em resposta a mudanças ocorridas no ambiente.

- O *valor das oportunidades incertas* é a parcela mais subjetiva do valor de uma empresa. O fato de oportunidades futuras serem ainda desconhecidas não as invalida. Uma empresa de moda sabe que seus modelos devem ser substituídos a cada estação e muitas empresas sabem lançar peças inovadoras. A Natura é outro exemplo de empresa que substitui periodicamente seus produtos e traz lançamentos inovadores e com respeito ao meio ambiente, sendo uma empresa inovadora em seu modelo de negócios. Sabe-se que uma empresa como a Petrobras eventualmente descobrirá novos campos petrolíferos, só não se sabe quando isso ocorrerá nem quanto de petróleo será descoberto. Sabe-se também que a Pfizer está pesquisando novas drogas e que, dependendo do resultado, elas poderão gerar grandes ganhos para a empresa. No passado, a montadora Ford sabia que seus modelos deveriam ser substituídos periodicamente, sob pena de se tornarem obsoletos, e a empresa apresentou por muitos anos modelos vencedores. Será que esta vai conseguir lançar modelos mais econômicos e menos poluentes? Todas essas empresas têm feito isso com sucesso há décadas e têm o poder de fazê-lo novamente. Apesar de esses projetos ainda não estarem formatados — às vezes nem esboçados —, seu valor já existe e será reconhecido, em algum grau, pelos acionistas ou compradores da empresa.

  De fato, quando se divulga que um produto será lançado ou que um poço de petróleo foi descoberto, o mercado incorpora seus resultados previstos no fluxo de caixa, pois os projetos se materializaram e deixaram de ser incertos — para o bem ou para o mal. Na época da onda das empresas ponto-com, quando o mercado da Internet e seu potencial era desconhecido, muitas empresas novas do setor foram supervalorizadas não por conta de seus fluxos de caixa reais previstos, e sim por um grande potencial que não se sabia estimar. Quando a Internet passou a ser mais conhecida, e seu potencial, mais bem mensurado, verificou-se que essas empresas não tinham fundamentos que sustentassem valores tão altos. A partir de então, mais precisamente em 2000, começou a desvalorização da Nasdaq.

É evidente que a importância de cada uma dessas parcelas varia de empresa para empresa. No caso específico de fusões e aquisições, mais duas parcelas de valor se fazem presentes. São elas:

- O *valor das melhorias gerenciais* contempla os benefícios que uma empresa terá com a mudança de seu controle e existe quando uma administração ineficiente ou um proprietário descapitalizado são substituídos. Muitas empresas que foram privatizadas passaram a ter maior valor para seus controladores em razão da expectativa de uma melhor administração e capitalização. A privatização por valores expressivamente mais elevados que os originais indica que os acionistas e os compradores contemplaram, pelo menos parcialmente, as melhorias que fariam no cálculo do valor das empresas.

- O *valor da sinergia* decorre dos benefícios da integração da empresa vendedora à compradora. Entre esses benefícios estão maior *mix* de produtos, vendas cruzadas, maior base de clientes, redução de custos e despesas.

A avaliação da sinergia e das melhorias obtidas na aquisição é de suma importância, pois expressa quanto o adquirente poderá ganhar com a aquisição e qual o valor máximo a ser pago por uma empresa. Se toda a sinergia for transferida para a empresa vendedora na forma de ágio, a empresa adquirente não será beneficiada com a aquisição. Geralmente o comprador se beneficia com a maior parcela da sinergia quando existem muitos vendedores e poucos compradores, ou seja, quando há pouca disputa pela aquisição da empresa-alvo. Já o vendedor se apropria da maior parcela da sinergia quando existem muitos compradores e poucos vendedores.

Saber quais são as empresas potencialmente negociáveis de um dado setor e seus possíveis compradores permite a identificação do poder de barganha das partes. Em um setor com muitas empresas à venda e poucos compradores, o valor que o comprador deseja pagar por suas aquisições tende a prevalecer sobre o valor que o vendedor deseja receber.

Quando uma empresa é disputada por dois ou mais interessados ou mesmo quando o investidor quer incentivar o empreendedor a vender seu negócio, pode ser necessário oferecer um ágio na proposta de compra. Empresários que relutam em pagar ágio podem não fazer negócio. Entretanto, pagar caro demais é o pecado original de muitas aquisições.

Além das tradicionais reduções de custos e despesas, as empresas podem apresentar *mix* complementares e outras fontes de sinergia menos óbvias que uma análise detalhada de seus negócios é capaz de revelar. As empresas podem se beneficiar de uma maior escala, poder de negociação, entrada em novos mercados e/ou liderança de mercado, podem adquirir uma vantagem competitiva sustentável, como nova tecnologia, nova cultura organizacional e espírito inovador e criativo dos novos administradores.

Para o vendedor, o valor recebido é um valor certo. Para o adquirente, o valor gerado é o valor presente da sinergia e de melhorias projetadas menos o prêmio pago. O valor adicionado para o adquirente é apenas um valor estimado: pode ser superior ou inferior ao considerado na avaliação, pois depende de uma série de fatores incertos que ainda não se manifestaram. O mercado pode reagir de forma diferente da projetada, com vendas ou margens inferiores, bem como a integração entre as empresas pode ocorrer de maneira inadequada ou tardiamente, em razão de questões culturais e disputas de poder.

CONTROLE DA SUBJETIVIDADE E DA INFLUÊNCIA DO AVALIADOR

O valor da empresa é o valor de seu futuro, incerto. A avaliação depende da definição de uma série de premissas, e cada uma delas é objeto de julgamento e discussão por parte dos avaliadores. É natural que pessoas diferentes com a mesma metodologia básica, mas com premissas diferentes, cheguem a conclusões também diferentes.

O passado da empresa, por mais louvável que seja, não interessa o comprador — nem o vendedor, a não ser que ele dê à empresa um valor simbólico, sentimental, não econômico. Ninguém compra uma empresa por causa de seus lucros passados, assim como ninguém se casa com uma pessoa que já amou, mas somente com quem imagina ter um futuro feliz. Por mais caros que tenham custado, máquinas e estoques só valem pelo caixa que são capazes de gerar no futuro. E, se não são capazes de gerar esse caixa, são sucatas.

Aqui reside o principal ponto fraco da estimativa do valor das empresas: o futuro é muito difícil de prever. É preciso um entendimento amplo da operação da empresa, de sua estratégia e de seus negócios para fazer projeções realistas e coerentes com seu histórico e/ou com suas possibilidades reais. Entretanto, previsões podem se mostrar pouco realistas, afinal, fatos inesperados podem modificar o cenário considerado.

Por mais cuidadosa que seja, a previsão do futuro — portanto, a avaliação da empresa — sempre terá um lado subjetivo. A inevitável subjetividade na escolha das premissas das projeções faz com que dois avaliadores bem formados e experientes possam chegar a valores diferentes para uma mesma empresa. Por sorte, há técnicas que reduzem o impacto da subjetividade. São elas:

- Discutir as premissas — como taxas de crescimento e preços projetados — com especialistas do setor da empresa ajuda a aumentar a confiabilidade da avaliação, já que o valor é muito sensível às premissas consideradas e erros podem custar muito caro para os investidores. Isso é especialmente relevante no caso de empresas cujo valor depende fortemente de alguma *commodity*.
- Empresas novas ou que apresentam altas taxas de crescimento não devem ser avaliadas como se esse crescimento fosse ocorrer por períodos muito longos ou para sempre, gerando uma expectativa bastante grande de valor. Essa discussão é mais relevante em países emergentes e em setores que apresentam taxas de crescimento elevadas.
- Otimismo e conservadorismo são erros comuns, motivados, respectivamente, pela crença no negócio e por temores racionais ou irracionais. A experiência do avaliador que desenvolveu um referencial do preço pelo qual as empresas efetivamente são compradas ou vendidas permite que ele tenha uma abordagem mais técnica, mais realista.

- Comparar os valores obtidos pela metodologia do fluxo de caixa descontado com os conseguidos na venda/compra de outras empresas também ajuda a dar segurança. A avaliação por múltiplos é uma forma útil de trazer o valor para a realidade média atual dos casos conhecidos do mercado. Três cuidados precisam ser tomados: (1) essa realidade é média e, portanto, aplicável a uma empresa genérica que pode ser bem diferente da que está sendo avaliada; a prova disso é que os múltiplos geralmente variam de uma empresa para outra; (2) a comparação com negócios do passado mostra uma versão defasada da percepção de futuro de outros avaliadores; (3) são utilizados apenas os casos conhecidos do setor, que podem ser muito poucos e ter informações incompletas, imprecisas ou propositadamente maquiadas.
- As formas mais simples e diretas de estimativa de valor também são referenciais. O valor presente do fluxo de caixa atual, obtido pela simples divisão desse fluxo de caixa pelo custo de capital, consiste em uma maneira simples de estimar o valor de uma empresa. Uma grande diferença entre esse número e o valor obtido por projeções mais elaboradas deve ser justificada pela existência de oportunidades muito concretas, sejam elas o próprio crescimento natural, os projetos de investimento ou as fontes de sinergia. Se oportunidades tão valiosas não foram identificadas, então provavelmente o fluxo de caixa projetado está muito otimista ou pessimista.
- O valor contábil, o valor de liquidação e o valor de reposição são outros referenciais simples, porém menos precisos. Grandes diferenças entre o valor calculado e o patrimonial podem indicar um grande risco de novos concorrentes serem atraídos, forçando a diminuição das margens e a redução dos fluxos de caixa para níveis mais realistas. Em um caso extremo, um valor patrimonial maior do que o da empresa em funcionamento indica que pode ser preferível liquidá-la.
- O desejo de finalmente concluir o negócio pode fazer com que o empresário acabe aceitando um valor do qual não está totalmente convencido. A emoção de estar vendendo o negócio da família ou de estar comprando um antigo rival pode exacerbar o valor da transação. Efeito emocional equivalente, porém redutor do valor percebido, pode sofrer um empresário que vem de uma sucessão de derrotas e não vê alternativa a não ser vender a empresa. Quanto maior o distanciamento emocional dos avaliadores da empresa, mais adequado o valor calculado. Enxergar a empresa avaliada como 'mais um negócio' permite afastar as emoções envolvidas e reduzir o impacto da subjetividade sobre o resultado da transação. Por isso, é importante que empresas que queiram realizar fusões e aquisições sejam assessoradas por especialistas no assunto.

Conclusão: Negócio fechado

A maior parte dos empresários bem-sucedidos é extremamente hábil na negociação dos preços de suas mercadorias e produtos, tanto na compra quanto na venda. Essa habilidade é desenvolvida e aprimorada pela incessante prática na negociação desses bens, a partir da qual o empresário acaba adquirindo ou criando métodos próprios. Entretanto, raramente encontramos a mesma perícia quando a negociação envolve o valor da própria empresa.

Seja pela pouca experiência pessoal no assunto ou pela dificuldade na aplicação das técnicas de avaliação, as empresas são, com frequência, vendidas e compradas por valores disparatados. O resultado pode ser a mutilação, em um único negócio mal pensado, do valor gerado por suados anos de bom desempenho e dedicação à empresa. Vendê-la por um valor injustamente baixo, deixar de vendê-la bem quando possível e atrasar a venda por pedir um valor irreal são erros frequentes e caros.

Do lado do comprador, os erros são os mesmos: pagar demais, deixar de comprar barato, adiar demais uma boa compra. Há também a possibilidade de ele ser surpreendido com contingências não detectadas ou subestimadas. E mais: logo depois da compra, pode se tornar evidente que a fantástica sinergia e a melhoria imaginada eram irreais.

Tanto para o vendedor como para o comprador, o que interessa é fechar o melhor negócio possível. Isso transforma o processo de chegar ao valor final, que será usado por ambos, em uma das etapas de um processo de negociação.

A atuação de consultores sérios permite chegar a um preço confiável e defensável, que pode ser aceito como razoável pelos envolvidos. Dado que vendedores e compradores raramente têm prática em negociação de empresas, esse apoio é crucial.

As partes e seus consultores podem fazer escolhas metodológicas parciais, tendo em vista chegar a um valor que lhes interesse, seja na tentativa de fechar o negócio por esse valor, seja apenas para negociar melhor. É importante que o outro lado saiba perceber e bloquear essas manobras.

Se nenhum dos dois lados estiver adequadamente assessorado, o valor pago poderá ser muito mais alto ou muito mais baixo do que o adequado. E, se apenas uma das partes tiver apoio profissional qualificado, é quase certo que a outra será fortemente prejudicada.

O consultor tem o papel de explicar a seu cliente os princípios da avaliação de empresas e deixá-lo confortável em relação ao valor alcançado. Em seu papel de negociadores, os consultores devem evitar a exposição prematura das posições das partes e o comprometimento das relações pessoais. Com sua experiência, devem ser capazes de gerar alternativas como: condições de pagamento, *swap* de ações, preferência de compra e *earn out*, assim como opção de futuramente comprar ou vender participações remanescentes e de cláusulas de acordos de acionistas.

A avaliação da empresa é uma etapa fundamental do processo de fusão ou aquisição. O fechamento de um negócio vantajoso é o desfecho desejado da negociação. Do lado do vendedor, a operação se encerra com a conta bancária recheada. Para o comprador, o verdadeiro trabalho começa!

ÍNDICE REMISSIVO

SOBRE OS AUTORES

ROY MARTELANC

É doutor, mestre e administrador pela FEA/USP e engenheiro pela Escola Politécnica da USP. É professor de finanças da FEA/USP há vinte anos, onde atua no doutorado, no mestrado e na graduação. Foi diretor da FIA (Fundação Instituto de Administração), onde coordena o MBA Banking, cursos de pós-graduação em Finanças e projetos de consultoria no setor privado e no público. Atua em processos de compra e venda de empresas, na avaliação de empresas, na estruturaçao de empreendimentos e em perícias judiciais. É membro de conselhos de empresas e ONGs. É membro do Steering Comitee do capítulo Brasil do PRMIA (Professional Risk Managers' International Association). É autor de livros e de artigos publicados em revistas e congressos nacionais e internacionais.

Contato: (11) 3818-4020 e rmartela@usp.br

RODRIGO MAIMONE PASIN

É mestre em finanças pela FEA/USP e administrador pela FEARP/USP. É sócio da V2Finance, empresa resultante da fusão entre a Value Consultoria e a Viability & Partners. A V2Finance é a parceira exclusiva da Clairfield Partners na América do Sul. Avaliou mais de duzentas empresas de grande e médio porte, nacionais e internacionais, e participou de mais de vinte e cinco transações que totalizaram montantes superiores a US$ 1,2 bilhão. Participou de processos de abertura de capital, formação de *joint-ventures*, alianças estratégicas, análise de investimentos, modelagem financeira, reestruturações e renegociações de dívidas. É professor da FIA (Fundação Instituto de Administração). É membro do IBGC e autor de artigos publicados em revistas, congressos e jornais.

Contato: (11) 3283-1146 e rodrigo@v2finance.com.br / rpasin@uol.com.br

FERNANDO ALDEMUNDO PEREIRA

É engenheiro de produção pela Escola Politécnica de São Paulo. É diretor da divisão de Private Equity do Pátria Investimentos, onde foi responsável pela área de Fusões & Aquisições. Foi diretor financeiro da Senior Solution e gerente de investimentos de um fundo de *venture capital* na Stratus Investimentos. Há oito anos atuando em Private Equity e Fusões & Aquisições, já concluiu mais de trinta e cinco transações e analisou mais de seiscentas empresas. É professor da FIA (Fundação Instituto de Administração).

Contato: (11) 8182-5646 e aldemundo@uol.com.br